일을 리디자인하라

변화의 시대에
직원의 만족도와
조직의 성과를 높이는
실전 전략

일을 리디자인하라

Lynda Gratton
린다 그래튼

Redesigning Work

린다 그래튼 지음 | 김희주 옮김

업무방식을 리디자인하는 용감한 사람들에게

일러두기

저자 주는 미주, 옮긴이 주는 각주로 처리했다.

차례

들어가는 말

지금 전 세계가 일과 관련해 100년 만에 가장 큰 변화를 겪고 있는 것은 의심의 여지가 없다. 이런 변화가 시작될 무렵 이미 많은 전환이 이루어지고 있었다. 자동화로 산업이 재편되고 직무job가 바뀌고, 부모 세대보다 수명이 길어져 70대까지 일할 수도 있다는 가능성이 인정되고, 전통적인 가족과 공동체 구조가 더 다양해진 것을 많은 사람이 체감하고 있었다.[1] 일과 회사에 대한 우리의 바람과 욕구가 이미 완전히 새롭게 바뀐 것이다.

하지만 이처럼 변화하는 욕구에 발 빠르게 대응하지 못한 기업이 많다. 우리는 팬데믹이 시작하기 오래전부터, 일하는 습관이 잘못되었음을 이미 알고 있었다. 지나치게 많은 회의에 참석하고, 장거리 출퇴근을 감수하고, 가족과 함께하는 시간은 부족하고, '24시간 온라인' 상태를 유지해야 한다는 압박감에 시달렸다. 많은 사람이 오래전부터 이런 불편이 해소되길 바랐다. 점점 쇠약해지는 정신건강과 갈수록 늘어나는 탄소 발자국은 우리가 일하는 방식이 잘못되었다는 경고였다. 하지만 워낙 고질적이었던 탓에 그런 업무습관은 쉽게 바뀌지 않았다. 그러다가 2020년 3월, 팬데믹이 세계를 덮치며 모든 것이 변했다.

집단적인 팬데믹 경험은 우리가 일과 노동생활에 바라는 것을 다시 생각할 절호의 기회였다. 여러 기본 전제에 의문을 제기하고, 새로운 업무습관을 채택하고, 일하는 방식에 관해 새로운 내러티브를 구성할 기회 말이다. 팬데믹을 겪으며 기업 경영진은 대응 방식을 둘러싼 문제에 봉착했다. 기존의 일하는 방식을 고수할 것인가, 아니면 이 기회를 살려 노동이 목적에 더 충실하고 더 생산적이며 애자일agile●하고 유연한 활동이 되도록 일을 리디자인할 것인가?

지금이야말로 일을 리디자인할 더없이 좋은 기회다. 내 목표는 여러분이 동료들과 함께 일을 리디자인하도록 돕는 것이다. 일에 영향을 미치는 기술적·인구통계학적·사회적 추세를 이해하고 참작하며 팬데믹에서 교훈을 얻도록 힘을 보태는 것이다. 당신이 팀원 5명을 이끄는 팀장이건 직원 20명인 회사를 경영하는 대표건 수천 명의 직원을 둔 다국적기업의 CEO건, 이 책은 당신이 어떻게 일할지, 어

● 사전적 의미는 '날렵한, 민첩한, 기민한'이다. 본래 소프트웨어 개발 방법론 중 하나인 애자일 프로세스 agile process에서 출발했으며, 환경과 상황에 맞춰 빠르고 유연하게 대응하는 것으로 의미가 확장되었다.

떤 팀과 어떤 기업을 만들지 선택하는 데 도움을 줄 것이다.

이 책은 내가 일에 관해 연구하고 강의한 내용과 내게 자문하는 업계 리더들을 통찰한 내용의 정수를 모은 결과물이다. 팬데믹 경험은 '일의 미래에 관한 컨소시엄'에 새로운 자극을 주고 박차를 가했다. 내가 2010년에 꾸린 '일의 미래에 관한 컨소시엄'은 90개가 넘는 기업의 경영진이 한자리에 모여 일에 관한 아이디어를 공유하며 토론하는 연구 모임이다. 이 아이디어를 나의 연구와 HSM 어드바이저리Advisory 컨설팅사의 자문 활동을 통해 실행에 옮기며 이제껏 수많은 조직의 업무 리디자인을 함께 했다. 런던경영대학원에서 학생들을 지도하며 2015년 MBA 선택 과목으로 개설한 '일의 미래'도 수많은 학생의 다양한 의견을 듣고 내 생각을 가다듬는 기회가 되었다. 2020년 3월부터는 팬데믹 시기에 관찰한 내용을 매일 꼬박꼬박 일기로 남기고 있다. (이렇게 쓴 일기만 20권에 이른다.) 그러면서 나는 지금이 그 어느 때보다 행동하기 좋은 때임을 분명히 깨달았다.

이 책은 기본적으로 행동 지침서다. 참신한 아이디어를 발굴해 테스트하고, 새로운 의견에 귀를 기울이며, 특히 실속 없는 아이디어 수준을 뛰어넘어 창조하고 실행하는 **행동**으로 도약하기 위한 것이다. 그리고 여러분이 성공적으로 도약할 수 있도록 조직의 업무 리디자인을 도울 플레이북도 담겨 있다.

지금이야말로 추진력을 제대로 발휘해 일하는 방식을 근본적으로 전환할 기회다. 디지털 노동에 대한 확신과 그에 따른 해방감이 늘면서 우리는 점차 새로운 업무습관에 다가가고 있다. 날이 갈수록 점점 더 예전에 일했던 방식을 잊어간다. 우리가 변하고 있고, 우리의 일이 변하고 있다.

'동결'에서 '해동', '재동결'로

팬데믹은 말로 다 표현할 수 없을 만큼 큰 영향을 미쳤다. 심리학자 쿠르트 레빈Kurt Lewin이 제도적 변화 프로세스를 설명하기 위해 도입한 '해동, 동결' 모델을 살펴보면 팬데믹이 얼마나 엄청난 변화를 일으켰는지 알 수 있다.[2] 레빈은 조직이 정상적인 환경에서는 '얼어붙은' 상태, 말하자면 '동결' 상태라고 설명했다. 조직의 문화와 (누가 누구에게 보고하는지와 같은) 구조, (누가 어떤 보상을 받는지와 같은) 관행, (직원 채용 같은) 프로세스가 고정된 상태다. 하지만 조직이 외부 위협에 노출되면 이런 정체 상태가 변하기 시작한다. 외부 위협은 여러 형태로 나타난다. 새로운 경쟁자가 시장에 등장하거나 고객들이 상품이나 서비스에 불만을 표하거나 유능한 직원들이 대거 퇴사한다. 이때 조직이 '동결' 상태에서 '해동' 상태로 전환한다. 구조가 불안해지고 경영진은 오래된 전제에 의문을 제기하며 새로운 운영방식을 실험한다. 그 결과 제도가 바뀌기 시작한다.

하지만 시간이 지나며 위협이 점차 줄어들면 조직이 '재동결'하기 시작하고 변화와 혁신의 시기가 정체와 안정의 시기로 복귀한다.

팬데믹이 닥치기 전에도 인구통계학적·사회적 변화와 더불어 자동화에 직면한 일부 기업들은 이미 '해동'하기 시작한 터였다. 그들은 자동화에 따라 직원들이 완전히 새로운 역할을 맡도록 리스킬reskill(재교육)하거나 신속하게 업스킬upskill(업무능력 향상)해야 하는 만큼 학습이 중요하다는 사실을 깨달았다. 생애에서 노동하는 기간이 아주 길어질 수 있다는 가능성이 대두되며 이제 전일제 교육, 전일제 노동, 퇴직이라는 전통적인 3단계 경력 관리는 불충분하고 그 대신 '다단계' 노동생활이 더 적합하다는 사실을 이해한 것이다. 이는 직원들이 자유롭게 일을 시작하고 그만두거나 부업을 하거나 학업에 복귀하거나 세계 여행을 떠날 기회를 소중히 여긴다는 의미였다. 또한 이런 기업은 가족 구조의 변화에 따른 다양성을 인정하고 회사를 모두가 일하기 좋은 곳으로 만드는 프로세스를 디자인하기 시작했다.

이런 기업의 경영진은 자동화와 인구통계학적·사회적 변화를 더 깊이 이해함에 따라 기본적으로 유연성을 담보한 노동이 더 바람직할 뿐 아니라 계획적으로만 디자인하면 더 생산적이라는 사실을 깨달았다. 그래서 직무 구조와 보상 메커니즘 등을 '해동'하며 유연성을 만들어내기 시작했다. 그 과정을 나타낸 것이 도표 1이다.

일부 기업은 특정 노동자들을 대상으로 재택근무나 원격근무, 공유공간 근무 등을 실험하며 도표에서 수직축을 따라 위쪽으로 이동해 **장소** 유연성을 확대하는 방향으로 관행을 개선했다. 이미 1980년대부터 콜센터 직원들의 재택근무를 시행한 브리티시 텔레콤British Telecom, BT이 대표적인 사례다.

도표에서 수평축을 따라 이동한 기업도 있다. 이들 기업은 압축근무를 시행하거나 시간제 근무를 권장하거나 오전에 1시간 쉬고 오후에 1시간 더 일하거나 다른 사람과 역할을 공유하게 하는 등 **시간** 유연성을 실험했다. 이처럼 남보다 한 발 앞서 유연성을 채택한 사례에서 배울 점이 아주 많다. 그 기업들의 통찰을 이제부터 여러분과 함께 나눌 것이다.

하지만 많은 회사에서 업무장소와 업무시간 유연성 실험은 대체로 소규모로 이루어졌고, 리더와 경영진은 대대적인 변화에 저항했다. 이들은 '동결' 상태를 벗어나지 못했다.

2020년 3월, 팬데믹과 더불어 전 세계가 전에 미처 상상하지 못한 규모와 속도로 '해동'되기 시작했다. 전 세계 국가들이 봉쇄에 돌입하며 노동자 수억 명이 원격근무로 전환하고, 수백만 명이 넘는 노동자가 자녀나 아픈 친척, 공동체를 돌보기 위해 노동시간을 압축했다. 기업은 운영 상태를 유지하고 직원들의 안전을 지키려면 신속히 혁신할 수밖에 없었다. 거의 모든 나라의 기업에서 업무시간과 업무장소를 두고 실험이 진행되었다. 기념비적인 규모의 '해동'이었다.

이전에 일부 경영진이 업무시간과 업무장소의 유연성을 실험

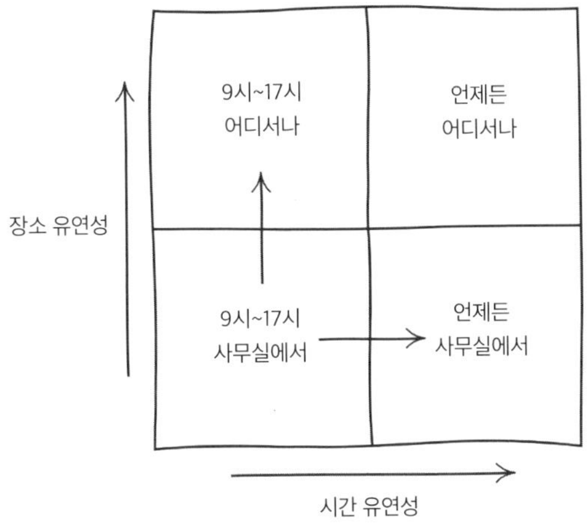

도표 1 **시간 유연성과 장소 유연성**

해본 적이 있지만, 이제는 모든 경영진이 새로운 현실에 직면했다. 장소 개념을 어디서든 (대체로 가정에서) 일하는 것까지 포함하는 범위로 확대할 수 있을까? '9시부터 17시까지'라는 기존의 시간 개념을 더 유연하게 확대할 수 있을까? 특히 날이 갈수록 물리적 연결이 느슨해지는 세상에서 비대면 연결을 강화하는 데 기술이 어떤 역할을 할 수 있을까?

정상적인 상황이라면 기업마다 각자 고유한 사정에 따라 '해동'을 경험하는 방식과 시기가 다르기 마련이다. 하지만 팬데믹 상황에서는 전 세계 모든 기업이 '해동'으로 이어지는 조건을 동시에 경험했다. **집단적 경험**이다. 업무시간과 업무장소를 언급하는 일이 드물던 리더들이 사무실의 역할이나 직원들의 정신건강에 대한 예측을 제시하고, 경영심리학자나 기술 전문가, 언론인 등 온갖 논객들이 각자의 관점에서 저울질했다. 집단적 '해동'에 뒤이어 **집단적 상상**이 자리 잡았다. 소셜미디어마다 재택근무가 어떨지 상상하고 사무실을 다시 상상하는 사람들로 넘쳐났다. 자유로운 타운홀 미팅 방식의 일반적인 소통 구조에서 벗어난 리더들이 이제는 원격 커뮤니케이션 플랫폼과 비대면 회의로 옮겨 오면서 주로 자기 집에서 직원들에게 직접 말을 한다.

집단적 경험은 또 경영진이 새로운 현실과 여러 선택지를 파악하기 위해 자사 직원들과 부서, 다른 회사의 경영진을 살피는 **집단적 여정**으로 이어졌다. 내가 팬데믹 시기 내내 연락을 주고받은 경영진 중 리앤 커츠Leanne Cutts는 60개가 넘는 시장에서 영업하는 글로벌 은행그룹 HSBC의 그룹 최고마케팅경영자CMO다. 그가 2021년 6월 이런 말을 했다.

> 지금도 해동 단계인 게 분명합니다. 일을 리디자인한다는 대원칙을 세운 기업들도 있지만, 여전히 고민 중인 기업들도 있죠. 저는 이런 기업을 '축축한 점토'라고 부릅니다. 여전히 이런저런 선택지를 건드려 보는 중이죠. 굳으려면 아직 멀었습니다. 그래도 상상력이 부족한 것보다는 차라리 축축한 점토를 밟으며 발이 젖는 편이 낫다고 생각합니다. 지금이야말로 기준을 높일, 기준을 제대로 끌어올릴 기회입니다.

기준 상향

팬데믹과 더불어 '기준을 높일, 기준을 제대로 끌어올릴' 특별한 기회가 마련된 이유 중 하나는 팬데믹이 개인들이 원하고 요구하는 변화를 시행하는 기업과 제도 사이의 지연, 즉 제도적 지체 institutional lag를 제거해서이다. 이는 새로운 디지털 스킬이 개발되고 관료주의가 해체됨에 따라 애자일 역량이 생성된 결과로 볼 수도 있지만, 내가 더 중요하게 여기는 것은 여기에 반영된 비즈니스 리더들의 감정과 이들이 변화를 추진하는 동기다.

많은 리더가 그 어느 때보다 다른 사람들이 처한 상황에 공감하는 것처럼 보였다. 이 현상이 분명히 반영된 것이 일과 가정 간의 긴장에 관한 이슈였다. 사실 이 문제는 수십 년째 지속되어왔다. 하지만 팬데믹 이전에는 이런 긴장을 해소할 힘이 부족했다. 달라진 점은 봉쇄 기간에 리더들이 이런 긴장을 몸소 체험했다는 사실이다.

물론 정원이 딸린 커다란 집에 사는 고위급 임원의 경험은 야외 공간이 없는 아파트에 사는 비혼모의 경험과 다르다. 그들이 운영하는 회사에서 일하는 수많은 직원의 경험과 다른 것이 사실이다. 리더들은 예전부터 직원들이 겪는 일상 현실에서 벗어나 있는 경우가 많았다. 아이들을 보살피는 육아도우미가 따로 있고 집안일은 청소도우미나 정원사의 몫이었다. 이런 지원을 받는 리더 중 다수가 타인의 일상을 알지 못했다. 하지만 적어도 2020년과 2021년 상당 기간 지속된 팬데믹이 1970년대 철학자 존 롤스John Rawls가 이야기한 '무지의 장막'을 걷어올렸다.[3] 각종 격리와 봉쇄, 재택근무 조치가 시행되며 리더들도 다른 사람이 겪는 스트레스와 부담을 한결 직접적으로 경험하기 시작했다. 그리고 많은 리더가 전에 없이 넓게 이해하고 공감하게 되었다.

그 결과 리더들이 즉각적인 성과와 장기적인 변화라는 두 마리 토끼를 모두 잡으려는 동기를 갖게 되었다. 특히 리더들도 변화를 겪으며 그 변화에 직원들 못지않게 큰 영향을 받게 되자 대가trade-off에 대한 인식이 크게 높아졌다. 이제 리더들은 사무실이 대면 협력을 이끌 훌륭한 장소지만 장거리를 통근하며 책상에 앉아 긴 시간 일하면 에너지가 고갈된다는 사실을 직관적으로 깨닫고 있다. 동료들과 함께 일하도록 일정을 짜면 조정할 수 있는 일은 늘겠지만 자칫 집중력이 깨지고 '줌Zoom 미팅'이 끝없이 이어지기 쉽다.

모두 알다시피 한 가지 문제를 해결하면 즉각적인 만족감을 얻지만 동시에 대가도 따르기 마련이다. 지금이야말로 그 모든 대가를 펼쳐놓고 치열하게 토론할 때다. 치열한 토론이 필요한 것은 경제사학자들이 1800년부터 현재까지 줄기차게 주장한 내용을 우리가 이제야 비로소 이해했기 때문이다. 경제사학자들은 새로운 기술과 업무방식이 모범적인 조직 기법과 연결되지 않는 한, 기대만큼 생산성이 증가하는 경우가 드물다고 주장한다.[4] 게다가 반드시 필요한 조직 변화도 역사적으로 대단히 더디게 진행되었다고 주장한다. 적어도 지금까지는.

2020년 봄, 일본 기술기업 후지쓰富士通의 경영진과 글로벌 인사 책임자 히라마쓰 히로키平松浩樹가 도쿄 사무실로 출근하는 직원 6만 명의 재택근무를 결정했다. 거의 전 직원이 재택근무로 전환하기까지 채 2주도 걸리지 않았다. 당시 히라마쓰가 이렇게 이야기했다.

> 우리는 되돌아가지 않을 것입니다. 모든 직원이 매일 사무실로 출근하던 시절로 절대 돌아가지 않을 것입니다. 직원들이 출퇴근하는 데 대체로 2시간이 소요됩니다. 2시간을 낭비하는 셈이죠. 그 시간을 이용해 교육과 훈련을 받거나 가족을 돌볼 수 있습니다. 우리는 삶을 생산적이고 창의적으로 만들 방법을 고민해야 합니다. 원격근무를 효과적으로 만들 아이디어가 더 많이 필요합니다.

이렇게 생각한 사람은 히라마쓰 혼자가 아니었다. 전 세계 거의 모든 나라의 경영진이 똑같은 생각을 하고 있었다. 늘 그렇듯 미래가 또 어떻게 바뀔지 예측할 수는 없지만, 나는 많은 경영진이 팬데믹에서 아주 큰 교훈을 얻었다는 사실을 깨달았다. 직원들이 디지털 스킬을 빠르게 습득할 수 있고 관료주의를 효과적으로 해체할 수 있으며 많은 직원이 유연한 공간에서 일할 수 있다는 교훈 말이다. 그 과정에서 그들은 부정적인 결과도 알게 되었다. 24시간 온라인' 상태를 유지해야 한다는 압박감은 가혹할 정도이며, 인적 네트워크와 연결은 그들이 완전히 알지 못했던 방식으로 중요하게 작용한다는 것이었다.

집단적인 팬데믹 경험에 기초해 업무 리디자인을 긍정적으로 검토한 조직들이 새로운 현실을 어떻게 파악했는지 몇 가지만 살펴보자.

디지털 스킬을 가속화했다

경영진을 만날 때마다 항상 듣는 불만이 있다. 직원들이 새로운 스킬, 특히 디지털 스킬을 습득하는 속도가 너무 느리다는 것이다. 그런데 팬데믹 시기에 우리는 일하고 배우고 물건을 구매하고 사람들과 어울리는 방식에서 모두 '디지털 네이티브digital native'•가 될 수밖에 없었다. 팬데믹이 발생하고 몇 달 지나지 않았을 무렵, 온라인 교육 플랫폼 코세라Coursera의 CEO인 제프 매지언콜다Jeff Maggioncalda가 이런 말을 했다. "공중보건을 교육하는 강좌를 중심으로 중국과 일본, 이탈리아의 가입자가 세 배 넘게 증가했습니다." 매지언콜다가 특히 흥미롭게 본 것은 온라인 수강생들이 서로 돕는 모습이었다. "'비대면 수업을 어떻게 진행하세요?' 같은 주제로 엄청난 양의 정보가 공유되었습니다. 새로운 정신으로 새로운 것을 받아들인 것이죠."

• 태어나면서부터 디지털 기기에 둘러싸여 성장한 세대.

이뿐만이 아니었다. 구글 클래스룸Google Classroom을 이용하는 학생과 교사가 두 달 만에 두 배 증가해 1억 명에 달했다. 구글의 보고에 따르면 많은 학교에서 구글 크롬북을 공식 노트북으로 선정한 덕분에 제품 판매량이 '엄청나게 증가'하고, 노동자뿐 아니라 학생들까지 화상 회의를 이용하며 구글 미트Google Meet 앱 이용 시간이 30배나 급증했다. 인도 뭄바이에 본사를 둔 기술기업 타타 컨설턴시 서비스Tata Consultancy Service, TCS 영국 지사에서 HR(인사관리)을 책임지고 있는 람쿠마르 찬드라세카란Ramkumar Chandrasekaran은 2020년 초부터 2021년까지 영국 직원들의 학습 시간이 무려 60퍼센트나 증가했다고 증언했다. 마이크로소프트Microsoft CEO 사티아 나델라Satya Nadella가 팬데믹을 경험하며 광범위한 신기술 채택이 2년 앞당겨졌다고 믿는 것도 무리가 아니다. 새롭게 자신감을 충전한 많은 경영진이 디지털 실험에 뛰어들었다. 글로벌 통신사 보다폰Vodafone의 영국 사업을 총괄하는 앤 시핸Anne Sheehan은 VR 카메라를 이용해 고객들에게 신기술을 소개하는 실험을 확대했고, 전문 회계 컨설팅 그룹 프라이스워터하우스쿠퍼스Pricewaterhouse Coopers, PwC에서 유럽 HR을 책임지는 피터 브라운Peter Brown은 대학을 갓 졸업하고 입사한 직원들이 몇 주 만에 회사를 파악하도록 몰입형 가상현실을 활용했다.

이처럼 새롭게 발견된 디지털 스킬이 앞으로 우리가 일을 리디자인할 때 아주 중요해질 것이다. 원격근무와 가상공간 근무가 증가하며 어쩔 수 없이 디지털 일정 관리와 프로젝트 관리, 디지털 협업 등 수많은 새로운 프로세스가 표준으로 자리 잡을 것이다. 현재 개발 중인 디지털 스킬이 이런 프로세스 혁신 과정에서 중요한 역할을 하게 될 것이다.

관료주의를 '모닥불'에 내던졌다

많은 경영진이 팬데믹을 기회로 삼아 오래전부터 발목을 잡던 업무방식을 폐기했다. 팬데믹 초기 한 통신사 CEO가 "관료주의를 창밖으로 내던지고 직원 6,000명을 주 4일 재택근무로 전환했습니다"라고 증언했다. 또 다른 CEO는 "모든 것이 놀랄 만큼 매끄럽게 진행되며 처리 속도가 빨라졌습니다. 가차 없이 우선순위를 매겨, 즉시 처리 업무 중 20퍼센트를 폐기했습니다. 불필요한 업무를 정리한 것이죠"라고 말했다. 보다폰 영국 책임자 앤 시핸도 이렇게 이야기했다.

> 예전에는 경영진이 전략을 논의하는 데 꼬박 하루가 걸렸죠. 지금은 2시간 반씩 시간을 나눠 회의합니다. 토론 주제를 명확히 설정하고, 미리 자료를 읽어 생각할 시간을 갖고, 성취하려는 목표를 분명히 설정해요. 토론 시간은 더 짧아지고 결과는 더 명확해졌습니다. 정말 효과적입니다.

스탠퍼드대의 니컬러스 블룸Nicholas Bloom 교수는 이처럼 우선순위를 매겨 쓸데없는 일을 정리하고 결과에 집중하는 것을 '불필요한 규제를 태우는 모닥불'로 표현했다.[5]

물론 위계 구조가 다시 구축되고 회의가 늘어나기 시작하면 관료주의가 다시 스멀스멀 등장하기 마련이다. 하지만 일을 리디자인하면서 많은 경영진이 관료주의에 아주 예민하게 반응하며, 회사가 애자일 능력과 적응력을 잃지 않도록 업무방식을 계속 능률화하는 관행과 프로세스를 마련하고 있다. 예를 들면 위계 구조를 대폭 축소하거나, 애자일 실무진을 늘리거나, 회의 횟수를 제한한다.

진정한 유연성에 따르는 보상과 과제를 이해했다

일의 미래를 연구하며 경영진을 만나면 흔히 듣는 희망사항이 있다. 직원들의 개인적 욕구에 진정으로 부응하는 유연성을 갖추는 것이다. 하지만 듣기 좋은 말을 넘어 현실에서 유연성을 실행하기가 정말 어렵다는 푸념도 빠지지 않는다. 그런데 팬데믹이 말과 현실의 간격을 좁힐 기회를 제공했다.

노동자 대부분이 유연하게 일할 수 있다는 사실을 깨달은 경영진이 많다. 후지쓰의 임원 히라마쓰도 코로나 봉쇄가 시행된 지 몇 달 만에 더 유연한 맞춤형 근무의 장점을 확인했다.

저희는 다양한 스킬과 경험을 지닌 사람들을 끌어모으려 노력합니다. 3년 전에는 여직원들만 재택근무하며 가정을 돌보는 경우가 많았지만, 지금 새로운 상황에서는 모두가 재택근무할 수 있습니다. 저도 직접적인 경험을 통해 여직원들이 이야기하던 고충을 이해하게 되었죠. 제가 바라는 것은 후지쓰의 '워크 라이프 시프트Work Life Shift'가 여성 인재를 잃지 않게 도와주는 것입니다. 또한 이제 언제 어디서든 일하게 되었으니, 후지쓰 외부 인사나 다른 기업에 근무하는 사람들과의 협업도 증진될 것으로 기대합니다.

광고회사 S4 캐피털Capital을 이끄는 마틴 소렐Martin Sorell은 재택근무가 '활기를 북돋운다'는 깨달음을 많은 리더에게 전달하며 이 기회에 근무 관행이 '영구히 바뀌길' 바란다는 희망을 피력했다. 이미 일부 사무실 임대 계약을 종료한 소렐은 "매년 부동산에 약 3,500만 파운드를 지출했는데, 그 돈을 비싼 사무실보다는 차라리 사람에게 투자하고 싶습니다"라고 밝혔다.

지금이야말로 유연하지 못한 사무실 근무 관행을 버리고 장소뿐 아니라 시간도 더 유연하게 활용하는 업무방식을 수용할 절호의 기회다.

'오프' 스위치를 존중할 필요가 있음을 깨달았다

보다 유연한 업무방식에서 중대한 부작용 하나가 드러났다. 항상 연결되어 있다는 문제다. TCS의 람쿠마르 찬드라세카란은 "사람들이 터무니없이 긴 시간을 컴퓨터 앞에서 보내는데, 그 주요 원인은 팀 회의가 너무 많아서입니다. 팀원들이 모여 회의하기가 워낙 쉽다보니 끊임없이 회의가 열리는 것입니다"라고 진단했다. 정곡을 찌른 설명이다.

팬데믹이 진행되며 그에 따른 신체적·정서적 피해가 점점 더 분명히 드러나기 시작했다. 람쿠마르는 "부분적으로는 출퇴근을 하지 않으면서 시간을 번 결과로 볼 수 있죠. 그렇게 번 '여분의 시간'을 다시 일에 투입하고, 그러면서 더 긴 시간 일하게 되는 것으로 드러났습니다"라고 설명한다.

미국과 유럽의 300만 명 이상을 대상으로 팬데믹 시기에 이메일 사용 시간을 집계한 데이터를 살펴보면 일하는 시간이 얼마나 늘었는지 분명히 알 수 있다. (24시간 기준으로 이메일을 주고받은 최초의 시각과 마지막 시각을 집계한) 데이터에 따르면 근무시간이 9시간 51분 5초에서 10시간 40분으로 48분 5초(8.2퍼센트) 증가했다.[6] 업무시간 종료 후 발송하는 이메일이 증가한 것이 주요 원인 중 하나였다.

팬데믹 시기에 '오프' 스위치를 찾지 못해 고생한 사람이 많다. 앞으로 설명하겠지만, 생산적인 업무 흐름을 유지하려면 정신을 집중하는 시간에 맞춰 목적을 갖고 일하는 방식을 만드는 것이 아주 중요하다. 이것이 바로 일을 리디자인할 때 마주치는 정말 어려운 과제이며, 그 결과에 따라 리디자인의 성패가 갈릴 수도 있다.

인적 연결이 정말 중요하다는 사실을 깨달았다

대부분 경영진은 더 오랜 시간 일하는 사람들이 어떤 경험을 하는지 알고 있었다. 그런데 경영진의 눈에 잘 띄지 않지만 훨씬 중요한 것이 있었다. 재택근무가 예상치 못하게 인적 네트워크에 미친 영향이었다. 대체로 네트워크가 축소되었다. 재택근무자가 이미 친숙한 사람과 보내는 시간이 증가하면서 잘 알지 못하는 사람을 사귀고 새롭게 우정을 쌓는 시간이 현저히 줄어들었기 때문이다.

잘 알다시피 모든 사람이 재택근무하면 얼굴을 마주 보고 나누는 대화나 격의 없는 '탕비실' 대화가 사라진다. 잉글랜드은행Bank of England의 수석 이코노미스트로 근무한 앤디 홀데인Andy Haldane은 이렇게 염려한다.

> 소리, 냄새, 환경, 아이디어, 사람 등 새롭고 색다른 경험에 노출되는 것이 창의적인 불꽃을 일으키는 핵심 원천입니다. 이런 외부 자극이 상상력을 촉발하는 연료이며, 상상을 실현하는 것이 우리가 일반적으로 말하는 창의력의 의미죠. 재택근무를 하면 우연한 대화나 새로운 인물, 새로운 아이디어, 새로운 환경 등 창의력을 일으키는 원료 상당 부분을 공급받지 못할 수 있습니다. 재택근무는 줌을 통한 대면과 일정 관리가 뜻밖의 발견을 대체한다는 의미입니다.[7]

하지만 혹시 우리가 디지털 역량이 이토록 발전한 시절에 직접

대면의 장점을 과대평가하는 것은 아닐까? 노스웨스턴대학의 리 톰프슨Leigh Thompson 교수는 그렇다고 생각한다. "지난 20여 년간 여러 학자와 함께 연구한 결과에 따르면, 원격근무로 전환하면 직접적인 의사소통은 줄어도 실제로 집단의 창의성과 아이디어 발상 능력은 향상할 수 있습니다."[8] 나중에 자세히 이야기하겠지만, 이미 가상 환경에서 혁신하는 방법을 빠르게 터득해나가는 경영진도 있다.

가상 환경에서 혁신하는 방법에 대한 통찰을 얻는 사이, 특정 집단의 욕구도 인식하게 되었다. 대면 연결이 부족하면 특히 회사에 갓 입사한 청년들이 사무실 환경에서 사람들과 어울리지 못하며 큰 어려움을 겪는 것으로 밝혀졌다. 그래서 이런 의문이 들었다. 동료를 관찰하며 미묘한 신호를 흡수할 기회가 없는 상황에서 과연 신입사원들은 직무나 회사의 기대, 행동 방식을 어떻게 배울까?

현재 경영진이 회사 전반을 흐르는 지식 흐름과 네트워크 구조를 한층 더 깊이 고민하는 모습을 보면 인적 연결의 중요성에 대한 인식이 분명히 드러난다. 네트워크 및 네트워크를 이해하고 형성하는 방법은 잠시 후 2장 '이해하기'에서 자세히 살펴보자.

지금이 적기다

집단적인 팬데믹 경험은 노동자들이 일과 노동생활에 바라는 것이 무엇인지, 리더들이 조직에 도입하고 권장하려는 것이 무엇인지 재고할 절호의 기회를 제공했다. 기존의 여러 기본 전제에 의문을 제기하고 새로운 업무습관을 채택하고 일하는 방식에 관한 새로운 내러티브를 구성할 기회다. 이 '해동'의 시기를 맞아 우리는 여러 가지 귀중한 교훈을 얻었다. 지금 우리는 중요한 선택의 갈림길에 서 있다. 예전에 일하던 방식으로 돌아갈 것인가, 아니면 완전히 일을 리디자인하여 모두에게 목적이 더 분명하고 생산적이며 성취감을 주는 방식을 만들 것인가?

이 중요한 선택의 갈림길에서 탐구해야 할 질문이 목적과 역량에 관한 것이다. 일을 리디자인함으로써 당신이 고양하고자 하는 기업 목적은 무엇이며, 기업이 추구하는 가치에 부합하면서 생산성이 향상되도록 일을 리디자인하는 방법은 무엇인가? 회사가 목적을 달성하도록 지금 계발해야 할 역량은 무엇인가? 개인적으로 계발해야 할 인간적 역량과 기계적 역량은 무엇인가?

그동안 연구하고 조언한 경험을 토대로 나는 여러분이 목적과 역량에 관한 질문에 답하는 데 도움을 줄 디자인 프로세스를 완성했다. 당신이 팀과 함께 거쳐야 할 디자인 프로세스는 사람과 네트워크와 직무를 이해하는 단계부터 일이 무엇인지 다시 상상하는 단계,

리디자인 아이디어를 모델로 만들어 테스트하는 단계, 모델에 따라 행동하며 새로운 업무방식을 창조하는 단계까지 총 4단계다.

이 4단계 디자인 프로세스가 중요한 것은 내 경험상 '만병통치약' 같은 접근법은 효과를 발휘하지 못하기 때문이다. 반면 이 프로세스에는 당신의 고유한 목적과 가치관에 완전히 부합하고 직원들의 역량과 동기를 인정하며 최종적으로 생산성과 성취감을 높이는 업무방식을 창조할 기회가 있다. 이런 업무방식이 기업의 '시그니처'가 된다. 당신이 시그니처를 완성하도록 나를 비롯해 많은 사람이 연구한 틀과 통찰, 일을 리디자인하는 방법을 이미 빠르게 터득하고 있는 전 세계 기업들의 통찰을 이 책에 모았다.

이 책에 소개한 '업무 리디자인 플레이북'이 여러분을 4단계 디자인 프로세스로 안내할 것이다. www.hsm-advisory.com/redesigning-work에서도 관련 자료를 다운로드할 수 있으니 동료들과 공유하기 바란다.

1장

일을 리디자인하는 방법

Redesigning Work

기업의 미래가 담긴 청사진을 그리는 작업은 기업마다 다른 고유한 경험이다. 4단계 디자인 프로세스로 기업의 고유한 시그니처를 완성할 수 있다.

일을 리디자인하는 가장 좋은 방법이 무엇일까? 위계상 상급자인 리더와 경영진이 주도하는 톱다운top-down 방식도 있고 온전히 관리자 개인의 몫으로 돌리는 방식도 있다. 내 경험에 따르면 이 두 가지 방식 모두 만족스러운 결과를 얻지 못한다. 기업이란 수많은 부품이 모여 작동하는 복잡한 시스템이기 때문이다. 톱다운 방식이 성공하려면 리더가 리디자인 방법을 정확히 알고 있어야 하지만, 대부분 리더는 그렇지 않다. 그렇다고 관리자 개인에게 맡기면 직원들 사이에서 전반적으로 불공평하다는 느낌과 불신이 싹틀 수 있다. 당신이 일하는 방식과 당신 기업의 운영방식에 구조적인 점검이 필요하다. 당신의 임무는 구조적인 점검을 이끌고 일을 리디자인하는 프로세스를 개발해 기업 구성원 모두가 행동할 준비를 마치도록 하는 것이다.

그 여정을 돕기 위해 개발한 것이 4단계 디자인 프로세스다. 이 4단계 디자인 프로세스의 토대는 일에 영향을 미치는 (인구통계학적·기술적·사회적) 변화와 네트워크, 공동 창조, 공정성을 연구한 내 경험이다. 하지만 여러분은 연구 조사로 그쳐서는 안 된다. 내가 이제껏 연구하고 때론 조언한 많은 경영진의 실질적인 통찰과 동력이 필요하다. 연구 틀과 경영진의 통찰을 결합해야만 당신과 당신 팀에 꼭 맞게 일을 디자인할 수 있다.

일을 리디자인하는 4단계 프로세스

업무 리디자인 프로세스 4단계를 정리한 그림이 (도표 2)다.

1. **무엇이 중요한지 이해하기**. 생산성에 중요한 스킬과 네트워크, 직무가 무엇인가? 기업 내부에서 지식이 어떻게 흐르며 그 흐름이 어때 보이는가? 직원들이 일과 회사에 바라는 것이 무엇인가? 직원들은 고용 생애주기employee life cycle 전반에 걸쳐 일을 어떻게 경험하

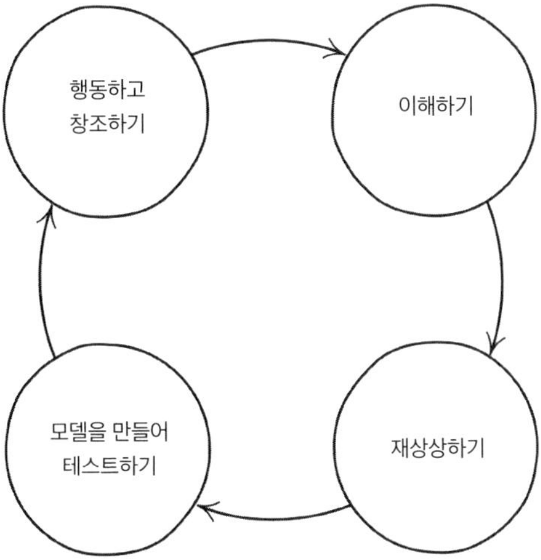

도표 2 업무 리디자인 4단계 프로세스

는가?

2. **미래를 재상상하기**. 중요한 것을 충분히 이해했으면 일을 최적으로 디자인하는 작업에 착수하라. 사무실을 직원들이 우연히 마주치고 대화가 흐르는 협력의 장소로 상상하라. 가정을 정말 건강한 삶과 에너지가 샘솟는 원천으로 상상하라. 집중과 조정을 뒷받침하도록 업무시간을 짜는 방법을 상상하라.

3. **아이디어를 모델로 만들어 테스트하기**. 이렇게 떠오른 아이디어를 모델로 만든 뒤 여러 가지 위험요인에 대한 안전성을 테스트하라. 미래 경쟁력을 갖추었는가? 단기적·중기적·장기적으로도 적절

하고 목적이 뚜렷한가? 현재 진행 중인 기술 전환을 용이하게 하고 특히 직원들에게 꼭 필요한 스킬 전환을 뒷받침하는가? 모든 직원이 공평하고 공정하게 경험할 것인가?

4. **모델에 따라 행동하며 새로운 업무방식을 창조하기**. 업무 모델이 회사의 관행과 문화에 깊이 뿌리내리는 단계다. 그러려면 리더의 역할, 리더가 하는 말과 내러티브의 역할을 강조해야 한다. 리더가 관리자의 중추적인 역할을 인정하고 지원하라는 의미다. 또한 직원들이 디자인 선택 작업에 참여하고 변화 과정에 동참하도록 공동 창조 프로세스를 널리 시행하도록 한다.

1단계부터 4단계까지 논리적 순서로 정리했지만, 사실 어느 단계든 출발점으로 삼을 수 있다. 실제로 일을 재상상하는 단계부터 시작한 뒤 다음 단계로 진행하기 전에 사람과 직무, 네트워크를 더 깊이 이해하는 단계로 되돌아간 사례가 여럿 있다.

시그니처 개발

팬데믹의 결과 중 하나는 일하는 방법과 시간, 장소에 대한 선택 범위가 크게 넓어진 것이다. 우리는 팬데믹을 경험하며 새로운 습관을 익히고 기술과 상호작용을 확대하고 업무방식을 변화시켰다. 장소의 선택폭을 넓혀 집이나 근처 카페 심지어 외국에서도 일할 수 있다는 것을 알게 되었고, 시간의 선택폭을 넓혀 사무실에는 사흘만 출근하거나 안식년 휴가를 즐기거나 압축근무하거나 일주일에 나흘만 일하거나 다른 사람과 연결하지 않고 혼자 일할 수 있다는 것을 알게 되었다. 그리고 선택의 범위가 넓어질수록 다양하게 조합할 선택지도 늘어난다는 사실을 깨달았다.

이렇게 생각해보자. 1908년 모델 T 자동차를 처음 제작할 당시 헨리 포드Henry Ford의 꿈은 적당한 가격에 조작도 쉽고 튼튼한 자동차를 생산하는 것이었다. 세계 최초로 대량 생산된 모델 T 자동차는 오직 한 가지 모델에 색상도 검은색 하나뿐이었다. 새롭게 등장한 조립라인의 제약과 소비자의 제한된 열망에 부응한 결과다. 소비자들은 엔진이 달린 자동차를 운전할 수 있다는 가능성에 매료되어 색상에는 별 신경을 쓰지 않았다. 하지만 시간이 지나며 하나뿐이던 선택지가 엄청나게 다양해졌다. 조립라인과 더불어 모듈 생산 방식이라는 개념이 도입되자 제조업체는 다양성과 개성을 창조하기가 더 쉬워졌다. 또 소비자는 자신의 특정한 욕구가 충족될 수 있다는 것을 알게 되어 선택권을 주장하기 시작했다. 그리고 독특한 디자인을 도입하는 자동차 제조업체가 증가하며 선택지와 다양성이 증가했다.

팬데믹의 결과로 업무 관행에 벌어진 상황도 이와 비슷하다. 최근까지 우리의 업무 디자인은 포드 모델 T 자동차라고 할 수 있다. 9시부터 17시까지 사무실에서 일하는 모델뿐이었다. 장소와 시간이 모두 제한적이었다. 15쪽 (도표 1)의 왼쪽 하단에 해당한다. 시간과 장소의 유연성을 추진한 경영진도 일부 있었지만, 2020년 3월 상황과 비교하면 솔직히 변죽을 울리는 수준에 불과했다. 색상이 바뀌고 실내 장식이 약간 고급스러워졌을 뿐 기본적으로는 여전히 포드 모델 T 자동차였다. 일을 근본적으로 리디자인한 기업은 거의 없었다.

한 세기 전 자동차 제조업체들과 마찬가지로 지금 우리는 다양성이 쏟아져 나오는 문턱에 서 있다. 팬데믹 충격으로 많은 기업 내부에서 가치관과 목적을 재검토하려는 추진력과 에너지가 생성되었다. 오래된 전제들이 여전히 유효한지 의문을 제기하고, 업무장소에 얽매이지 않게 됨에 따라 비범하게 발전한 디지털 역량을 테스트하려는 것이다.

선택에 직면한 경영진들은 각자 앞에 펼쳐진 서로 다른 길을 전에 없던 방식으로 묘사하기 시작했다. '시그니처'로 삼을 만한 것이 무엇인지, 즉 인재를 유치하고 보유하며 생산성을 끌어올리고 혁신을 뒷받침할 고유한 혹은 상징적인 업무방식이 무엇인지 상상하기 시작한 것이다. 그 시그니처를 개발하는 것이 오늘날 모든 기업의 과제이자 도전이며 기회다.

디자인팀 구성

4단계 디자인 프로세스를 시작하는 때는 당신의 노력을 지원할 사람이 누구인지 자문하기에 좋은 시기다. 앞으로 소개할 사례 연구에서도 드러나겠지만, 디자인팀은 다양한 능력을 갖춘 교차기능 cross-functiond팀으로 구성되는 경우가 많다. 직원 경험이나 이동성 mobility, 기술, 인적 자원, 사업 전략 등의 역량을 갖춘 팀원들이 필요하다. 지금이 다른 사람들에게 손을 내밀 때가 아닐까?

'들어가는 말'에서 언급한 대로 내가 당신과 당신의 디자인팀을 돕기 위해 만든 업무 리디자인 플레이북은 웹사이트 www.hsm-advisory.com에서 내려받을 수 있으며, 웹사이트에 접속하면 도움이 될 만한 다양한 자료를 찾을 수 있다.

이 책에서는 회사를 이해하는 단계부터 실행에 옮기는 단계까지 4단계 디자인 프로세스를 논리적 순서에 따라 설명할 것이다. 아울러 단계별로 이미 디자인 프로세스에 착수한 여러 기업의 **통찰**을 덧붙였다. 일을 리디자인하는 문제는 전 세계 경영진의 관심사다. 호주와 캐나다, 중국, 인도, 일본, 스웨덴, 미국, 영국 등 수많은 나라 기업의 통찰을 소개하는 이유가 바로 그것이다. 그리고 이 디자인 문제가 광범위한 산업과 관련되어 있음을 알게 될 것이다. 보험이나 소매금융, 통신, 건축과 설계, 소비재, 기술 같은 산업 분야의 기업을 비롯해 호주 뉴사우스웨일스주의 공공서비스위원회 같은 조직의 이야기에도 귀를 기울일 것이다. 그리고 기업의 통찰을 소개할 때마다 '생각해볼 질문'을 제시할 것이다. 여러분이 동료들과 함께 이 질문을 깊이 생각하면 그 기업에서 배울 점이 무엇인지, 디자인적 사고design thinking●에 참조할 만한 것이 무엇인지 한 걸음 물러서서 성찰할 기회가 마련될 것이다.

이런 기업 통찰을 설명하는 것이 **틀**이다. 틀은 문제를 바라보는 방식이다. 나도 많은 기업에 일을 리디자인하는 방법을 가르치거나 조언할 때 이 틀을 이용해 사고하고 실천했다. 나는 성인이 된 이후 대부분 시간을 연구자로 살았다. 내가 몸담은 학교를 비롯해 다른 여러 교육기관의 동료들과 긴밀히 협력하며 내가 가르치는 학생과 내가 조언하는 경영진이 세상을 이해하도록 도움을 줄 모델을 만들고 있다. 이 책에서 소개하는 일련의 틀이 부디 당신과 당신의 디자인팀이 일하는 방식과 관련해 회사를 이해하고 미래에 무엇이 가능할지 집단적으로 상상하는 데 도움이 되길 바란다.

이제 출발하자.

● 공감하고, 문제를 정의하고, 이를 해결하기 위한 아이디어를 도출하고, 시제품을 제작하고, 사용자 테스트를 진행하는 단계를 거쳐 문제를 창의적으로 해결하는 접근법.

2장

이해하기

디자인 프로세스를 시작하는 토대는 회사의 직무와 생산 역량, 직원들과 그들의 욕구와 경험, 네트워크, 지식 흐름에 대한 깊은 이해다. 이런 깊은 이해가 없으면 당신이 지금 새롭게 구상하는 프로세스 대부분이 몇 년도 지나지 않아 일시적 유행으로 취급받고 사장되거나 폐기될 위험이 있다. 몇 년간 의도치 않게 성과가 떨어지거나, 대체로 눈에 띄지 않지만 자연스럽게 사내 네트워크를 관통하는 지식 흐름이 방해를 받거나, 직원들이 분노하거나 부당하게 대우받는다고 느껴 반발하고 퇴사한다면, 당신의 새로운 업무 디자인이 비난받을 것이다. 그래서 일을 리디자인할 때 성과를 높이는 것이 무엇이고, 네트워크는 어떻게 강력한 지식 흐름을 창출하며, 직원들이 원하고 관심을 집중할 만한 것은 무엇인지 이해하는 것이 아주 중요하다.

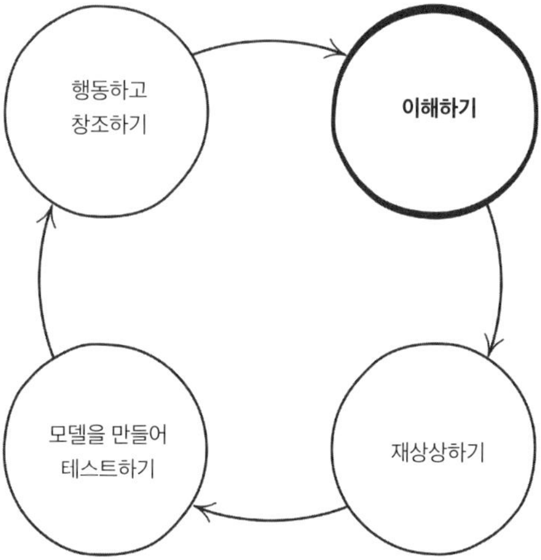

회사가 어떻게 돌아가는지 깊이 이해할 수 있도록 다음과 같이 네 가지 주제로 나누고, 당면 현실에 대한 당신과 동료들의 생각을 안내할 틀과 기업의 통찰을 통해 각각의 주제를 살펴볼 것이다. 주제별로 리디자인을 실행하는 데 도움이 될 만한 행동 지침도 제시할 것이다.

이해하기: 생산성을 뒷받침하는 행동과 역량

- 틀: 생산성 4요소
- 행동 지침 #1

이해하기: 지식 흐름과 인적 네트워크 구조

- 틀: 네트워크와 지식 확산

- 행동 지침 #2

이해하기: 직원들이 일과 회사에 바라는 것

- 틀: 재능과 유연성 욕구
- 행동 지침 #3

이해하기: 일 경험

- 통찰: HSBC
- 행동 지침 #4

이해하기:
생산성을 뒷받침하는 행동과 역량

일 모델의 성패를 최종적으로 판단할 수 있는 중요한 요소 중 하나가 생산성 향상일 것이다. 하지만 즉시 생산성에 긍정적인 영향을 미칠 필요는 없다. 실제로 내가 연구한 기업들은 대체로 새로운 업무방식을 도입하면 직원들이 배우고 변화하는 실험 기간이 필요하고 그 기간에는 생산성이 떨어지기 마련임을 이해하고 있었다. 영국 통신업체 BT가 재택근무를 처음 도입했을 때도 마찬가지였다. 하지만 실험 기간은 무한하지 않다. 어느 정도 시간이 지나면 경영진은 새로운 업무방식이 직원들의 생산성 향상에 도움이 되는지 따지게 된다. 생산성 향상에 도움을 주려면 일을 리디자인할 때 생산성을 뒷받침하는 행동과 역량에 영향을 미칠 가장 좋은 방법이 무엇인지 이해할 필요가 있다.

물론 간단한 문제가 아니다. 그중 한 가지 이유는 아주 소규모 사업체가 아닌 한, 대체로 조직에는 서로 완전히 다른 직무가 아주 많아서다. 그렇다면 이처럼 다양한 지형에서 어떻게 일을 리디자인해야 할까? 나중에 디자인 프로세스의 세번째 단계인 '모델을 만들어 테스트하기'를 다룰 때 직무 스펙트럼을 살펴보며 내부적인 공정성 문제를 고민할 기회가 있을 것이다. 당장은 이해하는 데 집중하자. 직무를 이해하는 한 가지 방법은 넓은 범주에서 생각하는 것이다. 이것이 흔히 말하는 **직군**job family이다. 직군은 공통점이 있는 직무들을 묶은 것이다. 콜센터 직군이나 고객 대면응대 직군, HR 직군 등이다. 기업이 일을 리디자인하는 모습을 자세히 들여다보면 직군이 얼마나 다양한지 알 수 있다.

자, 당신 회사의 직군부터 살펴보자. 먼저 다양성과 유사성을 심사숙고할 직군 세 가지를 선정하자. 그런 다음 직군별로 한 가지 직무를 선택해 깊이 들여다보며 이해하자. 한 가지 직무를 구성하는 다양한 **과업**task을 살펴보면 된다. 과업이 무엇인지 알면, 직원들이 과업을 생산적으로 수행하는 데 도움이 될 방법을 새롭게 상상하는 데 유리한 고지에 서게 된다.

이해하기 쉽도록 자신의 직무를 떠올려보자. 매일 혹은 매주 어떤 과업을 수행하는가? 직무가 비교적 복잡한 편이라면 대략 30

가지 과업으로 구성될 것이다. 런던경영대학원 교수로도 일하는 내 과업 중 하나는 대학원생들에게 90분 강의를 하는 것이다. 또 다른 과업은 경영진을 대상으로 60분짜리 워크숍을 진행하는 것이다. 시험지를 채점하고, 경영진을 면담해 업무 관행에 관한 사례 연구 자료를 수집하고, 학술 논문을 집필하고, 책을 쓰고, 잠재적 후원자를 만나는 등의 과업도 맡고 있다. 누구나 그러듯 나도 다양한 방식으로 생산성을 발휘한다.

생산성 4요소

이렇게 직무를 파헤쳐보면 어떤 생산성 요소를 우선할지 이해하는 데 도움이 된다.

나는 이제껏 많은 연구를 진행하며 각각의 직무가 여러 가지 고유한 과업들로 구성되지만 대부분 생산성 4요소를 중심으로 이루어진다는 것을 발견했다. 바로 에너지와 집중, 조정, 협력이다(도표 3). 이 네 가지 범주마다 생산성에 영향을 주는 긍정적 행동과 부정적 행동을 간략히 살펴보자.

에너지. 많은 직무에 에너지와 활력이 필요한 과업이 있다. 마감이 촉박한 프로젝트에서 다른 사람들과 함께 일할 때, 팀 단위의 에너지를 유지하는 것이 중요하거나 고도의 집중력과 역동성이 필요한 회의에 참석할 때 등이 그렇다. 이 두가지 유형의 과업을 수행하려면

	에너지	집중	조정	협력
(+)	활력 활기	방향성 집중력	목표지향 효율	참여 공유
(–)	피로 무관심	산만 파편화	분열 일관성 없음	저항 장벽

도표 3 틀: 생산성 요소

에너지와 활력이 필요하다. 직원들이 에너지를 잃으면 회의에 참석하다 지치고 마감일을 지키지 못하게 된다. 에너지가 소진되어 생산성을 유지하기 힘들다고 느끼고 과업에 무관심해진다.

집중. 집중이 필수적인 직무가 있다. 보고서를 작성하거나 면담 조사 기록을 살피거나 스프레드시트의 데이터를 검토하는 과업 등이 여기에 해당한다. 궁극적으로 정신을 집중하는 과업이다. 주의가 산만해지거나 여러 과업을 동시에 수행하면 집중력이 흐트러져 과업 수행 역량이 떨어진다. 특히 이런 과업을 수행하려면 고도의 인지 기능이 필요하다. 앞으로 설명하겠지만, 신경과학자들이 이야기하는 '뇌 휴식'이 필요한 과업들이다.

조정. 집중은 기본적으로 개인적인 프로세스인 반면, 당신과 동료들이 맡은 과업 중에는 타인과의 효과적인 조정을 통해 완수되는 것이 많다. 다른 사람과 연락하거나 순간순간 피드백을 받거나 프로젝트 진행 상황을 관리하거나 어디에 문제가 있는지 확인하는 과업 등이다. 조정이 제대로 이루어지면 직원들이 원활하게 공조하며 공동 목표에 집중하게 된다. 목표지향적이고 효율적으로 행동하는 것이다. 조정이 제대로 되지 않으면 얼마 지나지 않아 팀이 분열되고 일관성을 잃게 되어 프로젝트가 표류하기 시작한다.

협력. 새로운 아이디어를 개발하고 새로운 해결책을 찾기 위해 함께 일하는 상황을 떠올리자. 이때 여러 사람이 참여해 아이디어를 공유한다. 새로운 고객을 유치하려고 교차기능팀을 구성해 협력하는 과업이 여기에 해당한다. 신제품을 개발하는 브레인스토밍 작업도 마찬가지다. 직원들이 하나가 되어 협력하면 여러 아이디어가 모여 강력한 힘을 발휘한다. 다양한 관점과 지식이 결합하면 개인의 능력 범주를 뛰어넘는 것이 창조될 수 있다. 정말 창의적이고 혁신적인 결과를 얻을 수 있다. 하지만 협력이 실패하면 직원들이 서로에 대한 믿음을 잃기 시작한다. 다른 사람의 아이디어에 반대하며 집단별로 장벽을 쌓게 된다.

따라서 이해하기 단계를 시작할 때 디자인팀과 함께 다음의 행동 지침 #1을 따르기 바란다.

행동 지침 #1

생산성을 뒷받침하는 행동과 역량을 이해하라

- 먼저 당신 기업에서 최소한 세 가지 직군을 선정해 깊이 이해하라. 이 직군은 사업영역을 구성하는 광범위한 분류 체계에서의 직무들을 대표해야 한다.
- 그런 다음 직군별로 직무를 구성하는 주요 과업들을 자세히 살펴보라. 높은 성과 달성에 중요한 네다섯 가지 과업을 선정해야 한다.
- 이제 각각의 과업에 대해 생산성 4요소(에너지, 집중, 조정, 협력)의 틀을 더 자세히 살펴보며 과업별로 가장 중요한 역할을 하는 생산성 요소를 선정하라.

이해하기: 지식 흐름과 인적 네트워크 구조

앞에서 설명한 과업과 생산성 관련 요소는 거의 정적인 프로세스를 가정한다. 즉 기본적으로 개인과 연관된 것으로 본다. 그런데 사실 직원들과 이들이 수행하는 과업이나 직무는 인적 연결의 네트워크 안에 내재한다. 지식과 통찰, 혁신이 흐르는 통로가 바로 인적 연결이다. 팬데믹을 겪으며 얻은 중요한 통찰 중 하나는 우리가 흔히 간과하는 인적 연결이 조직의 건강과 활력에 대단히 중요하다는 사실이다.

네트워크와 지식 흐름을 이해하는 것이 중요한 이유는 일을 리디자인하면서 의도치 않게 그것들을 방해할 수 있어서다. 일을 리디자인할 때 젊은 직원들의 사회화와 우연한 만남의 가능성이라는 두 가지를 크게 염려하는데, 바로 네트워크와 지식 흐름의 붕괴 가능성 때문이다. 회사에 갓 입사한 청년들이 재택근무를 하면 경험 많은 선배들을 관찰하며 네트워크를 형성할 기회가 없어 어려움을 겪을지 모른다는 두려움. 사람들이 스쳐가며 마주치는 우연한 만남과 격의 없는 '탕비실' 대화가 줄어들 수 있다는 걱정. 이런 두려움과 걱정은 실질적이고 타당하다. 따라서 일을 리디자인하는 결정을 내리기 전에 현재의 네트워크 구조와 지식 흐름을 조망하고 리디자인 모델이 그 구조와 흐름에 어떤 변화를 일으킬지 고민할 필요가 있다.

묵시적 지식과 명시적 지식의 중요성

지식이라고 모두 같은 지식이 아니다. 어떤 지식은 **명시적**이고 객관적이다. 매뉴얼이나 웹사이트, 안내서로 유통되는 명시적 지식은 기록과 접근이 용이하고 기업 전체로 쉽게 확산된다. 비대면 근무를 시행한 이력이 있는 회사에서 업무 디자인 작업의 상당 부분은 가능한 한 많은 지식을 명시하는 것이다. 신입 사원이나 새로운 팀원이 프로젝트 진행 상황과 동료들의 스킬을 빠르게 파악한다는 장점이 있기 때문이다.

하지만 기업이 보유한 소중한 지식은 대부분 **묵시적** 지식이다. 통찰과 노하우, 정신 모델, 틀을 짜는 방법 등은 개인의 머릿속에 있으며 세상을 바라보고 교감하는 시각의 일부를 이룬다. 이런 묵시적 지식은 개인의 머릿속에 있기 때문에 명시적 지식보다 표현하고 성문화하기가 훨씬 더 어렵다. 그래서 사람들이 서로 잘 알고 신뢰할 때만 상대방의 묵시적 지식에 실질적으로 접근할 수 있다고 보는 견해도 있다. 즉 명시적 지식은 매뉴얼과 웹사이트로 성문화되어 인간관계 밖에 있지만 묵시적 지식은 기본적으로 인간관계 안에 있다. 그래서 일을 리디자인하며 이런 인간관계의 본질이나 범위, 깊이가 변하면 소중한 묵시적 지식이 훼손될 수 있다는 두려움이 따른다.[1] 따라서 직무를 살필 때는 해당 직무의 생산성에 중요한 지식이 무엇인지, 그 지식은 신입 사원이 쉽게 접근할 수 있는가 하는 의미에서 얼마나 명시적인지 또 얼마나 묵시적인지를 검토하라. 여러분이 제안하는 일 모델이 비대면 근무 확대를 요구한다면 지식을 포착하는 프로세스에 투자를 늘려 명시적 지식을 더 많이 창조하는 방안을 고민해야 한다.

강력한 유대

팬데믹 초기인 2020년 봄, 업무 패턴의 변화가 분명해졌다. 특히 재택근무가 인적 연결과 네트워크의 개발과 유지에 영향을 주었다. 이미 알고 있는 사람과 보내는 시간이 증가했다는 사실이 이내 드러났다. 그리고 이처럼 강화된 유대가 대체로 자존감과 정신건강에 긍정적인 영향을 미치는 것으로 밝혀졌다. 힘겨운 상황에서 사람들은 가장 가깝고 가장 사랑하는 사람에게 위안을 얻고 있었다. 하지만 동시에 회사 동료나 조금 먼 친구들로 구성된 광범위한 네트워크에서의 관계가 잠식되기 시작했다. 팬데믹 봉쇄 조치가 시행되고 6개월이 지난 2020년 중반에 관리자들을 면담했는데, 내 일기를 보면 당시 관리자 두 사람의 이야기가 이렇게 기록되어 있다.

"재택근무하는 팀원 중 몹시 외로움을 타는 사람들이 있습니다. 외향적인 성격을 타고난 사람이라면 재택근무가 행복과 웰빙에 큰 영향을 줍니다." 또 다른 관리자는 이렇게 이야기했다. "지금 제가 정말 걱정하는 것은 네트워크의 압력입니다. 사람들이 서로 가까워지고 있고, 솔직히 말해서, 그 덕분에 지난 몇 달간 많은 사람이 목숨을 부지했다고 볼 수 있습니다. 그런데 '탕비실' 대화는 어떻게 되었을까요? 모든 사람이 집에 머물면 아주 우연히 사람들과 마주치는 일은 불가능합니다."

지금 벌어지고 있는 상황은 거의 수면 아래에 잠겨 있다. 우리 대부분이 네트워크를 체계적으로 추적하지 않기 때문이다. 기업 전반을 흐르는 지식 흐름에 관한 경험 데이터를 축적한 회사도 거의 없다. 하지만 분명한 것이 있다. 당신 회사에서 재택근무나 일정 조정 등 업무장소와 업무시간의 변화를 포함해 일을 리디자인한다면 네트워크에 미치는 영향은 불가피하다는 사실이다. 우리가 흔히 간과하지만, 네트워크는 업무 리디자인에 중대한 영향을 받기 때문이다. 그래서 네트워크가 어떻게 작동하고 당신이 구상한 리디자인이 네트워크를 어떻게 변화시킬지 파악하는 것이 중요하다. 네트워크들의 핵심 개념을 정리한 그림이 (도표 4)다.[2]

기본 개념은 **유대**, 즉 개인과 개인을 연결하는 관계다. (네트워크에서 개인은 교점으로 표시했다.) 유대는 강력한 관계부터 약한 관계까지 변화하며 이어진다.

대체로 강력한 유대는 그 수가 비교적 적다. 강력한 유대는 잘 알거나 신뢰하거나 도움과 지지를 부탁할 수 있는 사람과의 관계다. 이 관계에는 흔히 호혜주의의 균형이 있다. 기쁜 마음으로 서로 베풀지만, 누군가 베푸는 양보다 더 많은 양을 받는 상황이 자주 발생하면 시간이 지나며 관계가 악화하기 시작할 것이다. 당신과 강력한 유대를 형성한 사람은 당신을 알고 이해하며 당신의 상황에 공감할 수 있는 사람이다. ((도표 4)에서 검은색 선으로 표시한 것이 강력한 유대다.) 업무 리디자인과 관련해 강력한 유대를 형성하는 중요한 요인이 근접성으로 밝혀졌다. 사무실에서 옆자리에 앉은 사람, 복도에서 우연히 마주칠 법한 사람이 강력한 유대 형성에 큰 영향을 미치는 것이다.

근접성은 우리 삶 전반에 걸쳐 강력한 요인으로 작용한다. 대학 친구들을 생각해보자. 당신과 지속적인 관계를 유지할 가능성이

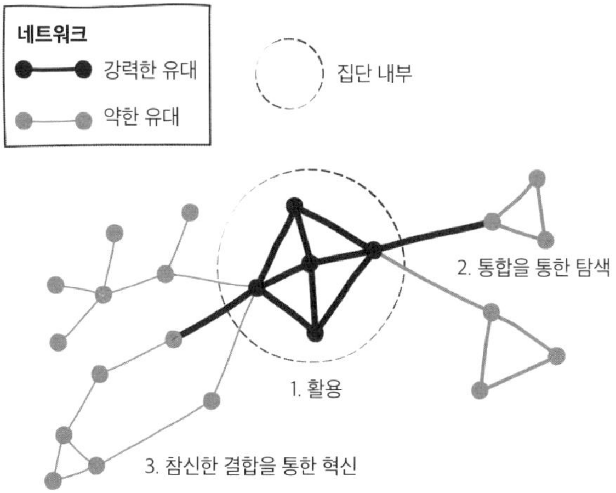

도표 4 **틀: 인적 네트워크 및 강력한 유대와 약한 유대가 지식 확산에 미치는 영향**

있는 사람은 수백 명 혹은 수천 명이나 된다. 하지만 대학 교우관계를 추적한 연구 결과에 따르면 서로 가까운 기숙사 방에서 생활한 친구들과 가장 친밀하고 오랜 우정을 유지할 가능성이 크다. 실제 수많은 연구를 통해 연구자들은 우정의 깊이와 기숙사 거리의 직접적인 상관관계를 확인했다. 기숙사 방이 가까울수록 관계가 오래 지속될 가능성이 크다는 것이다.[3]

근접성은 사무실을 디자인할 때도 아주 강력한 요소가 된다. 예를 들어 마케팅팀의 팀원들이 모두 가까이 앉아서 일하면 서로를 더 잘 알 수 있지만, 다른 층 심지어 같은 층 복도 건너편에서 일하는 다른 팀들과는 관계 형성에 실패하는 경우가 많다. 근접성의 힘을 중요하게 활용하는 기업이 아룹Arup이다. 아룹은 140개국에 걸쳐 15,000명이 넘는 전문가들이 프로젝트를 진행하는 건축 설계 그룹이다. 호주 멜버른 사무실에서 일하는 아룹 회장 조 코렌자Joe Correnza는 근접성을 이렇게 설명한다.

> 회사의 모든 분야에 걸쳐 아이디어를 모으는 것이 중요합니다. 우리 회사에는 공학자와 디자이너, 플래너, 기술 전문가, 컨설턴트 등이 있습니다. 우리가 바라는 것은 이들이 서로 이야기하며 아이디어를 나누는 것이죠. 이를 위해 우리 회사가 시행하는 한 가지 방법이 사무실에서 팀의 자리를 분기마다 옮기는 것입니다.

강력한 네트워크 유대는 (도표 4의 네트워크 틀 중앙에 표시된 것처럼) 팀원 개개인의 지식을 **활용**하는 데 중요하게 작용할 수 있다. 서로를 잘 알고 신뢰하는 팀원들이 묵시적 지식을 공유할 가능성이 커지기 때문이다. 하지만 강력한 유대 네트워크는 묵시적 지식을 드러내는 능력은 뛰어나도 새로운 아이디어를 창출하는 능력은 떨어진다. 그 이유가 무엇일까? 팀원들이 이미 알고 있는 것만 이야기하기 때문이며, 서로의 아이디어에 익숙하다는 것은 새로운 개념을 접할 가능성이 낮다는 의미이기 때문이다.

약한 유대

인간관계 스펙트럼의 다른 쪽 끝에 있는 것이 (도표 4에서 회색 선으로 표시한) 약한 유대다. 당신과 알고 지내는 수많은 사람과의 관계를 나타낸다. 그리 자주 만나지 않고 정서적 애착도 거의 없는 지인들과의 관계다. 가령 이메일을 보내면 답장이 올 만큼 어느 정도 아는 사이이긴 하지만 개인적인 관심사나 가족에 대해서는 서로 아는 것이 많지 않다. 이런 약한 유대가 많은 것은 관계를 유지하는 데 시간과 자원이 적게 들기 때문이다. 사실 당신이 소셜미디어에서 관계를 유지하는 사람은 수백 명 혹은 수천 명에 이를 수 있다. 하지만 그처럼 많은 사람과 약한 네트워크를 유지하는 데 쏟는 시간은 소수의 사람들과 강력한 유대를 유지하는 데 쏟는 시간보다 더 적을 것이다.

약한 유대의 가치는 수에 있다. 그 수가 아주 많기 때문에 가치를 발휘하는 것이다. 이를 입증한 대표적인 연구가 스탠퍼드대 사회학자 마크 그래노베터Mark Granovetter가 사람들이 새로운 일자리를 찾는 방법을 주제로 수행한 네트워크 연구다.[4] (그래노베터의 연구는 링크드인LinkedIn이나 몬스터Monster처럼 수많은 일자리를 연결할 수 있는 온라인 구직 플랫폼이 성장하기 전에 실시되었다.) 연구 결과 그래노베터는 누군가 새로운 일자리를 찾을 때 평소 잘 아는 사람에게 처음으로 일자리를 소개받는 경우가 드물다는 사실을 확인했다. 친구의 친구가 새로운 일자리를 추천할 확률이 더 높았다. 그래노베터는 서로 잘 아는 집단 내부에는 중첩되는 지식이 많다는 사실을 발견했다. 즉 당신과 가까운 친구 한 사람이 어딘가 일자리가 났다는 소식을 들으면, 네트워크가 중첩되기 때문에 당신도 그 소식을 듣게 될 것이고, 새로운 일을 찾는 또 다른 친구에게 일자리가 났다는 소식을 전할 것이다. 새로운 정보는 친구의 친구, 즉 약한 유대의 힘을 통해 확산하며 이때 뜻밖의 발견이 이루어지는 경우가 많다.

(도표 4)의 네트워크 그림을 보면 집단 내부 구성원 중 두 사람이 다른 집단과 강력한 유대를 형성한 것이 눈에 띌 것이다. 이 두 사람이 바로 경계확장자다. 서로 다른 두 개의 네트워크를 연결하는 사람이다. 서로 다른 두 네트워크의 구성원이 중첩되는 부분이 매우 제한적일 때 나타나는 것이 사회학자 로널드 버트Ronald Stuart Burt가 이야기한 지식 분야의 '구조적 공백'이다.[5] 완전히 다른 두 지식 영역을 결합하고 **통합을 통한 탐색**이 가능하게 만드는 것이 바로 양쪽을 연결하는 경계확장자의 관계다. 경계확장자는 양쪽 집단 사이에서 서로를 이해시키고 관심사가 겹치는 영역을 가리키며 기본적인 패러다임과 일하는 방식에 의문을 제기하도록 자극한다. 일을 리디자인할 계획을 세울 때 누가 조직 내부의 경계확장자인지, 리디자인으로 경계확장자가 다른 사람과 자연스럽게 연결되는 통로가 마련될지 아니면 그 중요한 통로가 무심코 차단될지 고민할 필요가 있다.

약한 유대가 많아야 자신이 몸담은 집단을 벗어나 더 넓은 공동체로 연결될 흥미로운 기회가 생긴다. 약한 유대를 많이 형성하는 것이 중요한 이유는 혁신의 기회, **참신한 결합을 통한 혁신**을 창출할 기회가 마련되어서이다.

팬데믹 시기에 기업들이 가장 크게 우려한 것 중 하나가 바로 이 참신한 결합에 미칠 잠재적 영향이었다. 많은 논객이 '탕비실' 대화의 중요성을 거론했고, 사무실은 근접성을 확보하는 장소일 뿐 아니라 뜻밖의 만남이 이루어지는 장소이기도 하다는 것을 깨닫기 시작했다. 그러면서 사람들이 집에서 일하면 창조적 불꽃을 일으키는 뜻밖의 만남이 대폭 줄어들지 모른다는 우려가 깊어졌다. 일을 리디자인할 때 중요하게 고려할 사항이 바로 약한 유대다. 약한 유대는 사무실에서 근접성도 창출하고 뜻밖의 발견도 부추기는 시간이 중요함을 강조한다.

기술이 네트워크 유대 구축에 미치는 영향

네트워크와 지식 흐름에 대한 분석을 마치기 전에 기술의 영향을 살펴볼 필요가 있다. 팬데믹의 두드러진 특징 중 하나는 사람들이 줌과 마이크로소프트 팀즈Microsoft Teams 같은 기술을 채택하고 이런 기술이 저비용에 신뢰도 높은 서비스를 제공할 수 있음을 빠르게 인정하게 되었다는 것이다. 의심의 여지가 없는 사실이다. 이런 기술이 네트워크를 형성하는 방법과 지식 흐름의 변화에 결정적인 역할을 할 수 있음을 깨달은 것이다.

잘 알고 신뢰하는 사람들과 형성된 강력한 네트워크 유대는 자연스레 화상 회의로 기울었다. 하지만 그리 잘 알지 못하는 사람들과의 관계, 즉 약한 유대는 어떨까? 5장에서 자세히 설명하겠지만, 스웨덴의 기술 그룹 에릭슨Ericsson 등의 회사가 온라인 플랫폼에 마련한 가상공간에서 대화를 나눈 사람이 사흘 동안 수천 명을 넘었다. 이런 가상공간의 대화가 새로운 네트워크 창출의 토대가 될 수 있을까? 새롭게 만들어진 약한 네트워크도 개별적인 화상 회의를 보충하면 강해질 수 있지 않을까?

비대면 연결이 얼굴을 마주하는 것과 동일하게 뜻밖의 연결이 이루어지는 토대가 될 수 있을까? 솔직히 말하면, 아직은 알 수 없다. 하지만 나는 봉쇄 기간에 전에 알지 못하던 몇 사람과 접촉한 뜻밖의 연결이 정말 좋았다고 분명히 말할 수 있다. 화상 대화를 나눈 후 그 사람들을 꽤 잘 알게 되었다는 느낌이 들었다.

또한 기억해둘 점은 장차 인적 연결과 관련한 혁신이 틀림없이 쇄도하리라는 것이다. 가상현실과 증강현실이 네트워크 구축 및 유지와 관련해 보여준 가능성은 이미 큰 기대를 받고 있다. 유럽에서 대학 졸업생을 가장 많이 채용하는 기업 중 하나인 회계법인 PwC를 예로 들어보자. 봉쇄 조치가 시행된 2020년 가을 PwC가 대학을 갓 졸업한 수만 명을 신규 채용했다. 그 이전에는 신입 사원들이 모두 사무실에서 얼굴을 맞대고 일하며 네트워크를 형성할 놀라운 기회가 마련되고, 이렇게 형성된 네트워크가 수십 년간 이어지기도 했다. 하지만 2020년에 입사한 사원들은 대부분 PwC 사무실 근처도

가보지 못했다. 신입 사원들에게는 재앙이나 다름없는 상황이었지만, PwC의 유럽 HR 책임자인 피터 브라운은 몇 가지 대규모 기술 투자로 입사 절차의 판도를 바꿨다고 설명했다. 이때 가장 중요하게 투자한 기술 중 하나가 가상현실 플랫폼이다. 신입 사원들이 가상공간에 마련된 회의장을 활보하며 서로 마주치고, 선배들이 진행하는 프레젠테이션에 참석하고, 가상공간에서 쾌속선을 타고 여행을 즐기기도 했다. 피터 브라운의 설명에 따르면 이런 경험이 비록 일반적인 입사 절차와 다르긴 하지만 효과가 있었다. 신입 사원들의 피드백도 일반적인 입사 절차만큼은 아니지만 좋았다. 그 뒤 피터 브라운과 동료들은 일을 리디자인할 때, 팬데믹 시기에 기술을 활용해 가상 네트워크를 구축한 경험을 디자인적 사고에 반영하기 시작했다.

당신도 기업의 현재 네트워크와 지식 흐름을 검토할 때 팀을 꾸려 다음 행동 지침 #2의 항목들을 점검하라.

행동 지침 #2

지식 흐름과 네트워크 구조를 이해하라

- 행동 지침 #1에서 선정한 세 가지 직군별로 도표 4의 네트워크 틀을 템플릿으로 이용해 팬데믹 이전에 중요하게 여긴 네트워크와 지식 흐름을 정리하라. 직원들이 주로 긴밀한 네트워크 집단에 있

었는가? 다른 집단으로 경계를 확장하는 직원이 있었는가? 직원들이 약한 유대를 광범위하게 유지해 기업 안팎으로 많은 사람과 연결되었는가?

- 당신 기업의 현실을 검토할 때 현재 네트워크와 지식 흐름이 어떻게 작동하는지 살펴보라. 약한 유대와 강한 유대에 변화가 있었는가? 변화가 있었다면, 묵시적 지식의 흐름이나 참신한 지식 결합의 가능성에는 어떤 영향을 미쳤을까?
- 화상 회의나 온라인 플랫폼 같은 기술이 네트워크 형성과 유지에 미친 영향을 검토하라. 이런 기술이 어떻게 대면 연결을 대체하고 있는가? 잠재적 문제는 무엇이며 이점은 무엇인가?

이해하기:
직원들이 일과 회사에 바라는 것

나는 매슬로Maslow의 욕구 단계설을 연구한 논문으로 박사 학위를 취득했다. 배경과 경험이 욕구와 욕망에 미치는 영향에 큰 흥미를 느꼈기 때문이다.[6] 이 연구를 통해 나는 사람이 항상 똑같지 않으며 삶의 여러 시점에서 욕구와 욕망이 변한다는 사실을 일찍이 깨우쳤다. 일을 리디자인한다는 관점에서도 직원들을 먼저 살피는 것이 타당하다. 욕구와 욕망이 비교적 유사한 집단들이 있을 것이다.

직원 대상 설문이나 포커스그룹 데이터를 보면 그들의 욕구와 욕망이 무엇인지 알 수 있다. 개인의 욕구는 현재 생애주기 단계와 나이, 배경, 경험, 성격 등 수많은 요인이 모인 결과물이다. 직원 설문조사 데이터도 유용할 수 있지만, 나는 그 사람이 된다는 '느낌'을 설득력 있게 전달하는 **페르소나**들을 만들어 데이터에 활력을 더하는 방법을 추천한다. (내가 만든 페르소나 두 사람은 잠시 뒤에 자세히 살펴보자.)

직원들이 **현재** 무엇을 욕구하는지도 살필 수 있지만, **미래**에 욕구하고 갈망할 법한 것도 상상할 수 있다. 이것이 중요한 이유는 현재는 물론 미래에도 유효하고 유익한 업무방식을 만드는 것이 우리의 목표여서이다. 그러려면 향후 직원들이 일에 바라는 것에 영향을 미칠 광범위하고 보편적인 트렌드를 조망해야 한다. 더 나아가 이 모든 것이 조직과 개인 사이의 '합의'에 어떤 의미인지 진지하게 고민해야 한다.

직원들이 현재 바라는 것

사람은 제각각이다. 욕구와 바람, 일하는 방식이 저마다 다르다. 이를 단순화하는 한 가지 방법이 페르소나라는 개념을 이용하는 것이다. 개인에 관한 허구적 묘사인 페르소나는 사람들의 상황과 욕구, 염원, 인구 변동의 한 측면 혹은 여러 측면을 포착한다. 어떤 의미에서는 설문조사 데이터를 표현한 그림으로 볼 수 있다. 나는 교육자 입장에서 학생들이 까다로운 문제를 깊이 생각하도록 자극하기 위해 페르소나를 만든다. 예를 들어 고령 노동자 문제를 다룰 때는 25세, 40세, 65세로 연령대가 다른 세 명의 페르소나를 이용한다. 학생들에게 이 세 명의 페르소나가 각자 일에 바라는 것은 무엇이며 조직이 이들을 뒷받침할 방법은 무엇인지 생각해보라고 요구한다. (대개 20~30대인) 학생들은 65세의 페르소나를 바라보며 회사가 이들을 어떻게 지원할 수 있을지 고심할 수밖에 없다. 말하자면 학생들이 이 페르소나의 '속마음'으로 들어가 노인의 상황에 더 깊이 공감하는 것이다.

페르소나가 효과적인 것은 일반적으로 우리 뇌가 통계나 데이터보다 내러티브나 이야기를 더 쉽게 이해하기 때문이다. 65세 페르소나의 이름을 로저라고 하면, 연금 걱정이 태산인 로저의 상황이 65세 노인들의 인구 변동이나 염원, 저축률, 건강상태 등에 관한 데이터를 몇 페이지씩 들여다보는 것보다 쉽게 이해된다.

당신도 직군별로 네다섯 명의 페르소나를 만들어 동료들에게 제시하면 일하는 느낌이 어떤지 이해시킬 수 있다. 각각의 페르소나가 일과 직원 데이터의 여러 측면을 포착하기 때문이다. 관리자들에게 여러 페르소나를 보여주며 새로운 업무방식이 그 페르소나에게 어떤 의미일지 질문을 던지는 방식이 유용하다. 질문을 받은 관리자는 동료들과 토론하며 다른 사람들이 그 페르소나에게 어떻게 접근하는지 알 수 있다. 행동 지침 #3에서 설명하겠지만, 업무 리디자인을 논의할 때 내러티브 구조를 담당할 페르소나들을 창조하길 추천한다.

내가 재택근무의 영향을 생각해보기 위해 만든 두 페르소나, 훌리오와 맨디를 살펴보자. 두 페르소나 모두 시카고의 다국적기업에서 전략기획자로 근무하며 봉쇄 기간에 집에서 일했다.

훌리오는 시카고 교외에 마련한 큰 집에서 10대 자녀들과 함께 살며 삶을 즐긴다. 팬데믹 전에는 사무실에서 일하는 시간이 길었다. 출퇴근하는 데 90분씩 걸리다보니 아침 6시 반이면 집을 나섰고 저녁 9시 전에 귀가한 적이 거의 없었다. 그랬던 훌리오가 이제 아침잠을 더 자고 낮에 개를 산책시키고 자녀들과 시간을 보내며 즐거움을 만끽한다. 훌리오는 지난 몇 년간보다 더 건강해졌다고 느낀다. 사무실에서 동료애를 나눌 수 없어 아쉽지만, 10년 넘게 한 직장에 근무한 덕분에 네트워크 용어로 말해서 팀원들과의 강력한 유대나 회사 전반에 걸쳐 수많은 사람과의 약한 유대를 이미 형성하고 있다. 재택근무 경험을 가만히 되돌아보면 자신이 더 건강해지고 스트레스도 덜 받고 생산성도 훨씬 더 향상된 것 같다. 생산성이 떨어지지 않는다고 느끼는 것은 분명하다. 다음 몇 년간 어떻게 일할지 곰곰이 생각해보니 부분적으로라도 계속 집에서 일하고 싶은 마음이 간절하다. 사실 훌리오는 아내에게 그런 속내를 털어놓았고, 부부는 재택근무를 선택할 수 없다면 연봉이 깎이더라도 집에서 일할 수 있는 다른 조직을 찾아보기로 합의했다.

훌리오의 동료인 맨디는 MBA 과정을 마치자마자 입사해 1년이 지난 20대 후반 여성이다. 시카고로 이사해 침실 세 개와 자그마한 공용 공간이 딸린 아파트를 임차한 뒤 하우스메이트 두 사람과 함께 살고 있다. 2018년과 2019년에는 생활하는 데 아무런 문제가 없었다. 다른 임차인들이 모두 맨디처럼 오랜 시간 일하다보니 일요일에 함께 브런치를 먹는 시간을 빼면 서로 부딪칠 일이 거의 없었다. 맨디는 가능한 한 사무실에서 가까운 아파트를 얻었다. 사무실까지 걸어서 겨우 15분밖에 걸리지 않기 때문에 출근 전에 체육관에 들를 수도 있었고 퇴근 후에 친구를 만나 술을 마시기도 편했다. 지나고 보니 봉쇄 기간 맨디의 경험은 훌리오의 경험과 사뭇 달랐다. 봉쇄 조치가 시행되고 몇 주가 지나자 아파트에 긴장감이 감돌기 시작했다. 세 사람이 모두 인터넷 회선 하나에 의지해 재택근무를 했는데, 홍보 대행사에 다니는 한 사람이 툭하면 대용량 비주얼 프로젝트를 다운로드하며 '데이터 고래'로 불릴 만큼 인터넷 회선에 과중한 부담을 주었기 때문이다. 설상가상으로 팬데믹이 시작되고 채 한 달도 지나지 않아 임차인 한 명은 직장까지 잃었다. 그 불안감이 모두에게 전염되었다.

그렇게 맨디는 2020년 4월 내내 비좁은 침실에 간이 책상과 식탁 의자를 들여놓고 일했다. 사람들을 만나 이야기를 듣고 커피를 마시는 등 평상시 사무실에서 동료들과 어울리던 시간이 사무치게 그리웠다.

하지만 걱정거리는 더 있었다. 신입 사원인 맨디는 출근해서 동료들을 만나는 일이 즐거웠다. 특히 훌리오가 사업 전략을 세우려고 동료들과 소통하는 모습이 보기 좋았다. 훌리오가 동료들에게 새로운 데이터를 전달하고, 그 데이터를 토대로 당면한 전략적 문제를 바라보는 동료들의 시각을 변화시키는 모습을 보며 많은 것을 배웠다. 뮤지컬 〈해밀턴〉의 유명한 가사처럼 "그 일이 일어난 방에 있는 것"이 즐거웠다. 지금 맨디는 전문성 계발의 '관찰' 단계에 있다. 사람들의 말투에서 느껴지는 미묘한 변화에 귀를 기울이고 사람들이 어떻게 상호작용하는지 유심히 지켜보는 등 사소한 신호에 아주 민감하게 반응한다. 사업의 진정한 의미가 무엇인지 서서히 깨우치는 중이다.

맨디는 허구적인 페르소나지만, 맨디의 상황은 전 세계 대도시에서 재현되고 있다. 이 때문에 일을 리디자인하는 도전에 나설 때 반드시 맨디 같은 청년들을 고려해야 한다. 회사가 일을 리디자인하며 전략기획팀이 주로 재택근무하도록 결정하면 맨디의 일상 경험은 어떻게 될까? 훌리오와 마찬가지로 맨디에게도 이 리디자인은 그 회사에 머무를지 아니면 다른 회사로 이직할지를 결정하는 중요한 요인이 될 것이다. 가끔 집에서 일하는 것이 즐거울 때도 있지만 지금 당장 맨디의 계획은 사무실에서 일하는 것이기 때문이다.

훌리오나 맨디 같은 사람들의 개인적인 이야기를 모으는 것이 일을 성공적으로 리디자인하는 데 관건일 것이다. 직원들이 바라는 것을 그림 그리게 하는 시작점이 바로 이런 사람들의 희망과 열망이다. 물론 그 그림에서 즉각적으로 드러나는 것은 같은 직무를 하는 직원들이라도 서로 다른 업무방식을 선호한다는 점이다. 그리고 다음 장에서 이야기하겠지만, 그 그림은 성과 높은 문화를 창조하려는 조직의 욕구를 만족시키는 동시에 직원 개개인의 욕구도 인정하면서 일을 디자인하라고 강조한다.

직원들의 이야기에 귀를 기울이고 직원들이 선호하는 것이 무엇인지 설문조사하면 그들의 욕구를 이해할 수 있다. 가상공간에서 모든 직원이 대화를 나누는 자리를 마련하면 직원들이 공동 창조 프로세스를 이용한 업무 개발에 대해 어떻게 생각하는지 의견을 들을 수도 있다. 이것에 대해서는 5장에서 자세히 살펴보자.

직원들은 미래에 무엇을 바랄까

당신의 기업 내부 그리고 직원들 사이에는 다양한 개인적 특성과 상황이 존재하고 이것이 사람들이 일에 바라는 내용에 영향을 미칠 것이다. 따라서 개인적인 차이를 인정하고 귀를 기울이는 것이 중요하다. 하지만 마찬가지로 미래를 위해 디자인하는 것도 중요하다. 그러려면 앞으로 몇 년간 사람들의 욕구와 바람에 점점 더 빠르게 영향을 미칠 광범위하고 보편적인 트렌드를 더 넓게 조망하며 고민해야 한다. 이 트렌드는 장수와 사회, 자동화와 연관되며, 필연적으로 사람들이 현재 원하는 것, 나아가 미래에 바랄 법한 것에 영향을 미칠 것이다.

건강 유지

사람들이 어디서 어떻게 일할지 선택할 때 중요하게 고려하는 요인 중 하나가 건강이다. 당신의 회사에서 일하면서 건강을 유지할 수 있다고 판단하는 사람은 입사할 것이고 당신 회사에서 일하는 것이 건강에 부정적인 영향을 미친다고 생각하는 사람은 입사하지 않을 것이다.

이렇게 생각해보자. 노동이 산업화하기 시작한 1850년대에는 평균 수명이 45세였다. 상당히 많은 인구가 유아기에 사망했기 때문에 이 평균 수명이 왜곡된 수치이긴 하지만, 요점은 수명이 짧을 때는 많은 사람이 예상하는 노동생활 기간이 30년이었다는 점이다. 지금은 어떤가? 앞으로 당신과 당신의 자녀, 동료들이 100세까지 산다는 것은 불가능한 예측이 아니다.

내가 경제학자 앤드루 스콧Andrew Scott과 함께 발표한 《100세 인생*The 100-Year Life*》을 읽은 많은 독자가 인간 수명이 비약적으로 늘고 있다는 데이터에 놀란 것도 당연하지만, 대체로 전 세계 많은 국가에서 10년마다 2년씩 기대 수명이 늘고 있다. 더 건강한 삶과 의료 개입(특히 심부전 같은 중년 질환을 치료하는 등)이 결합한 결과다. 요컨대 우리 자녀들은 100세까지 살 것이다. 어쩌면 당신도 100세까지 살지 모른다. 이렇게 길어진 수명이 분명히 당신 회사의 직원들이 일에 바라는 것에 심대한 영향을 미친다.

심대한 영향을 받는 것 중 하나가 재정 문제다. 직원들은 오래 살수록 더 오래 일하길 바랄 것이다. (그리고 더 오래 일해야 할 것이다.) 간단한 사실을 살펴보자. 만일 당신이 일하기 시작한 첫날부터 수입의 15퍼센트 정도를 저축하지 않으면 65세에 퇴직해도 좋을 만큼 충분한 재력을 확보하기 어렵다. 그렇다고 퇴직 후 정부 기금의 의미 있는 지원에 의지해 수십 년을 살 가능성도 점점 줄고 있다. 즉 많은 사람에게 분명해진 현실은, 앞으로 70대는 물론이고 가능하면 그 이후에도 직장에 다니며 돈을 버는 것이 우선순위가 되리라는 것이다.

이 새로운 삶의 리듬과 박자가 일에 대한 사람들의 열망에 필연적으로 영향을 미칠 것이다. 만일 당신이 90세 이상 살 가능성이 있다고 믿는다면 건강에 훨씬 더 신경을 쓸 것이다. 90세까지 살며 10~20년간 병마에 시달리길 바랄 사람은 없을 것이다. 우리는 80대에 들어서도 탄탄하고 건강하길 원한다. 그러려면 성인기 초기부터 건강한 생활습관과 업무습관을 기르고 유지해야 한다. 건강한 생활습관은 무엇일까? 장수 센터를 운영하는 사람들에게 건강하게 오래 살기 위해 개인적으로 어떤 노력을 하는지 물은 적이 있다. 놀랍게도 모두 비슷한 대답이 돌아왔다. 매일 운동하고 건강한 음식을 먹고 밤에 8시간 푹 잔다는 것이다. 아주 간단했다. 특히 행복한 장수에 관심 있는 사람들은 친구와 가족, 공동체와 시간을 보내라고 조언했다.

건강이 일을 리디자인하는 것과 무슨 상관이 있을까? 언제 어떻게 일할지 몇 가지 선택지가 주어지면 많은 사람이 건강을 유지할 수 있는 업무방식을 선택할 것이다. 즉 밤에 8시간 숙면하도록 자유롭게 시간 계획을 세울 수 있는 충분한 자율권이 보장되어야 한다는 의미다. 산책하거나 가족과 친구를 만날 계획을 세울 수 있고 모임 약속을 번번이 취소할 필요가 없도록 업무시간이 예측 가능해야 한다는 의미다.

균형 잡힌 가정생활

일이 공적인 공간(사무실)과 사적인 공간(가정)을 포함하도록 진화하면서 사람들이 일과 관련한 선택을 내릴 때 중심에 놓이게 된 것이 가족과 관계다. 일에 관한 결정을 내릴 때, 마찬가지로 일하고 있는 다른 가족 구성원의 욕구도 고려하는 듯하다.

가족 구조가 변하는 속도를 보면 대단히 흥미롭다.[7] 이제는 대부분 국가에서 이제는 여성들이 일하고 있다. 어머니는 가정을 돌보고 아버지는 일하던 1950년대에 태어난 내 또래 사람들의 가정생활과는 확연히 다른 모습이다. 이런 변화는 여성 대다수가 일터에 뛰어든 1970년대에 비롯되었다. 당시 일하는 여성들은 대체로 자기 어머니보다 더 많이 교육받았고, 세탁기나 냉장고 등 가사노동을 획기적으로 줄여주는 기구의 도움을 받기가 쉬웠다. 하지만 첫번째 변화의 물결이 일던 당시에는 일하는 여성들이 자녀를 낳으면 시간제로 전환하는 경우가 흔했다. 나중에 정규직으로 복직해도 소득이 줄기 십상이었고 사실 남성 동료들의 임금을 거의 따라잡지 못했다. 따라서 가정에서는 남자의 일과 남자 직장의 요구를 우선시하는 것이 불가피한 현실이었다.

그런데 여성들이 경력을 쌓고 법규 등 여러 가지 이유로 남성과 비슷한 임금을 받게 되면서 이런 표준이 바뀌기 시작했다. 더욱이 여성들이 아이를 (평균 4명에서 2명으로) 적게 낳으며 승진 속도나 보수가 남성과 동등한 경력 경로를 개척했다. 시간이 지나며 부부관계가 '남성 경력career/여성 가사carer'에서 '남성 경력/여성 일job'과 '남성 경력/여성 경력' 혹은 '남성 가사/여성 경력'으로 바뀌었다. 실제 2019년 여러 책과 언론에 등장하며 활발히 논의된 사회적 현상이 '맞벌이dual career'다.[8]

동시에 가족 구조는 더 다양하게 변화했다. 어머니나 아버지가 혼자 아이들을 키우기도 하고, 남자가 대리모를 통해 자녀를 낳고, 여자가 정자 기증자를 통해 임신한다. 50대가 이혼 후 재혼하며 가족관계가 의붓자식까지 확대되었다. 5대가 동시대를 살다보니 조부모를 모시고 사는 가족도 있고, 성인이 된 이후 상당한 기간을 독신으로 지내는 사람도 있다.

가족 구조는 일을 리디자인하는 것과 무슨 상관이 있을까? 중요한 것은 직원 개개인의 삶을 추정하지 않는 것이다. 아버지들도 어머니들만큼 자녀 양육과 육아휴직에 관심이 있을 수 있고, 모든 성인이 자녀를 키우거나 자녀를 원하는 것도 아니다. 예를 들어 한 글로벌 전문 기업을 조사하니 결혼하지 않고 혼자 살거나 부모님과 함께 살거나 동거하는 직원이 60퍼센트를 넘었다. 즉 일의 표준과 관행이 직원 개개인의 상황과 상관없이 공정하고 정당하게 확립되도록 포용성과 다양성을 전면에 내세워야 한다는 의미다.

학습(기계보다 빠르게)

팬데믹 시기 재택근무로 발생한 결과 중 하나가 이미 진행 중인 트렌드가 가속화되었다는 점이다. 그 트렌드는 일의 자동화, 학습과 일정 관리 등 프로세스의 디지털화다. 예상하건대 기술이 계속해서 일에 심대한 영향을 미치고, 직원 대다수가 직무의 일정 부분(어떤 경우는 상당 부분)이 자동화되는 현실을 맞을 것이다. 이런 현실은 혹시 일자리를 잃거나 급여가 낮은 지위로 강등되지 않을까 심각한 불안감을 일으키는 동시에 직무 적합성을 유지하려면 리스킬하거나 업스킬할 필요가 있다는 동기를 자극한다.

업무 리디자인과 관련해 검토할 수많은 선택지가 기술에서 나온다는 것은 놀랄 일이 아니다. PwC의 신입 사원 입사 절차처럼 가상현실과 증강현실을 이용해 뜻밖의 연결이라는 마법을 재현할 수도 있고, 일정 관리 프로그램을 이용해 악몽 같은 끝없는 회의에서 벗어날 수도 있다. 데이터 분석기 같은 도구를 이용하면 팀원들의 업무시간과 업무장소를 조정할 수 있고 성과를 개선하는 피드백 루프를 만들 수도 있다.

이처럼 변화하는 업무습관이 모두 일의 자동화를 촉진할 수밖에 없다. 팬데믹 경험에 힘입어 일부 기업은 자동화 설비 투자를 크게 늘렸다. 서비스가 원활하고 효율적으로 제공되기만 하면, 고객들이 챗봇과 상호작용하기를 선호한다는 사실이 확인되었기 때문이다. 더불어 직원들이 사무실 근무에서 재택근무로 전환할 때 대체로 생산성이 높아진다는 것도 확인되었다.

일의 자동화나 로봇과 인공지능AI의 업무 대체는 새삼스러운 이야기가 아니다. 이미 2015년에 경제학자들이 기계가 수많은 과업을 더 적은 비용으로 무난하게 수행하게 되면 일자리에 대대적인 변화가 일어날 것으로 예측했다. 자율주행 차량이 도로를 달리면 자동차 운전 같은 직무가 바뀌고, AI를 이용한 프로그램이 일상적인 업무를 더 많이 대체하면 회계처리 같은 직무도 바뀔 것으로 예측했다. 사실 우리 대부분의 직무를 구성하는 과업의 60퍼센트가 자동화될 것으로 추산되고 있다.[9]

페이스북Facebook CEO 마크 저커버그Mark Zuckerberg를 비롯해 일부 경영진에게 비대면 연결을 이용하는 능력은 본사와 멀리 떨어진 곳에서도 엔지니어 등 핵심 인력을 고용할 기회를 열어주었다. 전통적인 인재 풀이라고 여기지 않던 영역에서 새로운 인재 풀을 발견한 것이 분명했다. 다른 CEO들도 같은 의문을 품었다. 고비용 도시에서 비대면으로 직무를 처리할 수 있다면 저비용 도시에 사는 누군가의 집에서 저임금으로 그 직무를 처리할 수 있지 않을까? 1990년대 기업들이 콜센터 업무를 아웃소싱하거나 해외로 돌리며 고비용 국가에서 저비용 국가로 이전한 상황과 다름없다. 지식 기반 업무도 이와 똑같은 트렌드를 따를 수 있고, 이는 고비용 국가의 노동자들에게 더 높은 가치의 일에 맞게 업스킬하라는 더 큰 부담으로 작용할 것이 분명하다.

자동화는 일을 리디자인하는 것과 무슨 상관이 있을까? 자동화로 향하는 길이 직원들에게 어떤 의미일지 고민할 때 중요한 것은 자신의 직무가 바뀔 것을 감지한 직원들이 현재 직무에서 **업스킬**할 수 있는 일과 조직에 더 큰 비중을 둔다는 점이다. 또 자신의 직무가 크게 변할 것으로 믿는 사람은 완전히 새로운 직무를 맡도록 **리스킬**을 지원하는 조직을 찾을 것이다. 즉 자동화가 일을 얼마나 변화시킬지 이해하는 사람은 직원들이 학습하고 진로를 모색하고 기술과 관련된 자격을 취득하도록 지원하는 기업의 역량에 특별히 관심을 쏟을 것이다.

다단계 삶

팬데믹 이전에 이미 두 가지 충격이 많은 직원들의 노동생활 계획에 큰 영향을 미쳤다. 즉 더 오래 살고 그만큼 더 오래 일하게 될 가능성과 자신들이 능숙하게 처리하던 과업들을 엄청난 기술 혁신이 계속해서 대체하고 증강하게 될 가능성이다. 이 두 가지 충격은 노동자들이 일에 바라는 것과 그들이 감내할 대가에 영향을 미칠 것이 분명하다.

그동안 연구한 결과에 따르면 이 두 가지 충격은 사람들이 삶의 단계를 대하는 태도에 영향을 미친다. 전일제 교육과 전일제 노동, 완전 퇴직이라는 전형적인 삶의 '3단계'가 지속적인 업스킬과 리스킬이 필요한 장수 시대의 요구와 어울리지 않는다는 것을 많은 사람이 깨닫고 있다.

그렇게 등장한 것이 내가 앤드루 스콧과 함께 이야기한 '다단계 삶'이다.[10] 교육 단계가 평생 학습으로 확대되며 40대에 다시 대학을 다니거나 60대에 온라인 강좌에 등록하는 사람들을 볼 수 있다. 노동생활 시간을 쪼개 어린 자녀나 연로한 부모를 돌보거나 부업을 병행하거나 여행하고 탐색하면서 전통적인 전일제 노동 단계가 해체되고 있다. 삶의 마지막 퇴직 단계에서도 변화가 엿보인다. 사람들이 퇴직 단계의 시간을 재할당하는 듯하다. 전통적인 삶의 마지막 퇴직 단계에서 누리는 '여가' 시간을 월이나 연 단위로 나누어 노동 단계에 편입시킨 뒤 안식년을 갖거나 휴가를 잡아 여행을 떠나거나 배움을 찾아 나선다.

다단계 삶이라는 새로운 현실을 대하는 모습은 세대마다 다르다. 40대와 50대 중에는 이미 자신의 역량을 계속 계발할 수 있도록 삶을 전환할 훌륭한 계획을 세우고 있는 사람이 많다. 60대는 한 걸음 물러서서 앞으로 30~40년의 여생을 어떻게 보낼지 심사숙고하는 중이다. 새로운 현실을 특별한 선물로 받아들여 이제껏 상상하지 못한 방식으로 삶을 살 방법을 재고하는 사람도 있고, 단계 사이의 공백을 메우려면 어떻게 해야 할지 고민하는 사람도 있다.

삶에서 일의 연속성이 더 자유롭게 이어지며 자연스레 더 많은 삶의 단계가 등장하는 것도 예상할 수 있다. 어떤 사람은 선택지를 모색하기 위해 중간중간 휴식을 취할 것이다. 이 방법은 예전에는 '갭이어gap year'•에 접어든 젊은이만 선택할 수 있었으나 지금은 나이와 상관없이 누구나 선택할 수 있다. 또 독립적 생산자가 되거나 기업가가 되어 나이와 상관없이 회사에서 독립해 재력을 쌓을 기회를 창출하는 사람도 있을 것이다. 이런 변화를 반영한 것이 카우프만 기업가활동지수Kauffman Index of Entrepreneurial Activity••다. 데이터에 따르면 55~64세 기업가 수가 1996년에는 연간 약 18퍼센트 증가했으나 2018년에는 25퍼센트 이상 증가했다.[11] 그리고 돈을 버는 데 집중한 활동과 공동체에 초점을 맞춘 활동이 균형을 이룬 '포트폴리오' 인생을 적극적으로 만들어가는 사람이 늘었다.

수명이 길어지며 직원들의 욕구와 바람이 어떻게 변하는지 깊이 이해하면, '나이와 단계가 일치한다'는, 즉 직원의 나이를 알면 삶

•학업이나 일을 잠시 멈추고 여행, 봉사, 교육 등 이전과는 다른 경험을 하면서 자신의 흥미와 적성을 탐색하는 시간.

••1966년 설립된 세계 최고의 기업가정신 재단인 카우프만재단에서 2005년부터 기업가정신의 활동 수준을 측정해 월 단위로 발표하는 지수.

의 단계와 그에 따른 욕구와 갈망을 거의 정확히 예측할 수 있다는 추정은 더 이상 적절하지 않다. 한층 더 개별적인 접근법으로 직원들을 이해해야 한다. 예를 들어 25세의 직원은 잠시 일을 쉬고 탐험을 떠나려 할 수 있다. 하지만 45세나 64세의 직원도 그럴 수 있다. 그런가 하면 60세의 직원이 포트폴리오 인생을 구축하려 하듯이, 다른 사람들은 30대나 50대에 그것을 바랄 수 있다. 삶의 경로가 더 자유로워지면, 전통적인 삶의 3단계를 벗어나는 직원들에게 유연성은 정말 큰 힘이 될 것이다. 이런 직원들은 안식년 휴가를 이용해 다른 나라에서 살아보거나 직무를 공유하거나 시간제로 일하며 부업을 시작할 기회를 대단한 가치로 평가할 것이다.

재능 있는 직원은 유연성을 얼마나 포기하려 할까

광범위하고 보편적인 추세(장수, 사회, 자동화)와 더불어 다단계 삶에 대한 인식은 직원들이 노동생활의 다양한 시점에서 원하고 요구하는 것에 필연적으로 영향을 미친다. 당신 회사에서 이와 관련한 문제를 검토한다면 직원들이 바라는 것과 조직이 요구하는 것을 어떻게 조율할지 고민하게 될 것이다.

이런 문제는 당신이 직원들에게 바라는 것과 그 시점에서 직원들이 일에 바라는 것과 관련해 아주 중요하게 작용한다. 직원과 회사의 '합의'를 인식하고 그 합의를 중심으로 일을 리디자인하는 것이 중요하지만 간단히 처리할 수 있는 사항이 아니다. 특히 어려운 것이 유연성과 관련된 경우다. 이런 내용을 알기 쉽게 표시한 것이 도표 5다.

당신이 골드만삭스Goldman Sachs 같은 투자회사의 임원이라 치자. 유명한 로펌의 임원도 좋다. 당신이 현재 일하는 그리고 미래에 일할 직원들의 욕구를 파악하려 할 때 두 가지 변수가 가장 먼저 머릿속에 떠오를 것이다. 첫째, 당신은 최고 수준의 잠재력과 재능을 지닌 사람이 회사에 들어와 계속 남길 바란다. 그래야 재능이 출중한 직원과 소통하길 바라는 고객들의 기대에 부응하고, 재능이 대단히 뛰어난 동료를 원하는 팀장의 기대에 부응할 수 있기 때문이다.

하지만 당신은 다른 변수를 더 중요하게 여길 수 있다. 유연한 업무방식에 대한 욕구와 기대라는 변수를 우선시할 수 있는 것이다. 구체적으로 말하자면, 유연성을 우선시하지 않는 사람이 입사해 계속 일하길 바랄 수 있다. 이때 당신이 원하는 인물이 도표 5의 오른쪽 상단에 해당하는 사람들이다. 그들은 사무실에서 일할 마음의 준비가 되어 있어 제한적인 장소 유연성을 감수할 것이다. 여러분도 기억하겠지만 골드만삭스 회장 데이비드 솔로몬David Solomon은 2021년 봄에 재택근무를 '일탈'로 평가절하했다. 솔로몬 회장은 직원들이 가능한 한 빨리 사무실로 복귀하길 바라는 마음이 간절했다. 그것을 바라는 사람은 더 있었다. 투자은행 VSA 캐피털의 CEO 앤드루 멍크Andrew Monk는 BBC 라디오 5 생방송에 출연해 이렇게 주장했다.

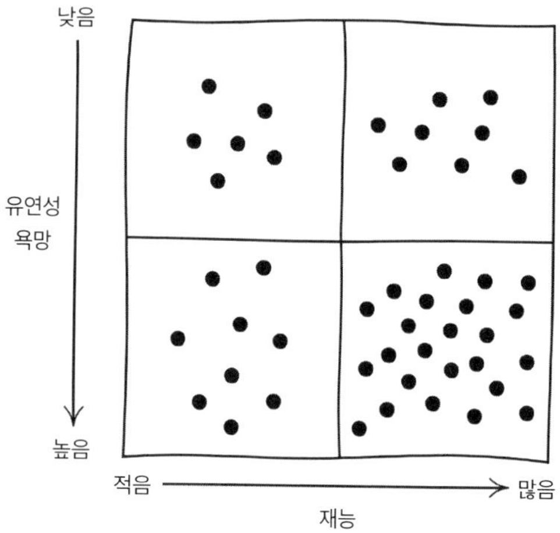

도표 5 **틀: 재능과 유연성 욕망**

금융서비스업에서는 재택근무가 문제가 될 수 있습니다. 재택근무자는 사무실에서 근무하는 사람과 달리 시간이 지날수록 자신도 모르는 사이에 조금씩 뒤처지죠. 금융서비스업은 여러 가지 아이디어를 토론하고 현재 벌어지는 상황을 논의할 필요가 있습니다. 그런데 집에서 일하는 사람은 그런 이야기를 들을 시간이 없기 때문에 사무실에서 이루어지는 엄청나게 많은 활동을 놓치게 됩니다.

또한 당신은 시간 유연성을 우선시하지 않는 직원을 원할 수도 있다. 고객의 요구를 충족하기 위해 밤이건 주말이건 휴일이건 아주 많은 시간을 할애할 직원을 기대하기도 한다. 직원들이 종종 중요한 거래를 추진하며 극심한 압박에 시달려도 고객과 긴밀한 관계를 유지하고 여러 팀과 네트워크를 아울러 빠르게 지식과 통찰을 끌어모으며 협력하길 바란다.

그런데 당신이 이상적으로 생각하는 현재 직원들과 미래의 잠재적인 직원들이 시간과 장소의 유연성을 우선시하지 않는다면, 그들이 우선시하는 것은 과연 무엇일까? 언뜻 생각해도 소득이 최우선일 것이다. 현재 (그리고 어쩌면 미래에도) 이런 직원들이 가장 원하는 것은 고소득이다. 2021년 여름 골드만삭스가 대졸 신입 사원을 모집하며 다른 투자은행에 뒤이어 연봉을 11만 달러로 인상한 것만 보아도 알 수 있다. 당시 신문들이 '인재 쟁탈전'이라고 평가할 정도였다. (마찬가지로 도표 5 의 오른쪽 상단에 해당하는 사람들을 모집하는) 대형 로펌들도 젊은 변호사의 초임 연봉을 20만 달러로 올리며 인재 쟁탈전에 뛰어들었다.

하지만 신입 사원이 돈이 아닌 다른 것을 우선시할 수도 있다. 이런 기업에 입사하는 사람은 자신이 엘리트 집단의 일원이 되었다는 신호가 현재의 네트워크와 미래의 고용주들에게 전달된다는 것을 알고 있다. 명성이 쌓이는 것이다.

동료나 고객에게 얻는 가르침을 우선시할 수도 있다. 하버드경영대학원의 보리스 그로이스버그Boris Groysberg 교수가 골드만삭스 등 여러 회사를 연구한 결과를 보면 이런 내용이 분명히 드러난다.[12] 그로이스버그는 간단한 의문을 가졌다. 골드만삭스 같은 온실에서 일하던 사람들이 다른 회사로 이직하면 성과가 떨어질까 아니면 변함이 없을까, 증가할까? 이 의문의 답을 찾기 위해 그로이스버그는 애널리스트들이 새로운 회사로 이직하기 전과 후의 성과 데이터를 분석했다. 그러자 애널리스트들이 (흔히 경쟁사로) 이직을 하면 성과가 떨어지는 것으로 확인되었다. 이유가 무엇일까? 자세히 들여다보니 신입 애널리스트들이 성공할 수 있었던 원동력의 일부는 예상대로 본인의 재능이었다. 하지만 이들이 거둔 성공의 상당 부분은 회사 내부에서 구축한 네트워크 덕분이었다. 믿을 만한 동료들과 이야기를 나누며 특정 회사나 CEO에 관한 통찰을 얻고, 팀원들과 브레인스토밍 과정을 거쳐 특정 합병이 어떻게 진행될지 파악하고, 네트워크 내부 인사들에게 부탁해 사람을 소개받은 덕분이었다. 이런 관계와 네트워크가 사라지면 결국 새로운 네트워크를 형성할 때까지 성과와 생산성이 떨어지는 것이다.

따라서 당신이 도표 5의 오른쪽 상단에 위치한 (재능이 뛰어나고 유연성 욕구가 낮은) 사람들을 모집한다면, 이들을 이해한다는 측면에서, 이들이 고소득, 명성, 가르침을 얻을 수 있는 프로젝트와 동료 이 세 가지를 우선시하고 원한다고 가정해야 할 것이다.

반면 당신이 골드만삭스나 일류 로펌과 동일한 인재 풀에서 직원을 모집하지만 도표 5의 오른쪽 하단에 위치한 인재, 즉 재능도 출중하고 유연성도 우선시하는 인재를 원할 수도 있다.

글로벌 투자관리조직으로 캐나다 연기금의 자산을 투자하는 캐나다연금투자위원회CPP Investments의 수장 다리오 코새럭Dario Kosarac의 이야기를 들어보자. 다리오는 회사에 필요한 인재를 생각할 때 장기적으로 인재를 회사에 계속 머물도록 하는 것이 무엇일지 고민한다고 말한다. "'황금 모델'을 찾고 있습니다. 직원들을 착취하거나 번아웃에 빠트리는 곳은 되고 싶지 않습니다. 동료들이 계속 일하면서 동기를 부여받고 균형을 유지하길 바랍니다." 그래도 퇴사하는 직원이 있다며 다리오는 "목표는 동료 대부분이 장기 근속하는 것"이라고 이야기한다. 나중에 자세히 설명하겠지만, 이런 태도가 안식년이나 최근 시행된 '3개월간 어디서든 근무'하는 방식 등 여러 가지 유연성 선택지를 도입하는 계기가 되었다.

전략 컨설팅사 아터미스 커넥션Artemis Connection을 설립한 크리스티 존슨Christy Johnson이 주목한 대상도 역시 도표 5의 오른쪽 하단에 해당하는, 재능이 출중하고 유연성을 중시하는 인재들이었다. 스탠퍼드대를 졸업하고 컨설팅사 맥킨지McKinsey에 다니던 크리스티는 더 유연한 업무방식의 필요성을 실감했다. 그렇게 생각한 사람은 크리스티 하나만이 아니었다. 2021년 봄 크리스티가 내 MBA 수업에서 이렇게 이야기했다.

> 맥킨지 연구소가 인재와 관련해 발표한 보고서[13] 내용이 머릿속을 떠나지 않았습니다. 보고서는 노동시장이 견고해 구직자보다 일자리가 많던 2015년에도 미국에서 인재들의 불완전고용에 따른 생산

성 손실이 17억 달러에 달하는 것으로 추산했습니다. 보고서는 비도심에 거주하는 재능이 출중한 사람이나 간병인들이 불완전고용 상태라고 설명하며, 미국의 전업주부 4분의 3이 유연한 선택지가 주어지면 일하려 한다는 설문조사 결과도 인용했습니다.[14] 2015년 아터미스 설립 당시 제가 다가서려던 대상이 바로 이런 인재 집단이었습니다.

크리스티는 일부러 직원들이 집에서도 일하고 시간을 유연하게 조정할 수 있도록 업무를 디자인했다.

다리오나 크리스티처럼 당신이 운영하는 회사와 연관된 노동시장도 대단히 견고해 적합한 직무 스킬을 갖춘 인재를 모집하고 유지하기가 어려울 수 있다. 바로 이런 이유에서 직원들이 현재와 미래에 원하는 바와 우선시하는 욕구를 이해하는 것이 정말 중요하다.

행동 지침 #3

직원들이 무엇을 원하는지 이해하라

- 행동 지침 #1에서 선정한 직군들을 자세히 살펴보며 그 직무를 수행하는 직원들이 어떤 유형인지 검토하라. 직원들의 개인적인 상황을 아는가? 직원들이 관심을 쏟고 열망하는 것이 무엇인가? 직원들에게 동기를 부여하는 것은 무엇인가?

- 당신 회사 직원의 전형적인 모습을 가장 잘 대변하는 페르소나 넷을 그려보라. 각각의 페르소나가 맡은 직무와 이름, 나이, 성별, 개인적 상황을 설명하라. 이 페르소나들이 나중에 설명할 행동 지침에서 활용될 것이다.
- 앞서 설명한 네 가지 중요한 트렌드, 즉 장수와 건강, 사회와 가족, 자동화와 학습, 다단계 삶을 검토하라. 전체 직원에게서 이 네 가지 트렌드가 보이는가? 특별히 더 두드러지는 양상이 있는가?
- 직원들이 어떤 욕구를 우선시하는가? 당신에게 필요한 사람들의 마음을 얻기 위해 제시할 합의 사항은 무엇인가?

이해하기:
일 경험

나이와 삶의 단계, 성별, 개인 경험 등 우리 존재의 모든 것이 우리가 현재와 미래에 일에 바라는 내용에 영향을 미친다. 그래서 업무 리디자인은 우리 존재의 모든 것에 대한 이해에서 출발해야 한다.

하지만 직원들을 이해하고 공감하려면 광범위한 트렌드를 뛰어넘어 '사람들이 실제 일을 어떻게 경험할까?'를 묻는 것이 중요하다. 직원들이 일을 어떻게 경험하는지 알면 업무 리디자인이 미래에 미칠 영향을 분석하는 발판으로 삼을 수 있기 때문이다.

우리는 직원들의 일 경험을 어떻게 생각할까? 흥미로운 주제다. 내가 설립한 컨설팅사 HSM 어드바이저리의 자문팀이 2021년 6월 '일의 미래에 관한 컨소시엄'에서 이 주제를 연구했다. 6개월에 걸처 많은 기업 임원들에게 일 경험을 묻고, 우리와 함께 일련의 공동 창조 경험에 참여한 18개 협력사의 임원 74명을 모아 이틀간 비대면 마스터클래스를 열었다. 목표는 업무 리디자인을 직원들에게 긍정적인 경험으로 만드는 확실한 방법이 무엇인지 의견을 모으는 것이었다.

일을 리디자인할 때 직무나 과업에 너무 집중하면 정작 일이 직원들에게 어떤 의미인지 간과하기 쉽다. 일과 관련해 기억에 남는 것이 무엇인가? 물론 우리 각자 그리고 우리 동료 한 사람 한 사람의 일 경험이 모두 다르지만, 개인을 뛰어넘어 함께 공유하는 집단적 경험이 있고, 이는 업무 리디자인을 경험하는 방식에 근본적인 영향을 미칠 것이다. 그 집단적 경험을 파악하기 위해 74명의 임원에게 가장 기억에 남는 일 경험이 무엇인지 물었고, 당시 임원들이 대답한 내용을 정리한 자료가 다음 페이지의 워드 클라우드다.

임원들이 일과 관련해 기억한 내용을 보면 당신의 기억도 떠오를 것이다. 이런 기억이 중요한 것은 일에 대한 감정을 크게 변화시키며 참여도와 지속적인 생산성 유지에 영향을 미치기 때문이다. 그래서 일을 리디자인할 때 중요한 것이 일과 관련해 기억나는 사건은 무엇이며 일에 변화가 생기면 그런 사건이 어떤 영향을 받을 것 같

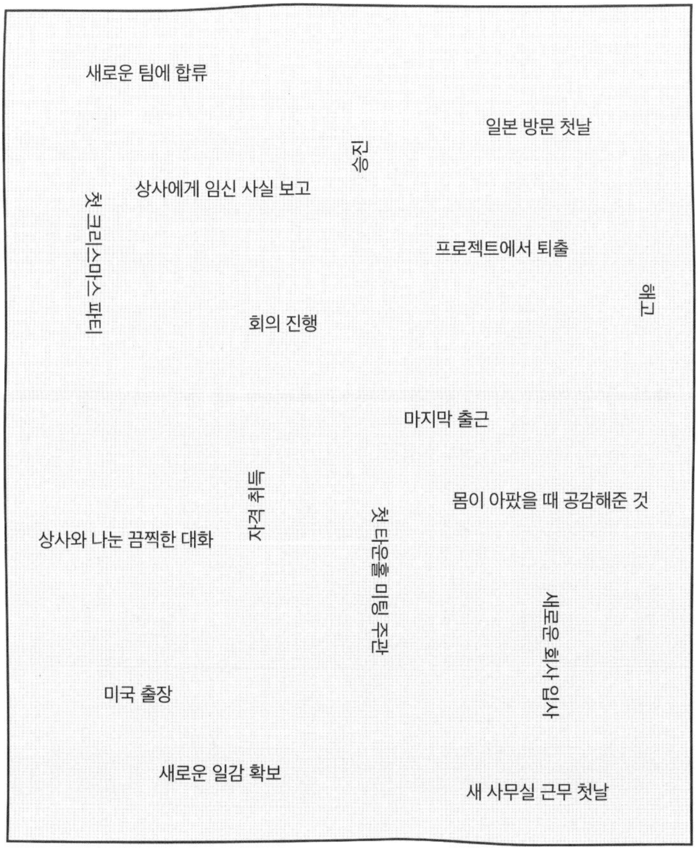

은지 이해하는 것이다.

워드 클라우드를 자세히 들여다보면 일 경험이 대체로 세 가지 범주로 나뉘는 것을 알 수 있다. 첫번째 범주는 **고통**이다. **해고**나 **프로젝트에서 퇴출**, **상사와 나눈 끔찍한 대화** 등 고통의 범주에 속하는 경험은 부정적인 감정과 연결된다. 업무 리디자인을 바라보는 직원들은 이렇게 자문할 것이다. '내가 고통을 겪게 될까, 아니면 고통을 덜게 될까?' 두번째 범주는 **이익**으로 볼 수 있다. **승진**이나 **자격 취득**, **첫 타운홀 미팅 주관**, **미국 출장** 등의 경험은 긍정적인 감정으로 연결된다. 업무 리디자인과 관련해 직원들은 또 이렇게 자문할 것이다. '내 이익을 최대화하는 데 도움이 될까, 아니면 내 이익을 빼앗아갈까?' 마지막 세번째 범주는 **욕구**다. 워드 클라우드에 정리된 **상사에게 임신 사실 보고**나 **몸이 아팠을 때 공감해준 것** 등의 경험은 당시 특정한 욕구와 연결된 기억이다. 직원들을 또 이런 의문을 품게 될 것이다. '현재 내가 지닌 욕구와 기대를 충족하나?' 직원들의 욕구와 기대는 노동생활을 하는 동안 변하기 마련이고, 실제로 출산 등 특별한 경험을 하게 되면 변하는 것이 당연하다.

워드 클라우드에 정리된 내용을 일을 리디자인하려는 구상에 비추어 다시 살펴보라. 가령 비대면 근무로 전환하면 가장 크게 영향을 받을 듯한 사건이 무엇인가? 고통이 늘어날 것 같은가, 아니면 이익이 커질 것 같은가?

경험의 디지털화

일에 대한 기대와 생각은 삶의 단계나 생활 속 사건 등 경험에 영향을 받는다. 구매 방법이나 여가 활용 방식, 학습 대상과 방법 등 직장 밖 삶의 특정한 경험도 일에 대한 기대와 생각에 영향을 미친다. 그런데 팬데믹이 많은 사람의 직장 밖 경험을 바꿔놓았다.

이렇게 생각해보자. 만일 당신이 밤에 넷플릭스Netflix 등 스트리밍 플랫폼을 시청한다면 당신 프로필의 독특한 시청 이력에 따라 추천된 대단히 **개인화**된 서비스를 경험하게 된다. 이런 경험은 개인화에 대한 당신의 기대에 영향을 미칠 수밖에 없다. 다음 날 아침 근무를 시작할 때도 당신은 똑같은 수준의 개인화를 기대하며 자신의 일 경험을 판단할 가능성이 크다. 낮에 몬조Monzo 같은 금융 플랫폼을 이용한다면 당신 삶의 방식과 **직관적**으로 들어맞는 듯한 서비스를 경험하게 된다. 그러면 당신은 직장에서 이용하는 도구도 이런 서비스와 똑같은 수준으로 직관적인지 의문을 품게 된다. 또 당신은 **마찰** 없는 경험에 점점 더 익숙해질 것이다. 음식을 주문하려고 딜리버루Deliveroo 같은 배달앱을 켜면 모든 선택지가 한자리에 펼쳐진다. 여러 식당에 일일이 전화해 배달 가능한 메뉴를 물어보고 배달 시간을 협의할 필요가 없다.

팬데믹 시기에 가속화된 디지털 기술에 대한 경험이 우리의 기대에 영향을 미쳤다. 그 결과 우리는 업무 리디자인을 떠올릴 때 넷플릭스처럼 개인화되고 몬조처럼 직관적이며 딜리버루처럼 마찰 없는 경험을 기대한다. 이제 직원들의 경험을 이해하는 방법을 살펴본 뒤 그 경험을 일 모델에 어떻게 반영할지 다시 고민해보자.

통찰:

HSBC가 직원 경험을 이해한 방법

마케팅 분야에서 고객 경험을 분석하고 이해하는 모습을 살펴보면 직원 경험을 이해하는 방법과 관련해 배울 점이 아주 많다.

글로벌 은행 HSBC의 최고마케팅경영자인 리앤 커츠는 컨설팅사 HSM 어드바이저리의 도움을 받아 은행 전 직원을 대상으로 대규모 간담회를 여러 차례 개최했다. 당시 리앤이 직원 경험을 이해하는 데 유용했던 세 가지 도구가 소비자 여정 모델과 신입 사원 여정 모델, 순추천지수Net Promoter Score, NPS다.

HSBC 마케팅팀은 이미 수십 년에 걸쳐 고객 경험을 분석해 심오한 수준의 통찰을 구축하고 있었다. 고객 경험 못지않게 직원 경험도 통찰할 필요가 있다고 판단한 리앤은 사업 전략과 홍보, HR, 마케팅 등 여러 전문 분야의 인력을 모아 디자인팀을 구성했다. 이렇게 구성된 팀이 디자인적 사고와 데이터 분석을 활용해 직원 경험을 파악했다. 리앤은 "우리 직원 23만 명과 관련해 풍부한 정보의 원천에 접근할 진정한 기회를 마련했습니다"라고 평가했다.

디자인팀은 직원 모집 시점부터 신입 교육 단계와 업무 수행 단계를 거쳐 최종적으로 회사를 떠나 일 경험에 대한 기억을 가족과 네트워크, 공동체에 털어놓는 마지막 단계까지 직원들의 여정을 지도로 그리기 시작했다. 팬데믹을 겪으며 신입 교육 경험이 바뀔 수밖에 없었고 재택근무와 하이브리드 근무hybrid work•가 포함되었다. 리앤은 "고객들과 직원들을 디지털 창구로 유도하려고 애썼어요. 팬데믹 경험과 더불어 디지털 창구 이용이 넘쳐나게 되면서 이제는 디지털이 훨씬 더 광범위한 활동을 위해 절대 포기할 수 없는 선택지가 되었습니다"라고 이야기했다.

특정 집단별로 경험 지도를 그림으로써, 디자인팀은 업무 리디자인 모델이 특정 집단에 어떤 영향을 미칠지 파악했다. 대졸 신입 사원의 여정을 예로 들어보자. 디자인팀은 정량적 데이터와 정성적 데이터를 모두 동원해 대졸 신입 사원의 관점에서 고통과 이익이 무엇인지 파악했다. 그 결과 대졸 신입 사원에게 가장 중요한 순간 중 하나가 6개월 동안 한 업무를 실습한 후 다른 업무로 전환 배치되는 시점인 것으로 밝혀졌다. 이 과정이 잘 이루어지면 신입 사원들이 긍정적인 느낌과 자신감을 안고 다음 역할로 이동하게 되어 상당한 이익으로 작용한다. 하지만 제대로 이루어지지 않으면 고통스러운 경험이 될 수 있다. 이때 신입 사원들은 회사의 기대를 이해하거나 회사에 공헌할 방법을 몰라 힘겨워하는 경우가 많다.

그래서 HSBC 디자인팀은 일을 리디자인하면서 전환 배치에 주목했다. 그리고 이처럼 중대한 전환 배치 시점에 일선 관리자가 중요한 역할을 하므로 일선 관리자의 행동을 통제할 체크리스트 개발이 필요하다는 사실을 깨달았다. 디자인팀은 또한 직원 여정 지

● 출근과 재택을 혼합한 근무 형태.

도를 세밀히 작성하며 대졸 신입 사원들이 공식적인 훈련 프로그램과 멘토, 팀장에게서 정확히 무엇을 배우는지 자세히 들여다보았다. 이렇게 직원 여정 지도를 작성한 결과, 은행이 요구하는 디지털 스킬 및 데이터 스킬 범위와 대졸 신입 사원들이 배우는 관련 스킬 범위의 간극이 점점 더 커지는 것으로 드러났다. 결국 HSBC는 디지털 스킬 및 데이터 스킬 양성에 초점을 맞춘 개인화된 학습 스트리밍 프로그램을 도입했다.

리앤은 HSBC가 직원들의 일 경험을 파악한 과정을 돌이켜보며 순추천지수의 역할을 이렇게 평가했다.

> 고객 순추천지수는 고객을 이해하게 하는 대단히 혁신적인 도구이며 구체적인 문제를 확인하고 해결하는 데 유용합니다. 그래서 저희는 고통과 이익이 발생하는 특정한 상황을 확인하는 데 직원 순추천지수를 시범 도입하기로 결정했습니다. 직원 순추천지수는 관리자의 정규 피드백 루프 중 하나로 빠르게 자리 잡았고, 문제가 무엇인지 귀를 기울이고 해결하는 속도가 더 빨라지며 일에 대한 불만을 줄이는 데 결정적인 역할을 했습니다.

나는 리앤을 비롯한 여러 임원을 만나 고객 경험에 대한 통찰에서 배운 내용이 직원 경험과 업무 리디자인에 어떤 영향을 미쳤는지 물었다. 그들은 두 가지를 지적했다. 첫째, 일을 리디자인할 때 다양한 프로세스를 조화시켜 복잡성을 줄이고 단순화하는 것이 아주 중요하다는 것이었다. 한 임원이 직원 경험과 관련해 이렇게 이야기했다. "과거에는 시스템이 워낙 많다보니 직원들이 이해하기가 쉽지 않았습니다. 그래서 지금은 새로운 플랫폼을 도입할 때 반드시 기존 시스템 안에 끼워넣을 수 있거나 기존 시스템과 호환되는지 확인합니다." HSBC는 이 문제를 해결하기 위해 크라우드소싱 플랫폼을 활용해 직원들의 신속한 업무 처리를 방해하는 프로세스가 무엇인지 조사했다. 직원들은 성과 관리 프로세스를 지적했고, HSBC 디자인 팀은 성과 관리를 최대한 단순화하는 작업에 집중했다.

또한 기술을 현명하게 이용하는 방법에 관해 고객 경험에서 배운 것이 주목할 만했다. 직원 경험을 인간에 적합하게 디자인하기 위해서였다. 예를 들어 직원 경험에 따라 인간과 기계의 상호작용human-machine interface, HMI 정도를 조정하는 것이다. 직원 경험이 가족의 사망처럼 지극히 개인적인 경험이라면 인간과 인간의 연결이 공감과 소속감을 쌓는다. 하지만 직원 경험이 필수 훈련처럼 일상적이고 공유된 경험이라면 인간과 기계의 연결이 그 프로세스를 더 빠르고 더 능률적으로 만들 수 있다. 이런 결론에 따라 개발된 것이 IBM의 챗봇 마이카Myca다. 마이카는 직원들에게 사내 구인이나 학습 기회, 인접한 경력 경로 등을 찾아준다. 또 직원 경험이 신입 교육처럼 공유되면서도 개인적인 경험이라면, '인간과 인간'의 연결과 '인간과 기계'의 연결을 결합해야 고품질의 공유 경험도 제공하고 인적 연결의 중요성도 강조할 수 있다.

행동 지침 #4

일 경험을 이해하라

- 당신 회사에 근무하는 직원들의 핵심 경험을 자세히 들여다보라. 고통을 초래할 만한 경험은 무엇인가? 이익을 주는 경험은 무엇인가? 직원들의 욕구와 기대에 부합하는 경험인가?
- 입사를 고민하는 시점부터 회사를 떠나는 시점까지 직원 여정을 파악하라. 직원 여정에서 드러나는 직원 경험이 무엇인가? HSBC의 리앤 커츠 사례처럼 마케팅과 HR, 홍보, 사업 전략 등 여러 전문 분야의 인력으로 팀을 꾸려 직원 여정을 파악하면 큰 도움이 될 것이다.
- 고객 순추천지수 같은 마케팅 도구를 실험하고 이런 도구의 용도를 변경해 직원들에게 초점을 맞출 방법을 고민하라. 그러면 직원들에게 고통을 유발하거나 이익을 주는 사건을 파악할 수 있을 것이다. 업무 리디자인을 시작하려 한다면 현재 직원들에게 고통을 유발하는 사건을 리디자인할 방법이 있는가? 직원들에게 이익을 주는 사건을 강조할 방법이 있는가?

3장

재상상하기

Redesigning Work

일을 리디자인하는 데 대단히 흥미로운 단계에 진입했다. 지금까지 우리는 기업의 여러 가지 핵심 직무에서 생산성을 추진하는 요소가 에너지인지 집중인지 조정인지 협력인지 파악하는 법을 배웠다. 팀 내부와 회사 전반에 걸쳐 네트워크가 형성되는 방법, 네트워크가 명시적 지식과 묵시적 지식의 흐름에 미치는 영향도 배웠다. 직원들이 요구하고 원하는 것이 무엇인지도 —개인적인 사항이건 아니면 건강 유지와 행복하고 안정적인 관계 형성, 기계보다 빠른 학습, 다단계 인생 디자인 등과 관련해 더 일반적이고 장기적인 열망이건— 파악했다. 그리고 기업에서 일하는 직원들의 경험도 자세히 살펴보았다.

이제 일을 재상상할 시간이다. 3장에서는 장소와 시간을 디자

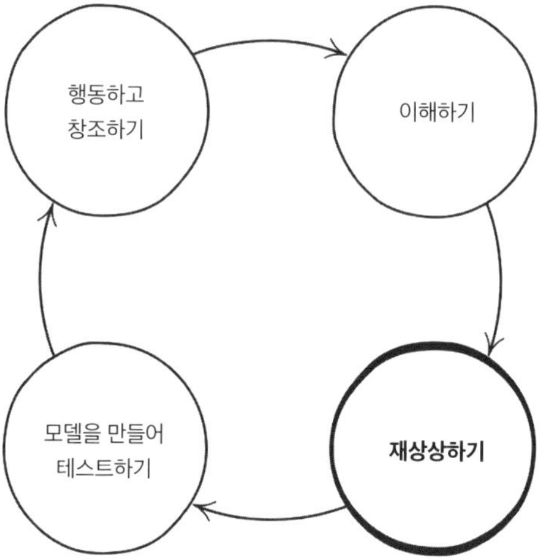

인하는 여러 가지 선택지를 여러분과 함께 고민할 것이다. 간단히 선택할 수 있는 문제가 아니다. 장소나 시간과 관련해 어떤 선택을 하건 실질적인 혜택이 따르겠지만 상당한 단점과 대가도 잠재하기 때문이다. 따라서 새로운 일 모델을 만들어 테스트하기 전에 혜택을 최대한 늘리는 방법을 숙고하는 동시에 그에 따른 대가를 직시하고 제대로 평가하는 것이 현명한 자세다.

장소부터 시작해, (일반적으로 사무실에서 일하는) 집합 근무와 (대체로 집에서 일하는) 분산 근무를 둘러보자. 공유 사무실이건 위성 사무실이건 거점 사무실이건 기업들이 사무실을 혁신이 차오르는 진정한 협력 장소로 만들기 위해 어떤 노력을 하는지 살펴볼 것이다. 그다음으로 가정이 잠재적인 에너지가 샘솟는 원천이긴

하지만 재택근무로 최적의 업무 실적을 올리려면 경계 관리boundary management에 얼마나 큰 노력이 필요한지 설명할 것이다.

그리고 시간과 관련해 (직원들이 연결된) 동기synchronous 근무와 (직원들이 서로 분리된) 비동기 근무를 살펴보자. 동기 근무는 직원들 사이의 조정을 크게 향상할 수 있지만, 실제 업무 성과로 이어지려면 간헐적인 연결과 의례적인 습관 등을 포함한 의도적인 업무 일정 수립이 필요하다. 비동기 근무도 업무 생산성을 끌어올리려면 시간 할당과 관련해 일을 의도적으로 디자인할 필요가 있다.

이제부터 다섯 측면으로 나눠 자세히 살펴보자. 여러분이 동료들과 함께 사고의 출발점으로 삼을 만한 여러 가지 틀과 단계별 행동 지침을 설명하겠다.

재상상하기: 장소와 시간

- 틀: 장소와 비동기/동기 시간
- 틀: 장소/시간과 생산성에 대한 잠재적 선택지와 영향
- 행동 지침 #5

장소를 재상상하기: 협력의 공간인 사무실

- 틀: 생산성 요소와 사무실 유형
- 통찰: 후지쓰와 아룹
- 행동 지침 #6

장소를 재상상하기: 에너지 원천인 가정

- 틀: 경계 관리
- 통찰: BT와 TCS
- 행동 지침 #7

시간을 재상상하기: 집중의 기회인 비동기 시간

- 틀: 집중—인간과 기계
- 행동 지침 #8

시간을 재상상하기: 조정의 원동력인 동기 시간

- 통찰: TCS와 텔스트라Telstra
- 행동 지침 #9

재상상하기: 장소와 시간

팬데믹은 업무장소 및 업무시간과 관련해 일을 다시 생각할 기회를 제공했다. 그에 따라 다음과 같은 도전이자 기회들이 마련되었다. 사람들이 직무를 수행하는 장소와 시간의 유연성은 어디까지가 최적 수준인가? 아터미스 커넥션처럼 비대면 근무를 확대해야 할까, 골드만삭스처럼 전 직원을 사무실로 출근시켜야 할까, 아니면 캐나다연금투자위원회처럼 업무장소의 유연성과 관련해 전체적인 포트폴리오를 구축해야 할까? 주위를 둘러보면 '어디서든' 일할 수 있다고 일을 재상상하는 리더도 보이고, 직원들이 주요 사무실 공간으로 복귀하길 바라는 리더도 보일 것이다. 유연한 시간 투입을 권장하는 리더도 있고, 직원들이 9시~17시 같은 핵심 시간대에 일하길 바라는 리더도 있을 것이다.

어떤 리더의 생각이 옳을까? 이미 설명했듯이 회사에 따라 직무나 네트워크, 직원 유형이 모두 다르다. 이처럼 다양한 조건에서 한 가지 분명한 점은 각자 기업마다 옳은 것, 즉 시그니처를 개발해야 한다는 것이다. 만병통치약 같은 해결책이나 묘책, 그대로 모방하기만 하면 되는 모범 사례는 없다. 2장에서 '이해하기'로 시작한 디자인 프로세스를 기본 캔버스로 삼아 일을 재상상해 그려야 한다.

장소와 시간의 틀 재구성하기

도표 6의 틀을 자세히 살펴보며 장소와 시간을 상상하자.

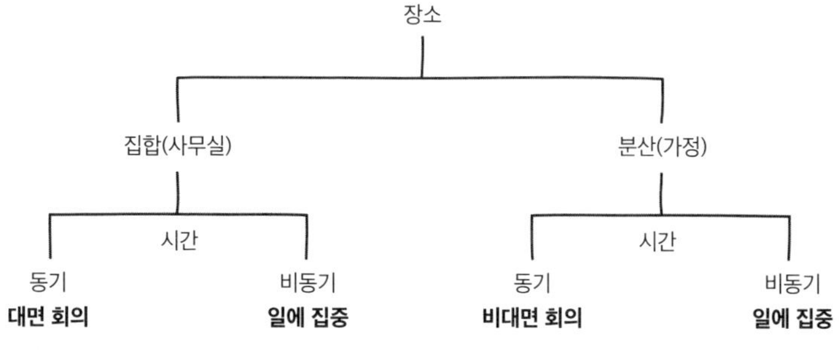

도표 6 **틀: 장소와 시간의 선택지**

장소(집합/분산)

직원들이 집에서 가까운 곳에서 일할 수 있도록 거점 사무실을 마련하거나 재택근무를 결정하는 등 이미 장소와 관련해 일을 리디자인하고 실험한 기업이 있다. 이런 기업은 새로운 업무방식이 실제 현장에서 어떻게 작동하는지 이미 많은 것을 배웠을 것이다. 하지만 이런 선구적인 기업들이 대부분 콜센터 같은 조건에서 재택근무를 실험했다는 사실을 잊지 말아야 한다. 대체로 명시적 지식이 많고 조정이 그다지 중요하지 않은 직무에서 재택근무를 실험한 것이다. 일반적으로 콜센터 직원은 비교적 독립적이어서 서로 조정하는 데 들이는 시간이 제한적이다.

2020년 초 이전에는 기업 소속 지식 노동자들이 재택근무하는 경우가 비교적 드물었다. 이런 타입의 노동에는 사무실이 생산성을 발휘하는 장소였다. 개인적인 공간과 분리된 채 효과적인 직무 수행에 필요한 가구와 기술이 갖춰진 사무실이 이들의 집합 장소였다. 한 가지 주요 목표, 일을 위해 결집하는 장소였다. 그런데 팬데믹의 영향으로 업무 디자인이 극적으로 바뀌었다. 이제 일부 지식 노동자들은 개인적인 공간, 즉 집을 일하는 장소로 삼고 있다.

시간(동기/비동기)

팬데믹 이전에는 지식 노동자 대다수가 다른 사람들과 시간을 맞춰 일상 업무를 수행했다. 동료들과 같은 시간에 일하면서 수많은 대면 회의에 참석했다. 여러분 중에도 주 4일 근무나 압축근무, 시간제 근무 등 이미 시간에 관한 실험을 경험한 사람이 있을 것이다. 하지만 이런 실험은 주로 간병이나 교육, 소매업 같은 직종과 연관된 임시직이나 특정 산업 분야에서만 시행되었다. 그리고 이런 직무에서 대체로 시간제 근무는 장기적인 경력상 성공을 제한하는 장애물로 여겨졌다.

그런데 팬데믹의 영향으로 우리가 시간을 상상하는 방법이 바뀌었다. 많은 사람이 집에서 일하며 출퇴근에서 절약된 시간을 어떻게 쓸지 상상력을 발휘할 기회를 잡았다. 하지만 그 효과는 업무 일정이 '사적인' 시간으로 확장되거나, 일이 개인 일정에 맞춰지는 두 가지 양상으로 나타났다. 절약된 시간은 가족과 친구에게 쓰이기도 하고, 건강을 지키기 위해 휴식하거나 운동하는 데 쓰이기도 하고, 직무 능력 향상에 쓰이기도 했다. 시간 관리가 변화를 맞이하며 타인과의 동기화 및 시간의 본질에 대한 인식이 높아졌다. 일부 업무에서는 다른 사람과 연결이 끊긴 **비동기** 근무가 가능하고 심지어 더 나을 수도 있는 것으로 드러났다. 또한 많은 업무를 사무실에서 멀리 떨어진 곳에서 분산 수행하는 시기에는 다른 사람과 똑같은 시간에 일하는 **동기** 근무가 실질적으로 유익할 수 있다는 인식도 높아졌다.

도표 3을 다시 보자. 생산성 요소와 관련해 중요한 질문 중 하나는 당신 기업의 여러 핵심 직무에 결정적인 생산성 요소(에너지,

		에너지	집중	조정	협력
장소	집합(사무실)	●	●	●	●
	분산(가정)	●	●	●	●
시간	동기	●	●	●	●
	비동기	●	●	●	●

도표 7 **틀: 장소/시간과 생산성에 대한 잠재적 선택지와 영향**

집중, 조정, 협력)를 최대한 끌어올리도록 업무 환경(장소와 시간)을 조성하는 방법이다.

이와 관련해 내가 생각한 틀이 도표 7과 도표 8이다. 도표 7은 장소와 시간 측면에서 여러 가지 상황과 생산성 요소들 사이의 다양한 조합을 보여준다.

일을 디자인할 때면 장소/시간 선택지와 생산성 요소의 관계를 가정하기 마련이다. 전 직원이 사무실에서 일하기를 요구한 골드만삭스 경영진의 결정이나 전 직원이 1년 중 3개월간 어디서든 근무할 수 있도록 한 캐나다연금투자위원회의 결정이 그런 가정을 드러낸다. 골드만삭스는 (사무실이라는) 집합 장소를 중심으로 디자인하

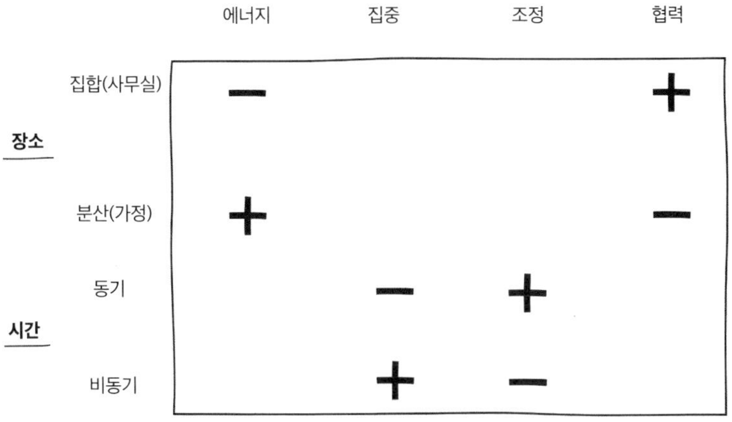

도표 8 틀: 장소와 시간이 생산성에 미치는 영향

지만, 캐나다연금투자위원회는 (사무실에서 멀리 떨어진) 분산 장소와 (다른 사람과 연결이 끊긴) 비동기 시간에 주목한다.

당신 기업의 생산성 요소들을 최대로 지원하려면 시간과 장소를 어떻게 조합해야 할까? 나는 수년간 연구팀을 이끌며 이 질문을 파고들었고, 그에 대한 견해를 정리한 것이 도표 8 이다. 도표 8 에서 주목할 점은 긍정적인⊕ 영향과 부정적인⊖ 영향이 모두 나타날 수 있다는 것이다. 이는 피할 수 없는 대가를 감지하게 해준다는 점에서 중요하다.

장소가 에너지와 협력에 미치는 영향 상상하기

긍정적인 영향

(집합이건 분산이건) 장소 선택은 기본적으로 에너지와 협력이라는 생산성 요소에 영향을 미친다. 예를 들어 집처럼 **분산** 장소에서 일하면 에너지가 증가한다. 출퇴근을 생략하며 절약된 시간을 운동과 오락 등 육체적 에너지를 북돋는 활동에 쏟거나 가족과 친구와 시간을 보내는 등 정서적 에너지를 북돋는 활동에 쏟을 수 있기 때문이다. 사무실처럼 **집합** 장소에서 일하면 대면 접촉하며 주고받는 영향과 직원들이 서로 우연히 마주치며 뜻밖의 발견을 이룰 가능성을 통해 협력이 증진된다. 이를 추진하는 원동력이 (도표 4) 네트워크 틀에서 살펴본 네트워크 유대, 특히, 넓게 분포한 약한 유대다.

부정적인 영향

하지만 긍정적인 영향에 상응하는 부정적인 영향이 있다. 집에서 일하면 사회적 네트워크가 축소되고, 동료와 대면 접촉할 기회가 사라지며 협력에 따른 생산성이 위축된다. 사무실에서 일하면 기운 빠지는 출퇴근 경험에 에너지 일부를 낭비하게 된다. 하루에 꼬박 2~3시간씩 걸리는 거리를 출퇴근하느라 아침에 일찍 일어나서 밤늦게 귀가하면 기진맥진하기 마련이다. 사무실에서 몇 시간씩 자리를 지키고 앉아 일하며 인스턴트 음식으로 점심을 때우면 건강도 해치고 활력도 떨어진다.

시간이 집중과 조정에 미치는 영향 상상하기

긍정적인 영향

(모두가 9시~17시에 일하는 식으로) 일하는 시간이 **동기화**되면 동료들과 연결될 기회가 마련되고 직원들의 시간이 자연스레 동기화되며 조정이라는 생산성 요소가 강화된다. 모두의 시간이 동기화되면 미리 계획을 세우지 않아도 모든 팀원이 대면이건 비대면이건 일정한 시간에 함께 모여 회의할 수 있을 것이다. 이렇게 시간을 동기화하면 과업 조정이 훨씬 더 쉬워진다. 다른 사람과 연결이 끊긴 채 비동기식으로 일할 때는 당면 과업에 온전히 집중할 수 있도록 시간대를 나눠두면 집중이라는 생산성 요소가 잠재적으로 증진되는 효과가 있다.

부정적인 영향

하지만 이때도 긍정적인 영향에 상응하는 부정적인 영향이 있다. 다른 사람과 시간을 동기화한다는 것은 '24시간 온라인' 상태에서 다른 사람과 연결된다는 의미다. 이렇게 되면 자주 방해받을 가능성이 커지며 집중력이 감소한다. 한편 시간이 비동기화된 상태에서 다른 사람과 연결이 끊기면 조정 능력이 타격을 받는다. 동료들과 사전 약속 없이 자연스럽게 함께 모여 일할 시간이 제한되거나 완전히 사라지기 때문이다.

따라서 일을 리디자인할 때 긍정적인 영향은 최대화하고 부정적인 영향은 최소화하며 여러 가지 대가를 관리한다는 목표를 세워야 한다. 그러려면 사무실을 협력의 장소로, 집을 에너지가 솟는 원천으로, 비동기 시간을 집중의 시간으로, 서로 연결된 동기 시간을 조정의 토대로 상상해야 한다.

행동 지침 #5

장소와 시간을 재상상하라

- 직군과 생산성 요소를 다룬 행동 지침 #1을 다시 살펴보고, 각각의 생산성 요소에 대해 생산성을 최대로 끌어올리고 뒷받침할 시간/장소의 조합이 무엇일지 고민하라.
- '직원들이 무엇을 원하는지 이해하라'는 행동 지침 #3을 따르면 혹시 그 장소/시간의 조합이 최적의 효과를 발휘하지 못할 집단이 있는지 검토할 수 있다.
- 장소/시간의 조합에 따를 여러 가지 대가를 저울질하는 것이 중요하다.
- 또한 최고의 장소/시간 조합을 찾고, 이를 가장 잘 최적화할 방법이 무엇인지, 다른 사람들은 그 조합에 어떻게 접근하는지 검토하는 것도 중요하다.

장소를 재상상하기:
협력의 공간인 사무실

산업혁명 이후 우리가 일하는 방식은 집단 노력이 이루어지는 장소인 사무실로 구체화했다. 일을 재상상하다보면 사무실에서 일해야만 협력이 증진되는 직원들이 보일 것이다. 그렇다면 어떻게 할 것인가? 팬데믹 시기에 사무실은 절대 가고 싶지 않은 끔찍한 장소로 악마화되기도 했고, 혁신을 창조하는 온갖 만남이 일어나는 멋진 장소로 찬양되기도 했다. 물론 현실은 그 사이에 있었다. 사무실의 역사를 간단히 살펴보면 알 수 있다.

사무실의 역사

사무실에서 일한 적이 있는 사람이라면 처음 그곳에 들어서던 순간이 생생히 기억날 것이다. 나는 1980년 심리학 박사 학위를 취득한 후 영국항공British Airways의 인재 선발 방법 담당관Selection Methods Officer, SMO으로 입사해 사무실에 처음 출근했다. 내 직속 상사인 SSMO(어떤 직책일지는 당신이 추측하시길)와 그 위 상사는 전망 좋은 개별 사무실에서 일했지만, 나는 형광등 불빛이 가득한 작은 방에서 지냈다. 1980년대 당시에는 영국항공도 다른 대기업과 마찬가지로 대단히 위계적이어서 이런저런 직급이 많았고 사무실 자리도 직급에 맞춰 배정했다. 나는 1985년 그곳을 나와 컨설팅 회사에 들어갔고 창이 있는 독방을 갖게 되었다. 사무실에서 내 주변 직원들은 다닥다닥 붙어 칸막이 속 비좁은 자리에서 일했다.

이후 20~30년이 지나며 협업과 팀워크를 증진할 목적으로 사무실 디자인이 점점 더 개방형으로 변했다. 2004년 브리티시 페트롤리엄British Petroleum, BP 런던 본사에서 받은 충격이 지금도 잊히지 않는다. 당시 BP에서 진행된 '동료 간 지원' 조직 프로세스에 관한 사례 보고서를 준비하면서 CEO 존 브라운John Browne을 면담할 때였다.[1] 나를 사무동 맨 위층으로 안내한 직원이 "한가운데에 CEO 자리"가 있다고 알려주었다. 사실이었다. 책상들이 즐비한 개방형 사무실 한가운데에 존 브라운의 책상이 있었다. 콜럼버스의 발견 이전 아메리카 원주민의 조각상 몇 개와 초록 식물을 심은 화분들이 숲처럼 책상 주위를 감싸고 있던 모습도 기억난다. 개방형 사무실이었지만 존 브라운도 다른 사람들처럼 사생활을 중시한 것이다.

당시는 특히 지식 노동자들이 일하는 공간을 중심으로 칸막이가 밀려나고 개방형 사무실이 들어서던 무렵이었다. 실제로 실내 디자이너들의 증언에 따르면, 1995년 무렵부터 칸막이 높이가 165센티미터에서 120센티미터, 90센티미터로 점차 낮아지다가 결국 칸막이가 완전히 사라지고 책상이 연달아 배치되었다. 이런 변화는 지식 노동자가 더 중요해지고 여러 분야를 넘나드는 팀을 선호하는 조직화 스킬과 구조가 반영된 결과로 볼 수 있다. 실제로 당신이 이 무렵에 기술기업의 사무실을 방문했다면 실내 디자이너 베르다 알렉산더Verda Alexander가 디자인 전문잡지《패스트 컴퍼니*Fast Company*》에 기고한 내용처럼 "DJ 턴테이블이 딸린 스케이트보드장, 당구대와 탁구대가 설치된 오락실, 음악실, 전문 바리스타가 커피와 생맥주를 제공하는 시설까지 딸린 구내식당"을 보았을 것이다.[2]

개방형 설계가 유행하며 사무실이 점점 개방되자 직원 개인에게 할당되는 공간은 줄어들었다. 2010년에는 미국 기업 직원 한 사람에게 평균 18제곱미터의 공간이 할당되었으나 2017년이 되자 그 공간이 12제곱미터로 축소되었다. 개방형 사무실에 근무하던 사람들은 이처럼 개인적인 공간이 침범당하자 자연스럽게 헤드폰을 쓰고 방음 장벽을 쌓았다. 2019년 하버드경영대학원의 이선 번스타인Ethan Bernstein과 휴머나이즈Humanyze 대표인 벤 웨이버Ben Waber가 스마트폰과 여러 가지 센서를 이용해 대면 상호작용과 디지털 상호작용을 추적하는 연구를 진행했다.《포천*Fortune*》선정 500대 기업 중 두 곳을 택해 칸막이 공간에서 개방형 사무실로 옮기기 전과 후를 비교했다. 그리고 "기업이 개방형 사무실로 전환한 후 대면 상호작용이 대략 70퍼센트 감소하고 전자 장비를 통한 상호작용이 그만큼 증가했다"는 연구 결과를 발표했다. 가상의 업무공간이 물리적 업무공간을 보완하는 대신 물리적 업무공간을 벗어나는 도피처가 되었다는 것이다.[3] 우리가 잊지 말아야 할 것은 팬데믹 이전에도 이미 노동자들이 디지털 협업 도구 덕분에 사무실에서 다른 사람과 얼굴을 맞대고 이야기하는 경우는 드물었고 온종일 온라인으로 일할 수 있었다는 사실이다.

따라서 사무실을 재상상한다는 것은 협력의 장소로서 사무실의 역량을 강화할 기회가 있다는 의미다. 당신이라면 어떻게 하겠는가?

사무실에 대한 뿌리 깊은 양가감정을 인식하라

팬데믹은 단순한 진실 하나를 드러냈다. 사무실이나 사무실 근무에 대한 우리의 감정이 대단히 양면적이라는 진실이다. 우리는 사무실 안에서 보내는 시간이 줄어드는 것을 좋아하지만, 이것이 우리 미래에 어떤 의미가 될지 노심초사한다. 이런 양가감정은 팬데믹 초기부터 분명히 드러났다. 2020년 3월 15일이었다. 내가 운영하는 런던경영대학원 웨비나에 참가한 3,000명에게 어떤 느낌인지 물었다. 대답하기 쉽도록 객관식으로 질문했고, 그렇게 예시한 답변 중 하나가 '괜찮다, 하지만 동료들이 그립다'였다. 웨비나 참가자 33퍼센트가 이 답변을 선택했다. 봉쇄 조치가 시행된 지 겨우 2주가 지난 시점이었지만, 사람들은 이미 타인과의 사회적 연결이 느슨해지기 시작했다고 느낀 것이다.

스탠퍼드대 니컬러스 블룸 교수가 2010~2011년 중국 여행사 씨트립Ctrip(현재 트립닷컴Trip.com)의 콜센터 직원들을 대상으로 시행한 실험 결과가 팬데믹 초기에 널리 회자되었다. 당시 블룸 교수의 실험은 재택근무와 사무실 근무의 생산성을 경험적으로 비교 테스트한 몇 안 되는 실험 중 하나였다. 콜센터 직원 중 절반은 계속 사무실에서 일하고 나머지 절반은 주 4일 재택근무하는 방식으로 실험이 진행되었다.[4] 실험 결과, 집에서 일할 때 생산성이 향상되는 것으로 밝혀졌지만, 그 이유 중 일부는 (팬데믹 시기에 확인된 것처럼) 대체로 재택근무자가 일하는 시간이 더 길어서였다. 그런데 흥미로운 점은 따로 있다. 9개월간 집에서 일한 직원들에게 사무실로 복귀할 기회가 주어지자, 절반 정도가 사무실 근무를 선택했다는 사실이다. 대다수는 매일 80분 이상의 통근 시간을 감수했다.

그 이전 IBM과 야후Yahoo의 경험도 흥미롭기는 마찬가지다. IBM은 2009년 당시 전 직원의 40퍼센트 정도가 원격근무를 했지만, 회사 수익이 계속 감소하자 2017년 전 직원에게 사무실로 복귀하거나 회사를 떠나라는 최후통첩을 보냈다. 야후에서는 머리사 메이어Marissa Mayer가 2012년 CEO로 선임된 직후 혁신과 협업이 제대로 이루어지지 않는다며 12,000명 전 직원의 재택근무 중지를 결정했다. 모든 직원이 CEO의 결정을 흔쾌히 따른 것은 아니어서 2016년까지 해당 인력 중 3분의 1이 회사를 떠났다.

완벽한 사무실을 꿈꾸는 직원들에게 귀를 기울이라

직원들이 생각하는 완벽한 사무실이 어떤 것인지 경청할 필요가 있다. '사무실'이라는 단어는 책상과 컴퓨터, 작업 조명, 냉온수기, 커피머신, 소음 방지 칸막이에 둘러싸인 공간 등 물리적인 장소

문화가 드러나는

소중한 협업과 창조의 시간

사회적 모임

비개방형

음향 시설이 훌륭한 휴식 공간

넓은 협업 공간

조용하고 밝은 공간

사람들이 북적거리는

애견 친화적

밝고 화려하고,
이야기를 나누며
쉴 수 있는 공간

직주근접

다수의 워크숍·협업 공간

집에 있는 듯한

사람들이 모이는
중앙의 커피스테이션

사적인 업무를 처리할 수 있는
편안한 구역

영감을 주는 연결 공간

가볍게 산책하며
이야기를 나눌 수 있는 야외 공간

횟수를 최대화하는 구조

행복한 마주침

이동을 제한하는
출입문과 장애물의 최소화

아름답고 편안한

사람이 가득하며

밝고 다채로운

맛있는 커피

언덕 꼭대기

전망 좋은

옥외 통합 공간

시끄럽지 않고 상쾌한

다양한 업무를 처리하는 사람들이
함께 일하는

벽에 걸린 아름다운 그림들

와 연관된다. 하지만 우리 대부분에게 사무실은 물리적인 공간보다 훨씬 많은 것을 의미한다. 2020년 3월 15일 웨비나 참가자들에게 느낌을 물었을 때 분명히 드러났듯이 그리운 것은 사무실 자체가 아니라 사람이었다. 그리고 어떤 의미에서 우리는 일을 디자인할 때 흔히 장소(사무실)와 사람(동료나 팀, 고객)을 하나로 생각한다. 기본적으로 사무실을 집합 공간으로 보는 것이다.

따라서 일을 리디자인하는 문제와 관련해 우리가 마주할 질문은 이것이다. 사무실은 무엇을 위한 곳이며 완벽한 사무실은 어떤 것인가? '일의 미래에 관한 컨소시엄' 회원들에게 똑같은 질문을 던져 그에 대한 대답을 정리한 자료가 옆 페이지에 나오는 워드 클라우드다.

완벽한 사무실을 만들려면 무엇이 필요할까? 두 가지를 제안하려 한다. 첫째, 공유 사무실이나 위성 사무실, 거점 사무실까지 생각의 범위를 확장해 사무실을 재상상하라. 둘째, 협력 기회를 최대화하라.

통찰:
후지쓰가 사무실을 재상상한 방법

후지쓰 경영진이 팬데믹 시기에 일본 직원 대다수의 사무실 근무를 재택근무로 전환하며 가장 염두에 둔 문제가 사무실 디자인이었다. 후지쓰 경영진은 직원들이 복귀할 공간을 재상상할 절호의 기회임을 실감했다. 그들이 상상하는 동안, 한 가지는 분명했다. 이제 단일 유형 사무실은 적합하지 않으며 범용 모델을 뛰어넘어 생각을 확장해야 한다는 것이었다. 다행히 '일의 미래에 관한 컨소시엄'에서 수년간 활동한 사람들이 후지쓰 디자인팀에서 일했고, 이들에게 일하는 장소를 재상상하도록 영감을 준 것 중 하나가 2장의 도표 4에서 설명한 네트워크와 지식 흐름 모델이다. 후지쓰 디자인팀은 직원들의 구체적인 업무와 지식의 네트워크 흐름을 중심으로 사무실 유형을 분류했다.

디자인팀은 집중이 필요한 업무를 집에서 처리하길 좋아하는 직원도 있지만 그렇지 않은 직원도 있을 것으로 생각했다. 일본의 아파트가 대체로 비좁기도 하고, 어린 자녀나 나이 든 가족이 있는 직원은 봉쇄 기간 중 집에서 일하는 것이 정말 힘들었기 때문이다. 이해의 폭을 넓히기 위해 후지쓰 경영진은 디자인 프로세스 1단계인 '이해하기'에 착수했다. 그들은 직원들이 바라는 것을 더 충실히 파악하기 위해 직원 설문조사를 여러 차례 의뢰했다. 팬데믹 이전의 설문조사에서는 후지쓰 직원 74퍼센트가 사무실이 일하기 가장 좋은 장소라고 답했지만, 2020년 5월에 다시 실시한 설문조사에서는 사무실을 일하기 가장 좋은 장소로 지목한 직원이 15퍼센트에 불과했다. 전체 직원 중 30퍼센트 정도는 집을 선택했고, 55퍼센트 정도는 재택근무와 사무실 근무 병행을 선호했다. **가끔** 집에서 일하길 바라는 직원이 많고 **항상** 집에서 일하길 원하는 직원은 적은 듯했다. 하지만 출퇴근에 2시간이 걸리는 도심지 사무실에 통근하는 것은 단점이 컸다. 만만치 않은 시간과 에너지를 소모하기 때문이다. 게다가 사무실에 출근하더라도 앞서 개방형 사무실 사례에서 관찰한 대로 주위 사람들 때문에 집중력이 흐트러지는 경우가 잦았다.

'재상상하기' 단계로 넘어간 후지쓰 디자인팀은 완벽한 사무실이 어떤 것일지 상상하기 시작했다. 그들이 보기에 완벽한 사무실은 하나가 아니라 세 가지였다. 각각의 사무실은 구체적인 생산성 핵심 요소를 중심으로 설계되었다. 이를 설명한 것이 (도표 9)다.

집 근처 공유 사무실

후지쓰 직원 중에는 더 이상 도심의 사무실로 출퇴근하지 않아도 된다는 사실을 반긴 사람이 많았지만, 집에서는 일에 집중하지 못하는 사람도 있었다. 이런 직원들이 바라는 완벽한 사무실은 성능이 뛰어난 인터넷 접속 장비와 프린터를 갖추고, 조용하며, 특히 집에서 가까운 장소일 터였다. 디자인 프로세스 중 3단계 '모델을 만들어 테스트하기'에 진입한 후지쓰 디자인팀은 2020년 봄부터 직원들의 거주지 인근 지역에 투자하기 시작했다. 그리고 이런 '공유 사무실'에 칸막이로 1인용 업무공간을 마련하고 인터넷과 프린터를 설치했다. 공유 사무실 일부는 효용을 최대로 끌어올리기 위해 식품 판매점과 휴게실이 완비된 기차역 안에 마련되기도 했다. 근처에 사는 후지쓰 직원이라면 누구나 공유 사무실을 이용할 수 있었다. 이렇게

	에너지	집중	조정	협력
집 근처 공유 사무실	출퇴근 없음	방해받지 않음		
위성 사무실	출퇴근 없음		대면/비대면	
거점 사무실			대면	브레인스토밍

도표 9 **틀: 생산성 요소와 사무실 유형**

마련된 공유 사무실에서 직원들은 집중이 필요한 업무를 처리하고, 인터넷을 이용해 비동기식 회의를 열어 다른 사람들과 업무를 조정하고, 후지쓰 온라인 학습 플랫폼에서 시간을 보냈다.

이런 공유 사무실은 이웃과 더 강력한 유대를 쌓고 강화할 잠재력이 있다. 미래에는 공급업체 직원이나 고객들도 이용할 수 있을 만큼 이런 장소가 증가할 것이다. 글로벌 공유 오피스 기업 '위워크WeWork'와 흡사하지만, 같은 분야에 종사하는 사람들이 우연히 만나 협력할 기회를 더 많이 제공한다.

위성 사무실

후지쓰 디자인팀은 다양한 형태의 사무실 모델을 만들면서, 집

근처 공유 사무실로 집과의 거리 문제는 해결할 수 있지만 지식이 팀 내부와 여러 팀을 걸쳐 명시적으로 흐르도록 디자인할 수는 없다는 사실을 깨달았다. 실제로 공유 사무실은 직원들이 다른 사람에게 방해받지 않고 개인적으로 일하도록 만든 모델이었다.

그래서 후지쓰 디자인팀은 완벽한 사무실의 두번째 모델을 만들기 시작했다. 일할 때 조정이라는 생산성 요소가 아주 중요한 직원들의 요구에 초점을 맞춘 모델이었다. 이번에는 기차역 같은 네트워크 교점 근처를 비롯해 도쿄 등 대도시 교외 지역에도 사무실을 마련하기로 했다.

예를 들면 프로젝트팀에서 일하는 직원들이 일주일에 한두 번 정기적으로 동료들과 연락하기 위한 곳이다. 프로젝트팀이 공간을 예약하고 회의를 진행할 수 있는 장소, 화상 회의 장치 및 스마트 크리에이티브 기술을 갖추고 커피스테이션까지 설치해 직원들이 언제든 원할 때 함께 모일 수 있는 장소, 팀원들이 화상 회의를 진행하며 후지쓰 협업 기술 플랫폼에 접속해 프로젝트를 점검하거나 결재도 할 수 있는 기능까지 완비된 장소였다.

거점 사무실

후지쓰 디자인팀은 의미 있고 창의적이고 혁신적인 계기를 마련하기 위해 시각적 매력이 있는 흥미로운 공간도 창조하기로 결정했다. 동료나 공급업체 직원들과 모여 브레인스토밍할 수 있는 시설을 갖추고 탁 트인 공간에서 신선한 공기도 마실 수 있는 장소였다. 이곳이 바로 협력 기회를 최대화할 목적으로 설계된 거점 사무실이다.

후지쓰 _생각해볼 질문

당신이 맡은 핵심 역할의 기본 업무를 수행하는 데 필요한 생산성 요소(에너지와 집중, 조정, 협력)와 관련해 최적의 장소가 어디일지 여러 가지 선택지를 고민한 적이 있는가? 생산성 요소와 사무실 유형을 정리한 (도표 9)를 보라. 현재 당신은 어떤 사무실에서 일하고 있는가? 일을 리디자인한다면 당신에게 가장 적합한 사무실 유형은 어떤 것인가?

사무실을 협력의 장소로 상상하라

사무실은 많은 의미가 있지만, 대부분의 사람들이 생각하는 사무실은 기본적으로 연결 장소다. (도표 4)에서 설명한 네트워크 그림을 다시 살펴보면 그 연결의 본질을 파악할 단서가 보인다. 집합 장소는 연결 장소이며 일부 혹은 모든 네트워크 프로세스를 뒷받침하고 독려하는 공간이다.

사무실은 같은 집단에 속해 서로 잘 아는 사람들이 각자 지닌 암묵적 지식을 집단적으로 **활용**하는 장소일 수 있다. 또한 사무실은

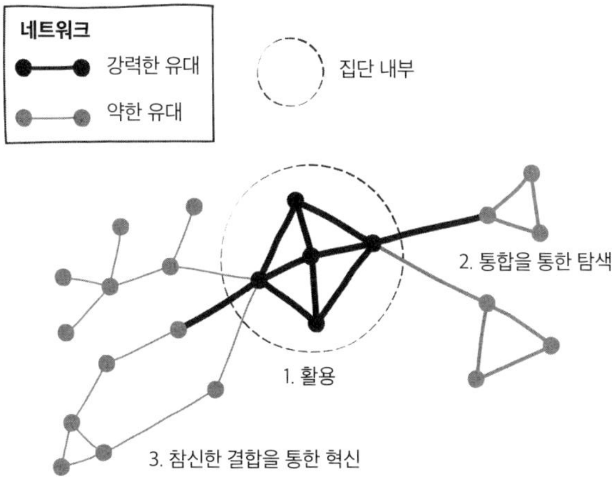

다른 집단에 속해 있지만 서로 잘 아는 사람들이 다양한 경험과 관점에서 얻은 지식을 토대로 삼아 **통합을 통한 탐색**을 위해 의도적으로 만나는 공간일 수 있다.

그리고 이런 집합 장소에서 대단히 중요한 또 하나의 네트워크는 서로 잘 알지 못하거나 전혀 모르는 (약한 유대) 사람들이 무작위로 마주칠 때 발생하는 **참신한 결합을 통한 혁신**이다. 뭔가 새롭고 기발한 것이 등장할 토대를 이루는 것이 바로 이런 동시성synchronicity, 즉 무작위로 나누는 '탕비실' 대화다.

통찰:

아룹이 사무실을 이용해 협력 기회를 최대화한 방법

도쿄의 후지쓰와 마찬가지로 아룹 디자인팀도 협력의 장소라는 목적에 맞춰 멜버른 지사를 디자인했다. 아룹의 고위급 임원인 제니 에머리Jenni Emery는 공유하는 공동 공간의 역할을 이렇게 설명했다.

> 우리가 결국 언젠가는 물리적 사무실로 돌아가겠지만, 앞으로 그 물리적 공간을 어떻게 이용할지 또 어떻게 이용하는 것이 옳을지 깊이 고민할 필요가 있습니다. 사실 지금까지는 사무실이 공장처럼 이용되었죠. 산업혁명의 마지막 흔적인 셈입니다. 이제는 그런 생각을 버려야 합니다. 사무실은 공동체를 증진하는 용도로 이용되어야 합니다. 협업의 장소가 되어야 해요. 그래서 저희 아룹 디자인팀은 네트워크와 협업을 염두에 두고 사무실을 디자인하고 있습니다.

근접성 활용

아룹을 상징하는 멜버른 지사 디자인 작업에 참여한 조 코렌자 회장을 만났을 때도 같은 생각이 들었다. 당연한 일이지만, 전 세계 설계와 건축을 선도하는 기업답게 아룹의 멜버른 지사 사무실은 완벽에 가까운 모습이다. 탁 트인 전망과 널따란 계단, 목재 바닥이 어우러진 이곳은 코렌자의 설명처럼 "디자이너와 건축가, 엔지니어들이 뒤섞이는 곳, 뜻밖의 발견으로 이어지는 만남의 장소"다. 코렌자는 "개인 공간을 줄이고 협업에 공간을 되돌려주어 커다란 테이블과 화이트보드를 설치하는 등 협업 공간을 구축"하려 했다고 설명한다. 1층에 마련된, 바람이 잘 통하고 널따란 공간과 개방형 아트리움은 시너지 효과를 부추긴다. 이런 지식의 확산이 팀 간 협력의 관건이다. 또 다른 관건이 근접성이다. 누가 누구 옆에 앉는지, 사람들 사이의 근접성이 중요하다. 아룹 멜버른 지사에서는 인접한 지식의 흐름과 확산을 최대화하기 위해 4개월마다 각 팀이 사무실에서 일하는 자리를 변경한다. 새로운 근접성을 창조하기 위해서다. 코렌자는 "다른 사람들이 어떻게 일하는지 보고 듣는 것이 직원들에게 대단히 좋은 기회가 되었"다며 "가까이 있는 것이 관계를 구축하는 결정적 요인"이라고 평가한다.

이웃 속으로

아룹 멜버른 사무실에서 내가 가장 주목한 점은 이웃들 속에 자리 잡은 모습이다. 사실 이것이 기본적인 디자인 개요였다. 조 코렌자는 "사무실 안에 있는 '우리'와 사무실 밖에 있는 '저들' 사이의 경계가 무너질 만큼 아주 투명한 공간을 만들고자 했습니다"라고 설명한다. 단지 공간으로 그치지 않았다. 공간 안에서 벌어지는 일도 마찬가지였다. 아룹 멜버른 사무실 건물은 활동을 잡아끄는 자석처럼 다양한 행사를 주최해 지역사회를 끌어들인다.

코렌자는 이 건물이 협력사와의 협력 관계를 발전시키는 촉매로도 작용했다고 설명한다.

> 이곳은 협력사를 반갑게 맞이하는 공간입니다. 저희 협력사와 공급업체들도 이 공간을 이용할 수 있습니다. 이 공간에 앉아서 일하며 카페도 이용할 수 있죠. 저희는 교류를 환영합니다. 여기서 산업체 행사도 개최하는데, 첫해에만 140개가 넘는 행사가 열려 매주 200명 이상이 이곳을 다녀갔습니다. 저희는 이곳이 열린 공간, 다시 말해, 교점이 되길 바랍니다.

아룹처럼 막강한 자원과 디자인 지식을 갖추지 못한 회사가 협력을 위한 사무실 디자인에 접근할 방법이 있는지 묻자, 코렌자는 다음과 같은 세 가지 방법을 알려주었다. 첫째, 개인 공간을 줄인다는 목표를 세우고 그 공간을 협력 공간으로 되돌리도록 준비하라. 둘째, 다른 사람들도 팀의 활기를 느낄 수 있도록 팀원들이 회의실 밖 열린 공간에서 가능한 한 자주 만나도록 분위기를 조성하라. 셋째, 분기마다 팀의 자리를 새로 배치해 팀원들이 새로운 사람을 사귈 기회를 마련하라.

제니 에머리의 이야기로 아룹의 통찰에 대한 설명을 마무리하자.

지금까지 그랬듯 미래에도 업무공간이 아주 많이 필요할 것입니다. 평등하게 일하는 공간에서 서로 중요한 만남을 갖고 지식을 교환하며 배우려면 업무공간이 필요하죠. 삼투 현상으로 두 액체가 섞이듯, 사람들과 어울려 서서히 터득하며 배우는 것이 아주 많기 때문입니다. 그런데 미래에 사무실을 어떻게 이용할지 그리고 가상공간을 어떻게 이용할지에 대해서는 정말 의도를 가지고 고민해야 합니다.

따라서 근무방식을 재상상할 때 유념할 사무실의 중요한 역할 중 하나는 기업의 새로운 구성원이 사람들과 어울리며 그 기업을 배우는 장소라는 역할이다. 그리고 앞으로 설명하겠지만, 실제 공간보다 중요한 것이 그 안에서 일을 조직하는 의도이다.

아룹 _생각해볼 질문

일을 리디자인하려 할 때, 대면 협력이 필요한 과업이 있는가? 대면 협력이 진행될 공간은 어디인가? 협력을 최대화할 방법과 관련해 아룹 사례에서 배울 점이 있는가? 근접성이라는 귀중한 자원을 최대화하기 위해 할 수 있는 일이 더 있는가? 지역사회 안에서 사무실의 역할이 무엇일지 고민한 적은 있는가? '외부를 안으로' 들이기 위해 할 수 있는 일이 더 있는가?

행동 지침 #6

사무실을 협력의 장소로 재상상하라

- 먼저 사무실을 다양한 공간으로 상상하라. 서로 다른 공간이 필요한 활동들이 있는가? 후지쓰가 공유 사무실과 위성 사무실, 거점 사무실을 개발한 과정을 살펴보라.
- 그러고 나서 당신의 사무실 공간에서 이루어지는 지식과 정보의 흐름을 살펴보라. 열린 순환 공간이 더 필요한가?
- 다음으로는 팀의 자리나 인접한 팀, 직원들의 분기별 이동 가능성 등 사람들을 공간 속에 배치하는 방법을 상상하라.
- 마지막으로 지역사회와 이웃들 속의 사무실 공간을 상상하라. 외부를 안으로 들이고 외부인들과 더 밀접하게 교류할 기회가 있는가?

장소를 재상상하기:
에너지 원천인 가정

기술 기반 재택근무 경험은 이미 40년이 넘는다. 기술이 발전하며 1980년대부터 프리랜서들이 비대면 근무의 사회적 개척자가 되었다. 프리랜서들은 초창기 PC를 이용해 가정에서 상품을 디자인하고 코드를 짜고 글을 쓰고 편집했다. 고용된 직원은 아닌 상황에서 시간 단위 혹은 프로젝트 기준으로 기업에 서비스를 판매했다. 프리랜서들을 연구해보면 어떻게 이런 일이 가능했는지 알 수 있다. 이 얼리어답터들은 스스로 시간을 관리하는 자율성과 일하는 장소의 유연성을 소중히 여겼다.[5]

재택근무의 명암

1992년 거대 통신사 BT의 경영진은 '전화번호 안내' 콜센터 직원을 대상으로 진행한 실험에서 재택근무의 교훈을 일찍이 깨달았다. 콜센터 직원 절반은 재택근무하고 나머지 절반은 사무실에서 근무하도록 한 뒤 두 집단의 참여도와 성과, 근속률 등 기초 데이터를 취합하는 실험이었다. 그리고 일정 기간 재택근무 집단과 사무실 근무 집단의 성과를 측정했다.

그 성과는 용감한 실험에서 얻은 최초의 교훈이었다. 실험을 시작한 지 몇 주 만에 재택근무자의 성과가 떨어졌다. 성과를 떨어트린 주범은 인터넷 연결이었다. 재택근무자들이 칸막이 너머에서 일하는 동료에게 물어볼 기회가 사라지자 서로 조정할 방법을 모른 채 방향감각을 잃고 방황한 것이다. 하지만 경영진은 실험의 본래 취지를 살려 의연한 자세로 끝까지 지켜보기로 했다.

시간이 지나자 재택근무자의 성과가 올라가기 시작했다. 기술을 더 유용하게 사용하는 법을 배우며, 사무실에서 진행하던 데일리

캐치업daily catch-up을 대체할 해결책을 만들어낸 것이다. 그리고 몇 달이 지나자 사무실 근무자의 성과를 앞질렀다. 재택근무자들은 자신들에게 부여된 유연성을 소중히 여긴 덕분에 일에 더 몰입하게 되었다고 느꼈다. 자녀를 돌보거나 개인적인 일을 처리하기가 더 쉬워졌고, 당연히 출퇴근할 필요가 없어지며 여분의 시간도 벌었다. 중요한 사실은 역사적으로 잔류율이 낮은 산업 분야에서 일을 계속하기로 마음먹은 직원이 크게 늘었다는 점이다.

결국 이 실험이 BT의 중요한 전환점으로 작용해 2000년에는 상당히 많은 직원이 집에서 일하게 되었다. 더 중요한 사실이 있다. BT가 초기의 전화번호 안내보다 한층 덜 일상적인 업무에서도 유연하게 일하는 방향으로 나아가면서 노련한 재택근무자의 지식과 경험이 결정적인 역할을 하게 되었다는 것이다. BT의 혁신을 책임지고 이끄는 니컬라 밀러드Nicola Millard 박사의 설명처럼 BT는 이 노련한 재택근무자들에게 아주 큰 교훈을 배웠다. 실제로 밀러드 박사는 팬데믹 초기에 '성공적인 재택근무를 위한 실용 지침서'를 만들었다. 자신에게 맞는 공간을 창조하라, 루틴이 중요하다, 건강을 지키고 휴식을 취하는 데 죄책감을 느끼지 말라, 비공식적인 대화를 나누며 동료들과 교감하라, 기술을 효과적으로 활용해 원격근무의 거리를 좁히라 등 노련한 재택근무자들이 수년간 터득한 많은 조언이 담긴 지침서였다.

완벽한 재택근무 공간에 대한 직원들의 아이디어에 귀를 기울이라

여기서 잠시 뒤로 물러나 우리가 집에서 일할 때 정말 좋아하는 것이 무엇인지 제대로 이해할 필요가 있다. 팬데믹 수개월 동안 많은 기업이 취합한 데이터에서 분명히 드러난 점은 대다수가 집에서 일할 기회를 반기며, 재택근무가 일을 리디자인하는 선택지에 포함되길 바라는 사람이 많다는 사실이다. 그들은 재택근무의 자유와 유연성, 이웃과 더 가까워질 기회를 즐겼고, 매일 출퇴근하는 수고를 덜며 놀라운 경험을 했다. 더 자세한 상황을 파악하기 위해 2021년 중순 웨비나 참가자들에게 이렇게 물었다. "재택근무에 활력을 불어넣는 가장 좋은 방법이 무엇일까요?" 참가자들은 상상의 날개를 펼쳤고, 일부 대답이 다음 페이지의 워드 클라우드에 실렸다.

참가자들은 재택근무 기회를 생각할 공간, 건강한 음식 준비, 주변 산책, 가족 돌봄 등으로 활력을 얻을 진정한 기회로 묘사했다. 리더들과 이야기해보니, 그들도 개인적으로 재택근무하며 똑같은 혜택을 누렸고, 기업의 관점에서도 사무실 유지 비용 절감이나 장거리 출퇴근에 따른 신체적·정서적 피로 경감, 직원 채용 및 고용 유지 등 또 다른 혜택이 따랐다고 답변했다.

재택근무는 중요한 에너지 원천이 될 수 있으며 그렇게 될 것이다. 하지만 그러려면 과거의 교훈을 되새기는 동시에 여러 가지 관행과 프로세스를 의도적으로 시행해야 (기본적으로 비대면 근무인)

빛과 공간

규칙적인 휴식과 산책

간식

직접 준비하는 점심

방해받지 않음

생각할 공간

전용 근무 공간

조용함

평화롭고 행복함

짬을 내서 하는 운동

명상

편안한
책상과 의자

건강한 식사

야외 접근성

산책 시간

정원 풍경

뜻밖의 발견

걸어갈 수 있는
근처 카페

일하는 시간과
쉬는 시간이 나뉘어 잘 짜인 하루

안락함과 친근함

음악 혹은 고요

신선한 공기

규칙적이고
계획적인 휴식

강아지

자연과 가까움

건강한 음식 선택권

유연성

남들의 시선을
의식할 필요 없음

개인 업무에 집중할 시간

일과 가족의 결합

안정적인
와이파이

시간 관리

운동 시간

좋아하는 일 하기

자연스러운 행동

이웃과
네트워크 구축

문을 닫아 분리하는
일과 사생활

가족들에게
관심 표현하기

사생활 보호

편안하게 앉을 자리

정시 업무 마감

돌봄 책임에 최선을 다할 수 있음

재택근무가 제대로 성공할 수 있다는 사실을 인식할 필요가 있다.

가정에서 에너지 유지하기

1994년 이탈리아 물리학자인 체사레 마르케티Cesare Marchetti는 이제껏 역사를 통틀어 인간이 매일 출퇴근에 기꺼이 소비하는 시간이 대략 60분이라고 이야기했다. 로마 같은 도시의 크기가 지름 5킬로미터 범위를 절대 넘지 않았던 이유가 바로 이것이다. 증기기관차나 전차, 자동차가 등장하며 출퇴근 거리는 늘어났지만, 출퇴근에 걸리는 시간은 변하지 않았다. 현재 미국인이 평균적으로 출퇴근에 소비하는 시간은 편도 27분 정도다.[6]

우리는 출퇴근하는 시간을 이용해 한 정체성에서 다른 정체성으로 넘어간다고 볼 수 있다. 이렇게 한 정체성에서 다른 정체성으로 넘어가는 과정이 심리학자들이 일컫는 '경계 작업boundary work'이다.[7] 일을 하러 집을 나설 때 우리는 집에 대한 감정을 비활성화해 그 감정을 일에 대한 감정으로 대체한다. 이 경계 작업이 이루어지지 않으면 '역할 과잉role spillover'이 발생해 집중하기가 더 어려워지고 가정과 직장에서 더 많은 스트레스를 받게 된다.

재택근무자들의 경우 집에서 정신이 산만해지며 '역할 과잉'이 더 복잡해졌다. 이미 BT의 경험 많은 재택근무자들이 자녀나 동거인, 연로한 부모 때문에 일에 집중하지 못하는 것을 재택근무의 단점 중 하나로 지적했다. 특히 팬데믹 시기에 어린 자녀와 함께 집에서 머문 재택근무자들이 큰 어려움을 겪었다. 2020년 3월 14일 웨비나 참석자 3,000여 명에게 조사한 결과, 10퍼센트 이상이 주의산만을 가장 두드러진 재택근무 경험으로 꼽았다. 물론 당시는 자녀들이 학교가 아니라 가정에 머물 때였지만, 평범한 가정생활로 복귀한 뒤에도 휴일에 자녀를 돌보고, 연로하거나 장애가 있는 가족들을 보살피는 등 돌봄 책임을 감당해야 했다. 그렇기 때문에 일을 리디자인할 때 이런 경험에서 교훈을 얻고 장차 그 새로운 교훈을 실행에 옮기는 것이 아주 중요하다.

새롭게 집에서 일하게 된 많은 노동자가 심리학자들이 수십 년간 연구한 내용, 즉 주의산만과 관련해 경계가 정말 중요하다는 것을 깨달았다.[8] 주의를 집중하는 재택근무 방식과 더불어 경계 관리가 대단히 중요할 수 있다는 사실이 아주 명료하게 드러났다. 중견 컨설팅사에서 영업팀장으로 근무하는 라일리의 하루를 잠시 생각해보자. (팬데믹 이전에는) 아침이면 가족이 있는 집을 나서 90분 통근 거리에 있는 사무실에 출근하는 것이 전형적인 일과였다. 가정과 직장에서 라일리의 정체성은 별개다. 가정이라는 영역에서는 자상한 엄마이고, 직장이라는 영역에서는 신랄한 영업책임자다. 이 둘은 별개의 정체성이다. 영업책임자로서의 정체성은 융통성 없고 절대 호락호락하지 않은 역할로서, 완전한 주의와 집중이 필요하다. 엄마일 때는 자상하고 참을성도 많고 가족들과 공감한다. 이처럼 한 역할 정체성에서 다른 역할 정체성으로 넘어가는 것이 라일리에게는 긴장이 잠재하는 중요한 전환 과정이다.

라일리가 비슷한 역할을 맡은 책임자 대부분이 그러듯 가정과 직장이라는 두 영역 사이에 심각한 긴장이 발생하지 않도록 관리하는 방법 중 하나는 경계를 설정하는 것이다. 경계 설정은 두 정체성 사이의 **통과의례**를 만드는 상징적인 행동으로, 비즈니스 정장을 입거나 통근 열차에 올라타거나 회의 시작 전 커피를 마시거나 뉴스를 점검하는 것 등이 이에 속한다. 이런 행동들은 라일리에게 이제 다른 정체성이라는 신호를 주고 역할 전환을 암시하며 그에 따른 장애물을 줄여준다. 라일리는 영업책임자 역할을 맡으면 엄마 역할을 더 이상 생각하지 않는다. 심리적으로 두 역할을 분리하기 때문이다. 엄마 역할이 시작되면 라일리는 (이론적으로는) 더 이상 영업책임자 역할을 떠올리지 않는다. 물론 원칙적으로는 라일리가 영업책임자 역할에서 엄마 역할로 전환하며 계속 지니고 있는 장치들이 일을 가정까지 끌어들인다. 만일 라일리가 '24시간 온라인' 상태를 유지하고 연결되려고 애쓰는 사람이라면 특히 그렇다.

이론적으로 한 정체성에서 다른 정체성으로 넘어가는 경계 전환은 각각의 역할에서 성과를 높이고 서로 구별되는 자아를 지키는 데 도움이 된다. 이런 경계 전환을 설명한 그림이 (도표 10)이다. 집에 머무르거나 사무실에서 일하다 장소를 옮기는 **물리적** 전환도 있고, 아이들 도시락이 건강식인지 신경 쓰는 것과 월매출액을 산출하는 것을 분리하는 **인지적** 전환도 있다. 그런가 하면 학교에서 괴롭힘당

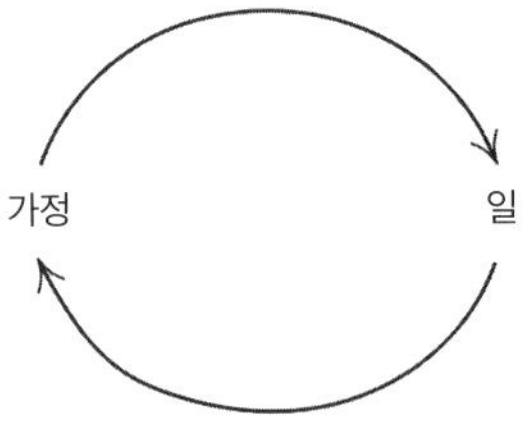

도표 10 **틀: 경계 관리**

하는 것에 대해 아이와 나누는 이야기와 사업팀에 새로 합류한 젊은 직원에게 주는 조언을 구분하는 **관계적** 전환도 있고, 한 가지 활동(아이 돌보기)을 하는 시간에는 다른 활동(프로젝트 수행)을 제한하는 **시간적** 전환도 있다.

이런 경계를 잘 유지하면 하나의 역할 '개시'와 다른 역할 '종료' 사이의 잠재적 모호성을 크게 줄일 수 있다. 결과적으로 주의가 덜 산만해지는 것이다. 하지만 경계에는 대가가 따른다. 예를 들어 직장에서의 신랄한 역할과 가정에서의 자상한 역할처럼, 구분되는 두 역할 사이에 상당히 큰 전환이 필요하다면 곤란한 상황이 발생할 수 있다.

이해하기 쉽도록 예를 들어보자. 자녀를 기르는 아빠이기도 한 캐머런은 난독증으로 고생하는 아동들을 수년간 지도하고 있다. 집에 마련한 사무실에서 온라인으로 상담하기도 하고 지역 보건소에서 대면 상담하기도 한다.

라일리의 두 정체성(영업책임자와 어머니)은 사뭇 다른 자질이 필요하다는 의미에서 크게 분리된 반면, 캐머런의 두 정체성은 훨씬 더 통합적이다. 왜냐하면 캐머런이 맡은 두 가지 역할(상담지도사와 아버지)에서 보살핌과 공감이라는 자질이 공통으로 두드러지기 때문이다. 결과적으로 라일리와 달리 캐머런에게는 심리적 전환이 필요하지 않다.

그렇다고 캐머런의 전환 과정이 더 쉬운 것은 아니다. 부모로서 집에서 자주 일하다보면 방해를 받곤 하는데, 언제 방해받을지 예측할 수 없는 경우가 많기 때문이다. 집에서 상담할 때 아이가 불쑥 들어와 오늘 점심이 뭐냐고 묻기도 하고, 환자를 상담할 때 아이들이 숙제를 잘하고 있는지 궁금해지기도 한다. 캐머런의 이점은 경계를 나눈 두 역할이 비슷해서 전환에 따른 에너지 소모가 라일리만큼 크지 않다는 것이다. 하지만 심리적이고 인지적인 경계가 분명하지 않아서 방해받을 때가 잦고 그렇게 방해받을 때마다 다시 일에 정신을 집중하기까지 시간이 걸린다는 것은 캐머런에게 불리한 점이다.

이제 일을 리디자인해 라일리는 일주일에 이틀간 재택근무하고 캐머런은 계속해서 집과 사무실, 보건소를 오가며 일한다고 상상해보자. 이 두 사람은 어떻게 해야 할까?

초창기 재택근무를 실험한 BT의 경험 많은 직원이 훌륭한 조언을 한 바 있다. 루틴이 중요하다, 건강을 지키고 휴식을 취하는 데 죄책감을 느끼지 말라, 비공식적인 대화를 나누며 동료들과 교감하라, 기술을 효과적으로 활용해 원격근무의 거리를 좁히라…. 그리고 전환과 재택근무를 연구한 심리학자들이 강조하는 바는 '경계를 설정하고 통제하라'는 것이다.

일을 리디자인할 때 재택근무자들이 경계를 설정하고 유지하도록 지원할 방법은 무엇일까?

전환을 복제하라

집에서 일하며 방해받는 시간을 줄이고 경계를 설정하고자 한다면, 우선 전에 집에서 직장으로 출근할 때 설정했을 법한 경계와 전환을 복제하는 것이 현명한 방법이다. 일할 때는 다른 방으로 이동하는 식으로 물리적 경계를 유지하고, 심리학자들이 이야기하는 '특이한idiosyncratic 기본 경계'를 세우라는 뜻이다. 라일리는 사무실에 이미 이런 경계를 세웠다. 자신이 누구인지 보여주는 물건들로 자신의 공간을 적극적으로 만든 것이다.

사람들이 재택근무하는 공간을 연구하면 그들이 얼마나 특이한지를 알 수 있다. 내가 집에서 일하는 사무실에는 책이 잔뜩 쌓여 있다. 한쪽 벽에 놓인 책상과 우리 가족이 아이들 파티를 열 때 종종 사용하는 간이 테이블에도 책이 쌓여 있다. 이곳저곳에 가족사진이 놓여 있고, 한쪽 벽에는 초록색 스크린이 걸려 있으며, 카메라에 보이지 않도록 구석으로 치우긴 했지만 여기저기 신발들이 널려 있다. 하지만 이 작은 방에 들어가 문을 닫으면 나는 새로운 신호를 받아 새로운 정체성 안으로 들어선다. 여러분과 여러분 동료들도 자신만의 특이한 공간을 만들어야 할 것이다.

다음으로 라일리가 집에서 사무실로 전환할 때 도움을 받은 행동 신호들을 복제하는 것도 고려해볼 만하다. 이것을 이해하려면, 당신은 스스로 어떻게 전환하는지 생각해보라. 아마도 비즈니스 정장을 입고 열차를 타고, 거의 틀림없이 커피를 마실 것이다. 집에서 일하면 그처럼 긴 전환이 필요 없다. 대신 더 간편하지만 그와 비슷하게 정체성 전환을 자극하는 의례적인 습관을 만드는 것이 중요하다. 내 경우에는 서재로 들고 갈 커피를 끓이려고 아래층 주방에 내려가는 것이 의례적인 습관이다. 종종 정원에 나가 신선한 공기를 마시며 물을 줘야 할 식물은 없는지 살피기도 한다. 그런 다음 일을 시작한다.

공간과 시간을 통제하라

재택근무자는 자신의 공간과 시간에 대한 접근을 통제하는 법을 배우는 것이 아주 중요하다. 심리학자들이 이야기한 '경계 작업'에 집중할 필요가 있다.[9] 경계 작업은 새로운 업무방식으로 생산성을 유지하는 데 핵심 역량이 될 것이다. 우리가 지닌 여러 정체성 사이의 구분이 모호할수록 여러 활동을 동시에 해야 하는 부담이 증가하며 직업 만족도와 업무 참여도에 미치는 부정적인 영향도 커지는 것으로 밝혀졌다. 이 문제를 해결하는 방법이 장소와 시간에 대한 접근을 통제하는 것이다. 물리적 업무공간에 대해 다른 사람들의 접근을 제한하고, 시간과 관련해서는 집안일을 처리하는 일정을 재조정하고 다른 사람들이 끼어들 수 있는 시간대를 구체적으로 설정하는 등으로 통제하는 것이다.

팀과 합의하라

시간적 경계를 만드는 것이 중요하다. 재택근무자는 무작위로 발생하는 방해를 가능한 한 줄여야 한다. 집중과 몰입, 성과에 부정적인 영향을 미치는 가장 큰 요인이 되기 때문이다. 이는 편안하게 이야기할 수 있는 시간이 언제인지 가족들과 협의해야 한다는 뜻이다. 더 중요한 것은 회사나 동료들이 접근하는 시간을 통제하는 것이다. 이 문제를 해결하는 방법은 다양하지만, 그중 하나가 팀 합의다. 팀의 업무 진행 상황을 파악하고 회의를 여는 시간, 고객 보고서를 작성하거나 매출 현황을 정리하는 등 집중적으로 업무를 처리하는 시간을 팀원들과 미리 합의해 정하는 것이다.

기업이 경계를 권장하는 방법

직원들이 경계를 관리하도록 기업이 뒷받침할 방법도 많다. 기업이 경계를 지원할 수 있는 다양한 방법을 찾기 위해 2020년 4월 컨설팅사 HSM 어드바이저리가 7일 일정의 개방형 플랫폼 '해커톤hackerthon'을 개최했다. 경영진이 각자 경험을 소개하며 해결책을 브레인스토밍하는 행사였다. 유럽과 미국, 일본, 호주, 뉴질랜드 등에서 30개가 넘는 기업의 경영진이 행사에 참여했다. 그들 중 집에서 가족을 돌보며 일하는 사람이 60퍼센트를 넘었다. (그 비율은 많은 나라에서 일반적인 수준이었다.) 행사에 참여한 이들이 이야기한 방법은 세 가지였다. 직원들의 구체적인 상황을 이해하라, 직원들의 현실에 공감하라, 기술을 향상하라.

재택근무자를 지원하려면 직원들의 특이한 상황을 이해하는 것에서 출발해야 한다고 느낀 경영진이 많았다. 한 임원이 이렇게 이야기했다. "여러분 회사의 직원들이 어떤 사람인지 정말 알고 계십니까? 저희는 가족에 대한 전형적인 이미지가 착각임을 깨달았습니다. 가족은 아주 다양하죠. 가족을 일반화하는 것은 잘못입니다." 이를 이해하면 집에서 돌봄을 책임지며 일하는 사람들의 현실을 공감하기가 더 쉽다. 한 기업은 리더들이 자신들의 재택근무 이야기를 들려주며 집중에 방해받은 경험을 공유하도록 유도했다. 고위급 임원까지 포함해 직원들이 직면한 문제와 긴장을 터놓고 이야기하길 바란 것이다. '중요한 순간', 다시 말해, 적절한 지원이 파격적인 영향을 미치는 순간에 집중하는 것이 중요하다는 의견도 나왔다. 예를 들면 직원의 아이가 아플 때가 그런 순간이다. 이때 팀원들과 관리자가 공감하느냐 아니면 공감하지 못하느냐에 따라 일하는 부모가 회사에 대해 느끼는 감정이 지속적인 영향을 받는다. 한 관리자가 이야기한 대로 "제대로 공감하면 직원들의 참여도와 충성심을 높이는 데 큰 도움"이 된다.

또 BT의 노련한 콜센터 직원들 사례에서 확인했듯, 다른 사람과 대응하며 협업할 수 있는 '온 타임on time'과 에너지를 충전하는 활동에 집중할 수 있는 '오프 타임off time' 사이의 경계를 기술을 활용해 확실히 정하면 실질적인 도움이 된다. 예를 들어 점심 휴식시간을 정확히 지키거나 일과가 끝날 때 상징적으로 '직장을 떠나도록' 하는 방법이다. 그리고 경계가 무너지지 않도록 가족 및 동료들과 협의해 경계를 설정하는 것이다.

하지만 재택근무자를 지원하는 이 모든 방법보다 중요하게 거론된 것은 성과 관리의 초점을 프리젠티즘presenteeism●이 아니라 결과에 맞춰야 한다는 의견이었다.

통찰:
BT와 TCS가 '프리젠티즘'이 아니라 결과에 집중한 방법

집이 에너지가 샘솟는 장소가 되려면 해결해야 할 중요한 불안 요소가 있다. 재택근무를 선택하면 승진 기회가 줄어들지 모른다는

● 질병을 앓고 있거나 심한 업무 스트레스와 피로로 정신적·신체적 컨디션이 좋지 않은데도 회사에 출근하는 행위. 노동자 개인뿐 아니라 조직 차원에서도 생산성을 저하하는 영향을 끼친다.

불안이다.

근접성이 사람들의 마음에서 얼마나 큰 비중을 차지하는지 과소평가하기 쉽다. 집에 있으면 다른 사람들 눈에서 멀어진다는 느낌이 들 수 있다. 사실 '24시간 온라인' 상태를 유지하게 만드는 주요 요인 중 하나를 포착한 단어가 포모증후군Fear of Missing Out, FOMO●이며, 사람들이 혹시 소외될까 가장 두려워하는 대상이 승진과 임금 인상이다.

하지만 불안해할 필요가 없다. 역사적으로 노동력을 크게 분산한 기업들에서 배울 점이 많은데, 가장 중요한 교훈은 세 가지다. 의도적으로 결과에 집중하라. 팀에서 성과 결과에 합의하라. 사람을 신뢰하라.

BT의 니컬라 밀러드에게 승진과 관련해 질문하자 흥미로운 답변이 돌아왔다. BT에서는 재택근무자와 사무실 근무자의 승진 속도에 차이가 나지 않는다는 것이다.

특별한 해결책을 찾지 않는 한, 눈에서 멀어지면 분명히 마음에서도 멀어지는 법이다. 이런 불안을 극복하려면 뭔가 의도적인 업무 디자인이 필요하다. 이때 흔히 부딪히는 난제가 성과를 지원하고 측정하는 방법이다.

● 자신만 뒤처지고, 소외되는 것 같은 불안함을 느끼는 증상.

의도적으로 결과에 집중하라

나는 BT가 재택근무자와 사무실 근무자의 승진 속도가 차이 나지 않도록 한 방법이 무엇인지 궁금했다. 니컬라 밀러드는 이렇게 설명했다. "이제껏 승진 때문에 문제가 발생한 적은 없었습니다. 저희는 프리젠티즘을 중시하는 문화가 아닙니다. 관리자와 같은 공간에서 일하지 않는 직원이 많고, 서로 만나는 경우도 별로 없죠. 저희는 노동력이 상당히 분산된 원격근무 조직입니다. 그래서 직원들이 사무실에서 만나거나 정기적으로 대면하는 경우가 드뭅니다." 이처럼 분산된 노동력의 성과를 관리하는 방법을 묻자 밀러드는 의도적인 업무 디자인 덕분이라고 대답했다. "정기적으로 팀 회의도 열고, 근태도 기록하고, 일대일 면담도 진행하지만, 중요한 것은 모든 직원이 매달 관리자에게 제출하는 보고서입니다. 그달에 자기가 한 일을 정리한 자료죠." 그런 업무 환경에서 경영진이 성과를 어떻게 비교하는지, 예를 들어 관리자 세 사람의 성과를 어떻게 비교하는지 궁금했다. 그러자 밀러드는 이렇게 대답했다. "저희는 사무실에 앉아 있는 시간보다 결과에 집중하는 것이 정말 중요하다는 사실을 깨달았습니다."

TCS에서는 비대면 근무가 처음부터 기업 문화이자 관행이었다. 154개 국적의 50만여 명이 46개국에서 일하는 TCS에서 이제껏 늘 중심이 된 것은 세계 전역에서 일하며 고객 만족을 제공하고 사업 성과를 높이는 방법이다.

TCS 경영진은 '일의 미래에 관한 컨소시엄'의 창립 멤버로서 2009년에 합류해 여러 가지 연구 사업에 협력하고 있다. BT와 마찬가지로 TCS도 분산근무한 역사가 있다. 분산근무라는 조건에서 성과를 관리한 방법을 묻자, TCS 경영진은 자리에 앉아 있는 시간보다 결과를 강조하는 접근법을 선택했다고 대답했다. 영국 지사에서 인재개발을 책임지는 람쿠마르 찬드라세카란은 이렇게 설명했다. "회사 전반의 플랫폼이 강력한 협업 관행을 구축하는 데 도움이 됩니다. 그 플랫폼으로 목표와 핵심 역할을 사전에 결정하고, 경계와 통제 범위를 분명히 설정하고, 과업과 프로세스를 명확히 규정하고, 역할과 헌신을 평가하는 거죠."

사람을 신뢰하라

비대면 근무를 설계할 때 중요한 것이 관행과 프로세스다. 그리고 또 하나 중요한 관건이 가치관이다. 나와 대화하면서 TCS 경영진도 가치관에 집중하는 것이 중요하다고 강조했다. 그 핵심은 신뢰다. 재택근무자들이 열심히 생산적으로 일한다고 믿어야 한다. TCS 경영진이 멋지게 표현한 대로다. "누군가 믿을 수 없다고 증명될 때까지는 그 사람을 신뢰하는 겁니다."

BT와 TCS _생각해볼 질문

이 두 회사가 일을 리디자인한 경험에 비춰볼 때, 혹시 당신 회사에서 재택근무자가 사무실 근무자보다 승진이 더딜까봐 염려할 만한 소지는 없는가? 확실한 증거가 있는가? 당신 회사에서 어떻게 성과를 측정하고 평가하는지 자세히 들여다보라. 성과를 제대로 측정하려면 무엇을 더 해야 할까?

재택근무에 깊이 뿌리내린 성 역학을 인식하라

팬데믹을 겪으며 창문이 활짝 열렸지만, 열린 창문은 장기적인 재택근무에 따를 영향을 경고하는 신호로 받아들여지기도 한다. 스탈링뱅크Starling Bank 창립자이자 CEO인 앤 보든Ann Boden도 "많은 사람이 집에서 일할 때 훨씬 더 효율적이라는 큰 깨달음을 얻은 것 같습니다"라고 말하면서도, 기업이 사무실 근무와 재택근무의 균형을 올바르게 잡지 못하면 여성이 불리해질 수 있다며 "사무실에서 근무하는 사람은 아주 큰 기회를 얻지만, 지방에 사는 사람이나 나이 든 사람, 돌봄 책임을 진 여성은 과중한 업무 부담을 짊어지고도 영광을 누리지 못하는 상황에 빠질 수 있습니다"라고 경고했다.

사무실에서 일하지 않고 재택근무하는 부모의 협상 과정을 통해 어떤 상황인지 살펴보자.

우선 수년간의 연구 자료에 따르면, 남녀 동반자 관계에서 여성이 남성보다 (빨래와 장보기, 요리, 육아 등) 가사노동을 더 많이 책임질 가능성이 크다.[10] 여성은 배우자보다 돈을 더 많이 벌어도 여전히 남성보다 더 많은 가사노동을 하게 마련이다. 앞서 살펴본 대로 주의가 산만하면 집중력이 깨질 수 있으므로, 대체로 더 많은 가사노동을 책임지는 여성이 주의가 흐트러질 가능성도 더 크다. 문제가 더 복잡해지는 이유는 대체로 남성이 맡는 집안일은 (매주 쓰레기를 버리거나 세차하는 등) 예측 가능하고 일상적이지만, 여성이 맡는 집안일은 (아이를 병원에 데려가거나 새 운동화를 구매하는 등) 예측 불가능하고 덜 일상적이라는 점이다. 이뿐만이 아니다. 여성은 주의를 빼앗기고 방해받을 가능성이 더 크지만, 날마다 눈에 띄지 않게 정신적인 '점검'이 필요한 인지적인 업무도 더 많이 처리해야 한다. 예를 들어 아이들이 건강한 식사를 하는지 확인하고, 매주 균형 잡힌 장보기 계획을 세우고, 아이들이 친구들과 사이좋게 지내는지 살펴야 한다.

그렇다면 재택근무가 점점 더 확산하는 가운데 남성뿐 아니라 여성도 집에서 일하며 에너지를 충전할 방법은 무엇일까?

간단하게 대답할 수 있는 문제가 아니다. 한 기업 임원이 설명한 대로 재택근무에 현실적인 어려움이 따르기 때문이다. "재택근무는 우리가 이미 경험하고 있는 남녀 불평등을 고착화합니다. 문제는 재택근무와 사무실 근무라는 선택지가 주어지면 어린 자녀를 둔 어머니들이 재택근무를 선택할 비율이 압도적으로 높다는 것입니다. 그렇게 되면 재택근무의 여성화가 굳어지고, 결국 여성들이 승진에서 멀어지게 되죠."

한 임원은 이런 딜레마의 또 다른 측면을 다음과 같이 지적했다.

> 직원들이 각자 특이한 해법으로 접근하고 있습니다. 지금까지는 회사가 직원들에게 과업 수행을 요구하고 그 외에는 자유를 주면 된다고 생각했습니다. 각자 알아서 가정과 일에 시간을 재분배하면 된다고 말입니다. 하지만 현재 벌어지는 상황을 보면, 여성이 집에서 (무보수로) 일하는 시간이 훨씬 길기 때문에 누가 돈을 가장 많이 버는지 결정할 때 여성의 경력 욕구가 무시될 수 있습니다. 저희는 자녀가 있는 직원과 자녀가 없는 직원 간 형평성을 만들고자 합니다. 하지만 직원들이 다양한 삶을 선택할 때 절대 자연스럽게 형평성이 만들어지지 않는다는 것을 인정할 수밖에 없어요. 그래서 더 광범위한 다양성과 포용 정책이 필요합니다. 저희는 개방적이고 공정하길 원합니다. 만일 당신이 경영진으로서 이런 문제를 다룬 적이 없다면 바로 지금이 많은 것을 바로잡을 때입니다.

많은 것을 바로잡도록 일을 리디자인하려면 무엇이 필요할까?

다양성과 젠더 연구 권위자인 런던경영대학원의 아니타 라탄 Aneeta Rattan 교수[11]는 성별 차이가 심화되지 않도록 일을 리디자인하려면 다음과 같은 사항을 우선시해야 한다고 조언했다.

> 현재 회사가 중요하게 개입할 수 있는 것은 상황의 현실을 인정하고 가사 업무와 책임과 관련해 남녀 모두의 양보가 필요하다는 사실을 인정하는 것입니다. 남성과 여성이 각자 자기 일을 할 수 있도록 하는 프로세스를 이행해야 합니다. 관건은 사람들에게 시간을 주는 것입니다. 이것이 공동의 이익을 위한 길이죠.

그리고 이렇게 덧붙였다.

> 부부가 하루 노동시간에 대한 개념을 재정립하고 가사노동을 더 공평하게 분담하도록 여러 가지 기준을 다시 만들어야 합니다. 예를 들어 부부가 맞벌이를 하면서 각자 각자 하루 8시간씩 일할 수는 없습니다. 그런 경우는 없죠. 그래서 맞벌이 부부가 8시간 일할 수 있는 시간 틀을 개발해야 합니다. 말하자면, 부부가 함께 하루에 8시간 일하되, 각자 4시간 일하고 4시간 육아를 책임지는 것이죠. 매주 하루에 4시간 단위로 일할 수 있는 시간을 선택하고, 그 시간 일정에 맞춰 팀과 협력하는 것입니다.

이 말은 유연하게 일하라는 뜻이다. 즉 가정의 총 노동시간은 변함없지만, 부부가 그 시간을 나누는 것이다. 임원들에게 그 방법을 묻자, '새로운 기준'을 알리는 것이 대단히 중요하다고 이야기했다. 예를 들어 당신이 통화 중일 때는 아이들이 방에 들어와도 좋다고 알리는 것이다. 아니타 교수는 부모나 보호자들이 각자의 상황을 이해하고 그에 맞춰 일하도록 지침과 틀, 도구를 제공하는 핵심적인 역할이 회사의 몫이라고 확신한다.

또 하나 선택할 수 있는 대안은 가족 구성원이 아닌 다른 사람과 노동시간을 나누는 방법이다. 이것이 역할 공유의 기본 원칙, 두 사람이 뛰어난 조정 메커니즘을 활용해 한 가지 직무를 함께 수행하는 기본 원칙이다. 나중에 자세히 설명하겠지만, 이미 당사자들이 모두 만족하고 직무도 제대로 수행하도록 일자리를 공유하는 다양한 플랫폼이 개발되어 있다.

재택근무를 현실 세계의 이웃을 탐구할 기회로 상상하라

집을 중심으로 일을 리디자인하면 이웃에 새로운 활기를 불어넣을 신나는 기회가 창출된다. 팬데믹 시기에 네트워크의 중심이 직장 동료에서 이웃 간 우정으로 옮겨갔다고 느낀 사람이 많다. 집에서 지내는 시간이 늘면서 이웃을 탐구할 수 있게 된 것이다. 사무실에서 직장 동료를 만날 수는 없겠지만 그 대신 지역 공동체에서 이웃을 만나고 있다. 이런 우연한 만남에서 사무실 회의만큼 귀중한 뜻밖의 발견을 할 수도 있지 않을까?

아터미스 커넥션의 크리스티 존슨과 팀원들도 지역 공동체에 새로운 관심을 쏟았다. 크리스티는 아터미스 직원들이 집에서 일하는 시간이 늘면서 공동체에서 더 많은 자원봉사를 하고 이웃과 관계도 더 돈독해지는 것을 확인했다.

일을 리디자인하며 가정을 일의 영역으로 더 가까이 끌어들이면 출퇴근 시간을 줄일 뿐 아니라 잠재적으로 지역 공동체의 이익도 창출할 기회가 생긴다. 사회학자 로버트 퍼트넘Robert Putnam이 《나 홀로 볼링*Bowling Alone*》에서 염려한 고립을 방지하는 데도 아주 중요한 역할을 할 것이다.[12] 1950년대부터 이어진 볼링장의 역사를 탐구한 퍼트넘의 설명에 따르면, 1950년대 당시 많은 미국 교외 도시에서 사람들이 팀을 이뤄 실력을 겨루며 서로 우정을 나누는 지역 공동체 활동의 중심이 볼링이었다. 상인부터 변호사나 의사 등 전문직까지 사회 각계각층이 팀을 구성했기 때문에 볼링장은 사람들이 모여 타인을 이해하고 공감하는 장소가 될 수밖에 없었다. 다시 말해 볼링장에서 '사회적 자본', 즉 이웃 사람들을 연결하는 우정과 호혜의 네트워크가 구축된 것이다. 하지만 1950년대부터 볼링팀이 해체되기 시작했다. 볼링팀 회원들이 근처 도시로 출퇴근하며 일하는 시간은 길어지고 집에서 자유롭게 지내는 시간은 줄어들었기 때문이다. 단순히, 특정한 시간에 지역 공동체 볼링팀과 함께 볼링을 즐길 유연성이 없었던 것이다. 볼링 경기 등 지역 공동체 활동이 사라지며 사회적 자본이 줄어들고 고립은 늘었다.

일을 리디자인하면 이런 추세를 바꾸고 지역 공동체의 사회적 자본을 더 튼튼하게 구축할 수 있다. 집에서 일하며 출퇴근에 낭비되는 시간을 되찾게 함으로써 유연성을 확대하고 여가시간을 늘리면 된다. 크리스티 존슨은 집에서 일하게 된 동료들이 여분의 시간과 유연성을 활용해 공동체와 돈독한 유대를 쌓는 모습을 자주 보았다.

시의회에 참여하거나, 기후변화 시민협의회에서 이사로 활동하거나, 대학에서 강의하거나, 비영리 이사회에서 활동하거나, 자녀가 다니는 학교에서 봉사하거나, 테크 코스트 엔젤스Tech Coast Angels•에 가입해 엔젤투자자가 되거나, 지역 자원봉사협회에서 사회적 기업을 운영하거나, 비영리단체 '위민 인 뮤직Women in music'에 가입하는 등 양상은 다양했다.

시간과 유연성이 주어지면 사람들이 공동체에서 더 많은 시간을 보낼 방법은 아주 많다.

재택근무와 지속 가능성이라는 복잡한 주제

일을 리디자인할 때 제기될 질문 중 하나는 새로운 업무방식이 지속 가능성 추진에 긍정적 영향을 미치는가다. 이 새로운 업무방식이 개인과 기업의 탄소 발자국을 줄이게 될까?

표면적으로는 업무 리디자인에 대해 칭찬할 일이 많다. 출퇴근

• 미국 캘리포니아주 최대 엔젤투자자 협회

과 출장이 줄면 탄소 발자국이 줄어들 가능성이 있기 때문이다. 하지만 유니레버Unilever 직원경험팀에서 글로벌 지속 가능성 프로젝트를 담당한 알렉산드루 딘카Alexandru Dinca는 칭찬할 일이 많지만 현실은 한결 복잡하다고 이야기한다. 유니레버는 식품과 개인위생용품을 생산하는 글로벌 제조업체이며, 알렉산드루가 참여한 직원경험팀은 직원 149,000명의 일 경험을 더 쉽고 더 좋은 쪽으로 바꿀 해법을 디자인하고 공급하는 교차기능팀이다. 직원경험팀은 출장과 화물 선적, 작업장 설계와 안전, 시설, HR, 채용, IT 플랫폼과 기술, 글로벌 이동성 등 여러 분야의 팀원들로 구성되었고, 알렉산드루가 팀에서 맡은 역할은 '직원 경험'을 가능한 한 지속 가능하게 만드는 것이다. 알렉산드루는 일을 리디자인할 때 탄소 발자국 감소를 우선시하면 고려해야 할 요인이 아주 많다는 것을 깨달았다.

출퇴근—교통수단에 달렸다

알렉산드루는 이렇게 설명했다.

사람들이 집에서 일하기 시작할 때 모두가 처음 떠올린 생각이 출퇴근하지 않으니 탄소 발자국이 줄어들리라는 것이었습니다. 하지만 현실적으로 글로벌 기업의 사무실 근무자 중 평균 80퍼센트는 집과 사무실 사이의 거리가 10~12킬로미터 이내이며, 선진국에서는 직원 대부분이 대중교통을 이용합니다. 반면 개발도상국에서는 특히 대중교통이 불편한 도시라면 자가용을 이용하죠… (탄소 발자국은) 교통수단에 따라 다릅니다. 걷거나 자전거를 타거나 지하철이나 배터리로 움직이는 전기차 등 전기 운송수단을 이용하면 탄소 발자국 수치가 0이고, 버스를 타거나 카셰어링을 활용하거나 하이브리드차를 이용하면 낮음/중간, 석유를 연료로 쓰는 자동차를 혼자 타고 다니면 탄소 발자국 수치가 중간/높음 수준이 됩니다.

따라서 직원들이 사무실로 출퇴근할 때 되도록 저에너지 이동수단을 이용하도록 권장하는 것을 중요하게 고려해야 한다.

재택근무—집의 에너지 효율에 달렸다

재택근무로 인한 탄소 발자국도 간단하게 생각할 문제가 아니다. 사무실과 집의 탄소 발자국은 에너지 효율 수준에 따라 차이가 난다. 미국과 일본 등 많은 선진국에서는 재택근무자의 집이 사무실보다 평균 20퍼센트 많은 탄소를 배출한다. 선진국들이 사무실과 공장, 창고의 에너지 소비 절감에 치중한 결과다. 북유럽 등 일부 지역 국가에서는 정부가 (태양광 전지판 설치비를 지원하는 등) 주택 소유자들에게 대대적인 보조금을 지급해 가정의 탄소 발자국을 줄이고 있지만, 많은 개발도상국(나이지리아 등)에서는 집의 에너지 효율이 매우 낮아서 사무실보다 80~100퍼센트 많은 탄소를 배출한다. 따라서 당신 회사의 탄소 발자국을 살필 때 사무실과 공장뿐 아니라 재택근무자 가정의 탄소 발자국도 따져봐야 할 것이다.

큰 영향—항공 여행

앞으로도 변함없이 대면 회의가 중요한 역할을 하겠지만, 알렉산드루의 설명에 따르면 "일을 리디자인하며 탄소 발자국을 줄일 가장 큰 기회는 항공 여행을 축소하는 것"이다. "현재 대부분 항공기가 승객을 실어 나를 때 이산화탄소 1톤을 배출합니다(평균 4시간 비행 기준). 기차 여행과 비교해봅시다. 철도 시스템이 전동화되고 재생 에너지로 움직인다면 기차 여행의 탄소 비용은 0이 됩니다." 그러니 일을 리디자인할 때 항공 여행의 영향을 고려하라. 정말 중요한 경우에만 출장을 가도록 하고, 가능하면 항공 여행보다 기차 여행을 권장하라.

청년들이 앞장서고 있다

알렉산드루의 이야기 중 흥미로웠던 점은 30세 이하 직원들이 대체로 에너지를 25퍼센트 더 적게 사용한다는 사실이다. 그 이유가 무엇일까? 알렉산드루는 세 가지를 주요 요인으로 지목했다.

> 첫째, 혼자 살거나 배우자와 단둘이 사는 사람이 많습니다. 아직 아이가 없는 경우죠. 둘째, 남보다 더 기술지향적이어서 상품을 구매할 때도 에너지 효율이 높고 지능형인 상품을 선택합니다. 예를 들

어 에어컨도 필요한 때 필요한 곳으로만 바람을 보내 에너지를 절감하는 제품을 구매합니다. 마지막으로, 청년들은 대체로 집에서 일하는 것을 선호하고, 집을 임차하거나 구매할 때도 단열이 잘되어 냉난방비가 덜 들고 재생 에너지와 친숙한 집을 선택합니다.

따라서 당신이 구상하는 일 모델이 탄소 발자국에 미칠 영향을 고려할 때 청년들의 목소리에 귀를 기울여야 한다. 결론적으로 알렉산드루는 재택근무에서 배출되는 이산화탄소의 영향을 평가하고 그에 대응하려면 우리가 직면한 도전과 기회를 더 정확히 이해하도록 많은 아이디어를 공유하는 것이 중요하다고 강조한다.

탄소 발자국 줄이기 **_생각해볼 질문**

당신의 사무실이 탄소 발자국을 얼마나 남기는지 파악한 데이터가 있는가? 재택근무와 비교하면 어떤가? 일을 리디자인하면 출퇴근과 재택근무, 출장 비행에 어떤 영향을 미칠까? 실질적인 추진력을 얻는 방법과 관련해, 어떻게 하면 당신 회사의 청년들을 지속 가능성의 대변자로 만들 수 있을까?

행동 지침 #7

가정을 에너지 원천으로 재상상하라

- 경험 많은 재택근무자들에게 주목하라. 그들에게 무엇을 배웠는가? 팬데믹 중 재택근무 경험도 자세히 살펴보라. 사람들이 좋아한 것은 무엇이며 그에 따른 대가로 여긴 것은 무엇인가? 그 대가를 줄일 방법은 없는가?
- 재택근무자들이 경계를 설정하고 유지하도록 돕는 관행과 프로세스에 집중할 때, 일반적인 기준을 바꾸기 위해 기대하고 노력하겠다는 메시지를 어떻게 하면 더 강력하게 전달할 수 있을까? 특히 물리적·인지적·관계적·시간적 경계를 살피라.
- 재택근무자의 성과를 관리하는 방식을 점검하라. 재택근무자가 '프리젠티즘'의 부정적 측면에서 벗어날 수 있도록 결과에 충분히 집중해 관리하는가?
- 재택근무하는 남녀의 경험을 살피라. 의도치 않게 여성이 가사노동 부담을 더 많이 짊어지는 성 역학을 강요하고 있지는 않은가? 이 문제에 관해 더 솔직한 대화를 나누고 노동시간을 유연하게 운영하는 정책을 재고해야 하지 않을까?
- 재택근무가 의도치 않게 당신 기업의 탄소 발자국을 증가시키지 않도록 하려면 어떤 조치가 필요할까?

시간을 재상상하기:
비동기 시간에 집중하기

일반적으로 일을 리디자인할 때 우선 고려하는 측면이 장소다. 팬데믹 시기에 집과 사무실을 둘러싼 논쟁이 수없이 신문 지면을 채운 것을 보면 분명히 알 수 있다. 하지만 장소에만 집중하면 아주 중요한 두번째 측면을 간과하게 된다. 바로 시간이다. 일상적인 일 경험에서 대체로 하루, 한 주, 한 달 일의 리듬과 박자를 생성하는 것이 시간의 배분과 디자인이다.

먼저 비동기 시간, 즉 다른 사람들과 연결을 끊고 당면 과업에 집중해 생산성을 발휘할 수 있는 시간을 살펴보자.

지식 노동자에게 특히 중요한 것이 집중이다. 캐나다연금투자위원회의 애널리스트가 기업 데이터와 연구 보고서를 꼼꼼히 살핀 다음 투자 추천 보고서를 작성하는 모습을 떠올려보자. 이처럼 집중하는 시간을 통해 애널리스트는 기업 성과에 중대한 영향을 미칠 수 있는 투자를 추천할 기회를 마련한다.

우리는 집중이 필요한 일에 몰두할 때 어떻게 할까? 집중력을 높이기 위해 일을 리디자인할 예정이라면 인간이 언제 어떻게 집중하는지 그 본질을 조금 더 파악하는 것이 좋을 것이다.

기계와 인간은 다르게 집중한다

인간의 집중과 기계의 집중을 비교하면 서로 다르다는 것을 알 수 있다. 인간과 기계의 집중력 비교가 중요한 것은, 시간이 지나면 더 집중을 요하는 인간의 노동을 기계의 성능이 대체할 것이기 때문이다. 그럼에도 인간이 집중하는 능력은 오히려 점점 더 중요해질 것이며, 인간의 집중을 이해하면 일을 어떻게 디자인해야 집중력을 높일 수 있는지 단서를 얻을 수 있다. 이 명백한 모순을 설명하려면 기계와 자동화에서 나타나는 보편적 추세와 기계와 자동화가 향후 어떻게 발전할지를 넓은 시야로 살펴봐야 한다.

현재 AI나 기계학습machine learning을 활용하는 인지 기계는 방대한 데이터를 읽어 들이고 분석하는 작업을 능숙하게 처리한다. 인간의 뇌는 그 규모와 속도를 따라잡지 못한다. 데이터를 읽어 들인 기계는 방대한 데이터의 다중 상관관계를 분석해 그 안에 숨겨진 관계를 드러낸다. 이 사실은 1989년 IBM이 개발한 기계 딥 블루Deep Blue가 체스 세계챔피언 가리 카스파로프Garry Kasparov를 꺾으며 세상에 처음 알려졌다. 딥 블루는 매 순간 말을 움직일 수 있는 모든 수의 결과를 나열한 뒤 이를 과거 경기의 데이터와 비교했다. 카스파로프도 머릿속에 똑같은 지도를 그렸다. 체스 고수들의 승부수가 담긴 기보를 연구하거나 다른 선수들의 경기를 보며 쌓은 지식에 기초해 다음 수를 상상했다. 딥 블루가 카스파로프를 이길 수 있었던 이유는 기계가 상대방인 인간보다 더 빠르게 계산하고 과거의 수를 더 많이 '기억'할 수 있었기 때문이다. 결국 1990년대 이후부터는 체스 같은 경기에서 인간이 기계를 이기지 못했다.

가장 복잡한 게임으로 알려진 바둑도 마찬가지다. 가로세로 19줄씩 그어진 판 위에 각각 180개의 흰 돌과 검은 돌이 배열되는 바둑은 가능한 배치의 수가 수백만에 이른다. 2016년 딥마인드DeepMind가 개발한 프로그램을 이용한 기계 알파고AlphaGo가 바둑 세계챔피언 이세돌과 서울에서 총 5회에 걸친 대결을 펼쳤고, 알파고가 4승 1패로 승리했다. 경기가 끝난 후 이세돌의 도움을 받아 차세대 알파고 프로그램인 알파고 리AlphaGo Lee가 개발되고, 그 뒤 많은 바둑 고수의 통찰을 모아 알파고 마스터AlphaGo Master가 탄생했다. 그리고 예상대로 알파고 마스터가 알파고 리를 꺾었다.

그런데 이 이야기에는 흥미로운 반전이 숨어 있다. 2017년 딥마인드 팀은 더 큰 꿈을 품었다. 인간의 '지도'를 받거나 기보를 학습하지 않아도 기계가 인간을 이길 수 있을까? 다시 말해, 기계가 스스로 행동을 통해 배울 수 있을까? 이를 시험하기 위해 딥마인드 팀은 알파고 제로AlphaGo Zero를 개발했다. 알파고 제로는 바둑의 기본 규칙만 배운 상태에서 혼자서 반복적으로 바둑을 두며 어떤 수가 승리하는 정석인지 검증했다. 그렇게 시간이 지나며 알파고 제로는 자신의 기보를 완성했다. 알파고 제로는 연속적으로 계산한 지 불과 3일 만에 알파고 리를 꺾을 만큼 진화했고, 다음 20일 뒤에는 알파고 마스터까지 물리쳤다. 그리고 알파고 제로가 계속 바둑을 둔 지 35일

뒤에 아주 흥미로운 현상이 일어났다. 전에 한 번도 본 적 없는 수를 두기 시작한 것이다. 인간의 수를 넘어서고 있었다. 그렇게 알파고 제로는 2,000만 번 넘게 바둑을 두었다. 딥마인드 연구팀이 생각하기에는 바둑 역사를 통틀어 인간이 둔 경기를 모두 합한 수에 버금갈 만큼 많은 대국이었다.[13]

기계가 체스나 바둑처럼 집중이 필요한 업무를 처리할 수 있는 것은 분명하다. 그리고 앞으로 기계가 집중이 요구되는 업무를 훨씬 더 많이 처리하게끔 발전하리란 것도 충분히 예측할 수 있다. 그렇다면 인간의 집중력은 어떻게 될까? 집중이 요구되는 모든 업무를 기계가 수행한다면 인간의 집중력이 향상되도록 일을 리디자인할 필요가 없지 않을까?

이 질문을 제대로 이해하려면 여러 형태로 나타나는, 집중이 필요한 과업의 본질을 자세히 살펴볼 필요가 있다. 당신 회사에서 집중이 요구되는 과업들을 고려할 때 형태별로 구분하면 도움이 된다. 다양한 집중 형태 및 집중과 인간 정신의 관계를 구분한 틀이 (도표 11)이다.[14]

가로축은 초부터 일, 월, 연, 10년 단위 시간 틀이고, 세로축은 인지적 업무에 필요한 네 가지 형태의 집중을 (복잡해지는 순서대로) 표시했다. 네 가지 집중 형태는 둘 이상의 알려진 변수들 사이의 관계 정도를 살피는 **상관관계**correlation, 알려진 행동이 알려진 결과를 일으킬 때 적용되는 **인과관계**causation, 새로운 대상을 머릿속에

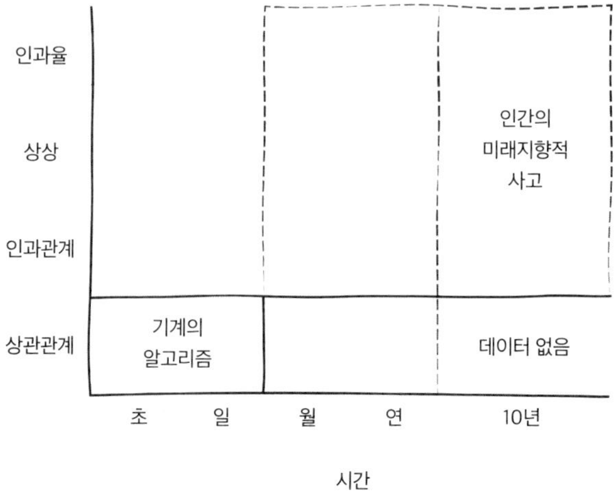

도표 11 틀: 집중하는 방법의 유형 분류

떠올리는 **상상**imagination, 사건과 프로세스, 상태 등의 변수들이 또 다른 사건 생성에 기여하는 양상을 상상하는 **인과율**causality이다.

이제 인간과 기계를 생각해보자. 체스에서 인간을 이기도록 만들어진 기계는 도표 11 틀의 왼쪽 하단에 위치할 것이다. 이런 기계는 방대한 양의 알려진 데이터를 분석하고 상호 연관시키며 상관관계를 수행할 수 있는 **알고리즘**을 이용해 알려진 데이터점들 사이의 관계를 드러낸다. 도표 11 틀의 오른쪽 상단, 즉 미래에 집중해 상상하거나 인과율을 찾는 업무는 아직 기계로 처리할 수 없다. 기계는 **상상력**이 없기 때문이다. 기계는 다른 형태의 게임을 상상하지 못하고, **인과율**, 다시 말해 변수들 사이에 관계가 존재하는 이유를 추정하는 측면에서 상황에 접근하지 못한다. 그런 상황이 벌어지는 이유를 추정하는 가설을 세우려면 인간의 정신이 필요하다. 시간 차원이라는 측면에서도 기계는 미래를 생각하지 못한다. 앞으로 어찌 될지 상상하려면, 다시 말해 미래를 생각하려면 인간의 정신이 필요하다. 당장 지금이 아니라 내년, 다음 10년을 상상하는 것, 이것이 인간의 집중력이 필요한 업무들이다.

미래지향적 사고를 하는 역량의 가치는 아직 존재하지 않는 측면을 그림 그린다는 것이다. 기계의 알고리즘은 알려진 것을 다루지만, 인간의 뇌는 알려지지 않은 것과 있을 수 있는 것을 다룬다.

이미 기술에 의해 역할이 증강된 시장 애널리스트들을 생각해보자. 그들은 산업 데이터에 대한 복잡한 분석을 이용하지만, 그들이 집중해서 하는 일은 과거와 현재의 데이터를 넘어 미래를 상상하는 것이다. 이용 가능한 데이터를 활용해 미래에 관한 가설을 세우는 것이다. 그리고 중요한 것은 자신의 결정을 세밀하게 조정하고 판단하는 것이다.

집중력을 뒷받침하는 방법

기계가 일에서 분석과 데이터 처리 부분을 맡아 할수록 집중을 요구하는 과업을 담당하는 인간 두뇌의 힘이 훨씬 더 중요해질 것이다. 이런 증강 과정에서 다시 새롭게 강조되는 것이 인간의 집중력을 뒷받침하는 관행과 프로세스다. '뇌 휴식'의 중요성부터 살펴보자.

수면의 절대적 중요성을 인정하라

영국 총리 마거릿 대처Margaret Thatcher처럼 하루 4시간만 자고 일했다는 사람들의 이야기는 흥미롭다. 중요한 직책을 맡은 사람이 밤을 새우고 아침까지 일했다는 소리를 들어본 적도 있을 것이다. 당신도 밤새 비행기를 타고 이동한 뒤 곧바로 회의에 참석한 적이 있을 것이다. 아마 그 순간에는 스스로 만족한 기분이 들었을 것이다. 불굴의 전사라도 된 듯 고개를 높이 쳐들고서 말이다. 하지만 모든 사람의 기능이 똑같은 것도 아니고, 그렇게 장시간 일하는 것은 당연히 지속 불가능하다.

수면의 중요성은 과학적으로 입증되었다. 인간의 뇌가 (도표 11)의 오른쪽 상단에 속한 과업, 즉 미래지향적인 사고와 상상이 필요한 과업을 수행하려면 휴식이 필요하다. 우리 뇌는 밤에 평균 8시간 잠을 자야 충분한 휴식을 취하고, 충분한 휴식을 취해야 상상하거나 인과율에 관한 가설을 세우는 등 더 높은 인간 역량을 발휘할 수 있다. 따라서 일을 디자인할 때 이런 질문을 던져야 한다. 우리가 디자인한 일에 혹시 하루 8시간 수면을 어렵게 만드는 측면은 없는가?

우리 뇌를 어지럽히는 것은 수면 부족만이 아니다. 불안도 뇌를 어지럽힌다. 불안해지면 우리 뇌가 미래를 생각하고 상상하는 높은 곳에 오르지 못한다. 그 순간 바로 방향을 돌려 현재로 내려온다. 말하자면 기계에 가까워지는 것이다.

여기서 끝나지 않는다. 우리는 압박을 느끼거나 피곤해지면 미래지향적으로 생각하지 못할 뿐 아니라 공감이라는 귀중한 인간 역량도 발휘하지 못한다. 흥미로운 사실은 인지보다 감정에 가까운 공감이 (도표 11) 틀의 오른쪽 상단에 위치한다는 것이다. 우리가 다른 사람에 공감한다는 것은 그 사람이 되면 어떨지 상상하는 것이다. 그리고 우리 상상은 지금 시점에서 그 사람이 되는 것을 의미하는데 그치지 않는다. 그 사람의 미래도 상상한다. 그런데 불안은 미래지향적 인지뿐 아니라 미래지향적 감정까지 차단한다. 자기 삶에 너무 몰두하면 다른 사람의 삶을 상상하기가 거의 불가능하다.

기계가 발전할수록 점점 더 중요해지는 인간 역량이 미래지향적 사고와 가설적 사고다. 집중이 필요한 직무를 처리하려면 뇌 휴식이 정말 중요하다. 직원들의 숙면을 방해하는 업무 관행(업무 개시 시간이나 종료 시간, 출퇴근, '24시간 온라인' 상태를 유지하는 문화 등)은 없는지 돌아봐야 한다. 새로운 일 모델이 그런 업무 관행에 어떤 영향을 미칠까? 기업 리더 중에는 심지어 수면을 전략적 자원으로 평가하는 사람도 있다. 이런 리더는 수면을 중요하게 여기는 직장 문화를 장려하고, 복지 프로그램을 적극적으로 활용해 직원들의 수면 습관을 개선하고, 일과가 끝난 뒤에는 직원들이 일과 분리되도록 허용하고 권장하며, 낮잠을 잘 수 있는 수면실을 만들어 휴식을 독려한다.[15]

멀티태스킹의 신화에 맞서라

좋아하는 TV 쇼를 시청하는 동시에 학교 과제물도 작성할 수 있다고 믿는 사람이 10대 청소년들만은 아니다. 4시간 자고 일하는 것과 마찬가지로, 여러 업무를 동시에 수행하는 능력도 흔히 명예로운 훈장처럼 여겨진다. 하지만 인간의 뇌는 여러 업무를 동시에 수행하는 데 서툴고, 그렇게 할라치면 효율과 생산성이 모두 떨어진다. 여러 가지 일을 끊임없이 바꿔가며 하느라 방해를 받아 주의가 흐트러지면 미래지향적으로 사고하거나 깊이 사고할 역량을 잃게 되고 과부하가 걸려 기진맥진한 상태가 된다.[16]

멀티태스킹의 결과는 미하이 칙센트미하이Mihály Csíkszentmihályi가 말한 '몰입'과 정반대되는 인지 마찰이다. 몰입은 시간의 흐름도 의식하지 못한 채 지금 여기에 완전히 빠져드는 순간의 느낌이다.[17] 몰입은 정신적 휴지기, 즉 전원 플러그를 꽂지 않고 '뽑은' 때, 평온할 때 경험할 가능성이 더 크다.

얼핏 생각하면 디자인하기가 어렵지 않을 것 같다. 단순하게, 직원들이 집중해야 하는 일을 처리할 때 일정한 시간(최소한 2시간) 동안 방해받지 않도록 디자인하면 되기 때문이다. 이때 결정적인 변수는 시간이다. 장소는 구애받지 않는다고 볼 수 있다. 사무실이나 집, 휴양지 심지어 장거리 비행 중에도 3시간쯤은 방해받지 않을 수 있기 때문이다.

그렇다면 이렇게 간단해 보이는 디자인 결정을 실행에 옮기기가 어려운 이유는 무엇일까? 수많은 연구에서 노동자 대부분이 시도 때도 없이 방해받는 것으로 (혹은 스스로 중단하는 것으로) 드러난 이유는 무엇일까? 피로가 건강한 뇌에 어떤 영향을 미치는지 잘 알면서도 우리 대다수가 잠자리에 들 때 모바일 기기를 곁에 두는 이유가 무엇일까?

집중할 시간을 만든다는 것이 표면적으로는 일정만 조정하면 해결될 문제처럼 보이지만, 실제로는 훨씬 더 복잡하다.

집중할 시간 일정을 짜라

쉬운 부분부터 시작하자. 집중할 일정을 짜는 것이다. 집중을 중요하게 여긴 경영진은 직원들이 사무실이나 집에서 일할 때 방해받지 않는 시간을 확보하는 방법을 디자인했다. 그 효과를 분명히 보여주는 아주 중요한 학문적 연구 중 하나가 하버드 경영대학원의 레슬리 펄로Leslie Perlow 교수가 1990년대에 실시한 업무시간 연구다. 소프트웨어 기술팀을 추적한 연구에서 펄로 교수는 방해 금지 시간을 규정한 정책을 시행함으로써 팀원들이 '시간 기근'에 시달린다는 느낌이 줄고 생산성이 향상되는 것을 증명했다.[18]

그런데 방해 금지 시간을 확보하도록 일정을 짜는 것도 중요하지만 그것으로는 부족하다는 사실이 밝혀졌다. 방해받지 않고 일하는 방식의 장점도 알고 그렇게 하려는 의욕도 있지만 우리가 어쩔 수 없이 다시 멀티태스킹을 시도하기 때문이다. 그런 행동의 이유를 파악하고 그런 상황이 최대한 발생하지 않도록 업무방식을 만드는 것이 중요하다.

멀티태스킹을 하려는 이유부터 자세히 살펴보자. 이 문제를 공동 연구한 이선 번스타인과 제시 쇼어Jesse Shore, 데이비드 레이저David Lazer는 사람들이 자발적으로 혼자 일하며 집중하는 것을 방해하는 몇 가지 장애물이 있다고 이야기한다.

> 첫째, 소외된다는 두려움 때문에 직원들이 기업 소셜미디어에서 벗어나지 못합니다. 개인은 자신이 고립되거나 고립되어 보이기를 바라지 않습니다. 둘째, 팀 동료가 무엇을 하고 있는지 알아야 편안하고 안전한 느낌이 듭니다. 집단과 일치하도록 자신의 행동을 조정할 수 있기 때문입니다. 혼자 나서서 처음부터 실패할 수도 있는 새로운 것을 시도하는 행위를 위험하게 보는 것이죠.[19]

이런 이유에서 '24시간 온라인' 상태가 기본으로 여겨지고 우리 대다수가 그런 태도에 빠져든다. 게다가 팬데믹이 상황을 악화시킨 듯하다. 예를 들어 IBM의 데이터에 따르면 봉쇄 기간 중, 특히 저녁 9시부터 자정 사이에 이메일 트래픽이 증가했다.

뉴아메리카New America• 재단에서 '더 나은 삶 연구소Better Life

• 워싱턴 DC 소재의 미국 공공정책 싱크탱크 조직.

Lab'를 이끄는 브리지드 설트Brigid Schulte는 24시간 온라인 상태를 유지하려는 사고방식의 결과를 '시간 부스러기'로 설명한다.[20] 비생산적인 멀티태스킹 때문에 시간이 초 단위, 분 단위로 아주 잘게 조각나 사라지는 것이다. 집중하려고 확보한 시간도 산산조각이 나고, 여가를 즐기려고 따로 준비한 시간도 흔히 산산조각으로 부서진다. 언뜻 보면 일상적인 과업 하나를 처리하는 데 몇 분밖에 걸리지 않는 것 같지만, 그런 일들이 모두 모여 시간을 빼앗고 수많은 방해가 시간을 무작위로 쪼갠다. 당신도 과업에 집중해야 할 시기에 끊임없이 눈앞의 현실로 불러들이는 팀의 호출에 방해받은 적이 있을 것이다. 재택근무자가 경계를 관리하려면 힘이 드는 것처럼, 그렇게 방해받을 때마다 전환이 발생하고, 우리 정신이 집중에서 멀어지기 때문에 인지능력을 회복하려면 시간이 걸린다.[21] 그러니 크리스티 존슨의 충고에 따라, 집중해야 하는 과업을 맡은 팀이 일정 시간 방해받지 않고 각각의 과업을 수행하는 일정을 짜도록 권장하라. 크리스티는 이것이 아터미스 커넥션의 생산성을 떠받치는 토대 중 하나라고 설명한다.

또한 집중하는 방법과 장소와 관련해 사람마다 리듬이 다르다는 사실을 인정하는 것이 중요하다. 아침 일찍 집중이 잘되는 사람도 있고 오후에 집중이 잘되는 사람도 있으니 직원들이 각자 방해받지 않는 시간대를 스스로 설정하도록 해야 한다. 그러면 개인적인 취향(아침형 인간인가, 오후형 인간인가?)이나 개인 사정(학교에서 귀가한 아이들을 돌봐야 하는가?), 실제 업무의 특성(방해받지 않고 8시간 줄곧 일해야 완수할 수 있는가?)에 따라 방해받지 않는 시간대가 설정될 것이다.

리더가 롤모델이 되도록 권장하라

소외될지 모른다는 두려움이나 고립될 수 있다는 불안, 집단에 어우러질 수 없다는 걱정은 쉽게 사라지지 않는다. 따라서 직원들에게 이런 문제에 신경 쓰지 말라고 권장하는 넛지nudge•와 신호가 무엇일지 고민해야 한다. 이와 관련해 딜로이트Deloitte 미국 법인의 전 CEO 캐시 잉글버트Cathy Engelbert의 놀라운 일화를 살펴보자. 이선번스타인의 설명에 따르면, 어느 날 회의에 참석한 캐시는 (평소 잘 알지도 못하던) 직원이 '밤이고 낮이고' 동료들과 소통할 수 있는 상태로 일하는 '캐시 잉글버트처럼 되고 싶지 않다'며 퇴사했다는 말을 듣고 경영진의 신호가 미치는 영향을 깨달았다고 이야기했다.[22] 추론이 맞건 틀리건, 그 직원은 메신저 서비스 상태가 밤에도 온라인 상태인 것을 보며 캐시가 밤낮없이 일한다고 추론한 것이다. 이선번스타인의 생각처럼 "리더가 직접 눈에 보이게 플러그를 뽑지 않으면 명상실 같은 휴식 시설도 닷컴기업이 설치했던 테이블 축구 게임기와 마찬가지로 다음 경기 침체기에 해고될 가능성이 농후한 사람

• 타인의 행동을 유도하는 부드러운 개입.

들이나 이용하게 될 것"이다.

행동 지침 #8

비동기 시간을 이용한 집중력 생성을 재상상하라

- 행동 지침 #1을 다시 살펴보고, 집중이 필요한 과업 비중이 상당히 큰 직무를 확인하라.
- 해당 직무에서 집중력을 최대화하려면 무엇이 필요한지 고민하라. 직무의 리듬이 직원들의 8시간 수면을 어렵게 하지 않는가? 직원들이 방해받지 않는 시간대를 설정하도록 일정을 짤 수 있는가? 그럴 수 없다면, 프로젝트의 주기적인 변동을 자세히 들여다보라.
- 직원들이 일에서 벗어나도록 권장할 방법을 고민하라. 경영진은 어떤 선례를 보여주고 있는가?
- 사람마다 일하는 리듬이 다르므로 각자 방해받지 않는 시간대를 설정할 자율권을 최대한 허용하는 것이 중요하다는 사실을 인정하라.

시간을 재상상하기:
동기 시간에 조정하기

다른 사람들과 연결을 끊고 복잡한 작업에 오롯이 집중하는 시간이 아주 중요한 과업이 있다. 하지만 조정이 필요한 과업이라면 직원들의 '순간순간' 연결이 중요할 수 있다. 경험이 적은 직원에게 일대일로 고객 응대 자세를 코칭하기도 하고, 팀원들이 공동으로 추진하는 프로젝트의 진행 상황을 파악해 마지막 순간에 프로젝트 방향을 수정하기도 한다. 방금 발생해 시급히 처리해야 할 어려운 문제를 해결하기 위해 경영진과 협력할 수도 있다. 표준 업무량 계획이나 실시간 피드백 제공, 아이디어 공동 개발, 기대치 설정, 즉각적인 피드백을 위한 정보 공유, 성과 기대치 관리, 공동 목표 설정, 인맥 구축, 곤란한 상황 중재 등 조정이 필요한 과업은 아주 다양하다.

조정에서 우리가 유념할 점은 **장소에 구애받지 않는다**는 것이다. 직접 얼굴을 맞대고 함께 모여 조정할 수 있지만, 줌이나 마이크로소프트 팀즈 같은 협업 플랫폼에서도 함께 조정할 수 있다. 따라서 모든 조정이 대면으로 이루어진다고 추정하지 않도록 조심해야 한다.

연결성을 늘린다고 항상 더 좋아지지 않는다는 사실을 깨닫는 것도 중요하다. (특히 팬데믹 시기에) 사람들이 일할 때 서로 조정 활동을 하며 보내는 시간이 증가하고 있다는 사실에 주목해야 한다.

TCS의 람쿠마르 찬드라세카란이 언급한 대로 "사람들이 터무니없이 긴 시간을 컴퓨터 앞에서 보내는데, 그 주요 원인은 팀 회의가 너무 많아서"이다. 람쿠마르 혼자만의 생각이 아니다. 연구 결과에 따르면 임원들이 회의에 소비하는 시간이 주당 평균 23시간에 육박하는 것으로 드러났다. 50년 전에는 10시간 이하였다.[23] 결과적으로 현재 지식 노동자는 하루 업무시간의 65퍼센트(그중 이메일을 주고받는 시간이 28퍼센트를 차지한다)를 소통과 협업에 쓰고 있다.[24] 그리고 팬데믹의 영향으로 협업이 오프라인, 온라인, 모바일 등의 여러 경로로 확대되었다. 공유 사무실이나 거점 사무실, 커피숍 등에서 얼굴을 맞대거나 줌 같은 플랫폼에서 비대면으로 만나는 등 실시간으로 연결이 이루어지고 있다.

일을 리디자인할 때 소중한 대면 조정 시간뿐만 아니라 비대면 조정 시간까지 최대한 활용하도록 하는 몇 가지 방법이 있다.

대면 조정을 최대한 활용하라

누구나 사무실에서 일하다보면 대부분의 시간이 대충 흘러가 버린다. 칼 뉴포트Cal Newport도 《하이브 마인드, 이메일에 갇힌 세상*A World Without Email*》에서 지식 노동 프로세스가 구조적인 산업생산 프로세스에 비해 모호하고 무질서하다고 지적했다. 뉴포트가 이야기한 대로 "과업을 무계획적으로 배당하고, 누가 무슨 일을 하고 있는지 추적하거나 일이 어떻게 진행되고 있는지 확인할 체계적인 방법이 거의 없는 사무실이 많다. 이처럼 혼란스러운 업무 환경에서는 사람들을 모두 한 장소에 모으는 것이 대단히 유익"하다.[25]

물론 이런 혼란은 아주 부정적인 영향을 미칠 수 있다. 런던경영대학원 MBA 과정의 일본인 학생 및 졸업생과 모여 일본이라는 대단히 전통적인 나라의 일의 미래에 관해 이야기를 나눈 적이 있다. 당시 일본의 주요 은행에 근무하던 졸업생이 이렇게 말했다. "사무실에 있으면 관리자가 여기저기 돌아다니며 직원들에게 일을 줍니다. 덜 바쁜 사람이 누군지 찾아내 일거리를 맡깁니다. 방해받을 때가 많다는 뜻이죠." 이처럼 느슨한 업무방식에도 나름대로 이점이 있지만, 일본인 졸업생의 이야기처럼 직원들을 방해할 때가 훨씬 더 많다. 특히 젊은 직원들이 큰 어려움을 겪는다.

대면하면 방해도 많아질 수 있지만, 팬데믹으로 대면 기회가 최소화되자 우리가 잃어버린 것이 무엇인지 알게 되었다. 마이크로소프트 경영진이 직원 설문조사로 파악한 바에 따르면, 소프트웨어 엔지니어들은 집단 대면 상호작용의 일부가 사라진 것을 정말 아쉬워했다. 한 직원은 이렇게 말했다. "칠판을 놓고 같은 시간에 한 방에 모인 진짜 컴퓨터광들을 훌륭하게 대체할 만한 것이 아직 없습니다." 이들은 함께 기획하고 경로를 수정하는 순간에 아이디어를 공유하고 브레인스토밍하던 시간을 그리워했다.[26] 결국 대면 조정 활동을 최대한 활용하는 것이 핵심이다.

이제 많은 사람이 일을 디자인할 때 사무실처럼 공유하는 공간에서 일하는 것을 동기 시간의 일부로 생각한다. 공유 공간에서 동기 시간 근무를 최대한 활용하려면 하버드 경영대학원 체덜 닐리Tsedal Neeley 교수의 조언을 참고하는 것이 좋다. 체덜은 말이 가장 좋은 의사소통 방법이라는 추정을 현대 사회에서 회의가 지나치게 많아진 원인으로 지목한다.[27] 그리고 꼭 회의를 열어야 한다면 의사소통 형식을 분명히 정하라고 조언한다. 모든 사람이 한 공간에 얼굴을 맞대고 모여 정보를 교환할 필요가 있을까? 문자에 기반한 **린 미디어**lean media나 비언어적 내용이 포함된 **리치 미디어**rich media를 이용해야 정보를 가장 잘 파악할 수 있지 않을까? 예를 들어 메신저 앱은 (동시에 참여하며 주로 문자에 기반한다는 의미에서) 동기적인 린 미디어이기 때문에 간단한 조정에 이상적이며, 직접 만나거나 화상으로 나누는 대화는 동기적인 리치 미디어이기 때문에 복잡한 조정과 협상에 더 적합하다. 체덜 교수는 회의 형식을 고민하는 것과 더불어 정말로 회의에 참석할 필요가 있는 사람이 누구인지도 고민하라고 조언한다. 정확히 말하자면, 가능한 한 회의 규모를 줄이라는 것이다. 또 사람들이 참석은 하지만 참여는 하지 않는 '사회적 태만'의 위험을 줄이려면 회의 인원을 6명 이하로 유지하라고 조언한다.[28]

비대면 조정을 미덕으로 삼으라

대면 조정 순간의 효과를 증가시키는 것과 더불어 비대면 조정

기능도 끌어올려야 한다. 비대면 조정 기술이 주기적으로 계속 혁신됨에 따라 비대면 조정 기능을 향상할 기회도 많아질 것이다. '화상회의'나 '텔레커뮤팅telecommuting'● '원격 상호작용' '재택근무' 등 원격근무와 관련된 용어를 사용한 특허 출원 빈도를 살펴보면 기술 혁신 주기가 점점 빨라진다는 것을 알 수 있다. 미국에서 2020년 1월부터 9월 사이에만 관련 특허 출원 건수가 두 배 증가했다.[29] 이런 특허와 더불어 인접 기술들의 '매시업mash-up'●●이 고무될 것이다. 화상 회의 시스템 개발사 블루진스BlueJeans를 인수한 기술기업 버라이즌Verizon, 마케팅 담당자를 위한 업무 관리 플랫폼 워크프런트Workfront를 인수한 어도비Adobe, 업무용 소프트웨어 회사 슬랙Slack을 인수한 세일즈포스Salesforce 등이 대표적인 사례다. 수많은 기술기업이 가상현실 기술과 온라인 기술에 연구개발비를 쏟아붓고 있는 것이 분명하다.

비대면 소통과 조정의 친밀도도 더욱 빠르게 높아질 것이다. 그 속도는 이미 놀라운 정도다. 2020년 2월 구글 미트 앱의 사용량이 서버 용량을 초과할 정도로 급증했다. 1월부터 3월 사이에만 일일 최대 사용량이 30배나 증가했고, 다음 해 구글 미트 앱으로 열린 회의가 60억 건을 넘었다. 실제로 사용량이 최고조에 달한 여름에 이용자들이 매일 구글 미트 앱을 사용한 시간은 총 75억 분이었다.

● 컴퓨터 단말 장치 등을 갖추고 제3의 장소에서 회사 업무를 처리하는 방식.
●● 다양한 정보와 서비스를 혼합해 새로운 서비스를 개발하는 것.

구글의 커뮤니케이션 상품 책임자인 사나즈 아하리Sanaz Ahari는 특히 회의 참석자들이 발언 의사를 표시할 때 이용하는 '손 들기' 기능과 연관된 '에티켓의 유기적 채택'에 주목한다. "모든 사람이 하나의 타일인 점이 아름답습니다. 모두가 기여하고, 거실에 있건 사무실에 있건 기여할 방법이 있습니다. 한 사람 한 사람이 모두 하나의 타일입니다. 어느 시간대에 있건 어느 장소에 있건 상관이 없습니다. 그리고 이것은 공평한 참여라는 관점에서 볼 때 정말 멋집니다."[30]

기술이 비대면 연결에 큰 영향을 미치는 것이 분명하므로 최신 기술 정보를 파악하는 것이 중요할 것이다. 예를 들어 2021년 여름 PwC는 대졸 신입 사원들을 한데 모으는 용도로 오큘러스 리프트Oculus Rift● 기술을 이용했는데, 지금 오큘러스 리프트가 구축한 가상현실이 얼마나 발전했는지 살펴보라. 사람들이 여기저기 거닐며 다른 사람과 친밀감을 느끼고 집단에 합류할 수도 있는 아바타형 플랫폼을 창조할 정도로 발전했다.

이런 가상현실 기술이 비대면 조정의 중추가 될 수 있다. 하지만 단순히 기술을 구매하는 것으로는 충분치 않다. 기술 채택 역사를 연구한 결과에서 입증되었듯, 기술 혁신도 중요하지만 진정한 변화를 이끌려면 조직을 운영하고 관리하는 관행과 프로세스의 혁신

●오큘러스 VR사에서 개발한 가상현실 구현 헤드 마운트 디스플레이 기기. 머리에 착용하면 화면에 입체 영상이 나타난다.

이 수반되어야 한다.[31] 조정의 리듬을 확립하는 등 업무 관행 및 노동 행위와 기술 혁신을 결합하라. 이것이 생산성의 순환을 촉진할 것이다.

조정의 리듬을 창조하라

비대면 연결과 관련한 기술과 프로세스의 혁신이 더욱더 발전할 것으로 예상되지만, 그에 따르는 심각한 문제가 있다. 연결 기술력이 향상될수록 항상 연결되려는 유혹도 커지기 때문이다. 따라서 이런 연결 기술을 이용할 때는 사람들과 연결된 순간에는 동기적으로 조정하되 연결을 끊은 순간에는 비동기적으로 조정하는 관행과 프로세스를 반드시 마련해야 한다. 다시 말해 함께 있고 떨어져 있는 리듬을 창조해야 한다.

이선 번스타인은 일련의 연구 결과를 통해 이런 리듬 확립의 중요성을 분명히 밝혔다.[32] 번스타인은 팀이 프로젝트를 진행할 때 조정의 **리듬**, 즉 연결되어 '소리'가 나는 시간과 연결이 끊긴 '침묵' 시간의 리듬이 작용하는지 추적했다. 연구팀은 그 리듬을 철저히 파악하기 위해 문제 해결 실험을 진행했다. 모든 실험 집단이 똑같은 문제를 풀었지만, 한 집단은 팀원들 간 연결이 항상 끊겨 고립된 상태였고, 한 집단은 팀원들이 상시 연결된 상태였고, 또 한 집단은 팀원들이 간헐적으로 연결되는 상태였다. 그런 다음 이 세 집단의 성과 결과를 측정했다.

연결이 끊겨 고립된 집단에서는 성과 결과가 팀원들 개인의 능력에 달려 있었고, 결국 이 집단에서 제시한 해결책은 팀원마다 편차가 크게 나타났다.

상시 연결된 팀에서는 먼저 집단적인 정보를 취합한 뒤 합의 프로세스를 거쳐 최종 결론에 도달하는 리듬이 나타났다. 정보를 취합하는 동안 서로의 이야기에 귀를 기울이며 다른 사람들이 생각하는 해결책을 파악하고 여러 가지 선택지를 놓고 토론했다. 결국 합의 단계에서 자연스럽게 정보의 편차를 줄이고 평균적인 해결책에 접근했다. 이들이 찾아낸 해결책이 완벽하지는 않았다는 의미다. 더 효율적으로 정보를 모았지만, 해결책은 혁신이 부족했고 생산성도 떨어졌다. 번스타인은 이 집단의 흥미로운 점을 이렇게 평가했다. "연결이 점점 더 늘수록 인간은 기계적 네트워크의 수동적인 교점과 비슷해집니다. 정보처리 능력은 향상되지만 그 정보에 기초해 의사를 결정하는 능력은 떨어지죠."

이 실험에서 중요한 집단은 **간헐적으로 상호작용한** 집단이다. 가장 생산적이고 혁신적인 해결책을 구했기 때문이다. 우선 이 집단의 팀원들은 연결이 끊긴 상태에서 각자 문제에 대한 자신의 의견과 관점을 신중히 검토하며 저마다 독특하고 다양한 해결책에 접근했다. 상시 연결된 집단이 문제를 받은 즉시 함께 모여 아이디어를 교환한 것과 다르게 접근한 것이다. 간헐적으로 연결된 집단의 팀원들은 뒤이어 다른 동료와 연결되었을 때 각자 해결책을 제시한 뒤 다른 사람의 해결책을 보며 배울 기회가 있었다. 이 **집단 학습** 프로세스가 결정적이었다. 팀원들 각각의 해결책이 비록 최적의 해결책은 아닐지라도 다른 사람의 해결책과 결합하면 더 나은 결과를 창출할 생각이나 아이디어를 담고 있다는 사실이 입증되었기 때문이다. 이들은 소수의 강력한 아이디어에 의존하기보다 많은 사람의 아이디어를 접하며 집단 지성을 창조한 것이다.

통찰:
TCS가 조정 리듬을 창조한 방법

연결과 간헐적 연결의 리듬이 고도의 비대면 조정을 창조하는 핵심이 되고, 의례적인 일일 조정과 주간 조정이 아주 중요한 역할을 할 것이다.

조정 의례는 10여 년 전 지식 기반 노동 분야에서 소프트웨어 개발 같은 업무에 처음 도입되었다. 프로그래머와 관리자들이 자신들의 일을 조직화하는 대단히 체계적인 접근법을 개발해 적용한 것이다. 마이크로소프트나 IBM, TCS 같은 소프트웨어 회사가 '애자일' 프로젝트 관리 방법을 도입했고, 여기에 포함된 '스탠드업' 회의와 코딩 '스프린트'를 통해 개인에게 과도한 부담을 주거나 불필요하게 방해하거나 중복되지 않게끔 업무를 배정하고 추적할 수 있었다.

TCS의 임원인 람쿠마르 찬드라세카란과 안슈 카푸르Anshoo Kapoor에게 조정 의례를 어떻게 실행하고 있는지 물었다. 두 임원은 얼마 전부터 장소와 상관없는 애자일 근무를 시행하고 있으며 애자일 원칙이 프로젝트 관리 접근법의 핵심이라고 설명했다. 특히 눈길을 끈 것은 TCS에서 실시하는 두 가지 동기적인 비대면 조정 의례, 데일리 스탠드업daily stand-up 회의와 검토restrospective 회의였다.

데일리 스탠드업

TCS에서 비대면 조정을 뒷받침하는 중요한 일간 의례 중 하나가 데일리 스탠드업 회의이다. 15~20명을 절대 넘지 않는 소규모 인원이 매일 15분씩 진행한다. TCS 임원들은 이렇게 말한다. "회의 시간이 짧아야 목적이 분명해집니다. 전날 뭐가 잘되고 안 되었는지 이야기하고, 그날 처리할 최우선 사항이 무엇인지도 확인할 기회입니다." 임원들은 또 자신들의 경험에 비추어볼 때 자료를 가지고 회의에 참석하는 것이 아주 중요하다고 설명한다. "실시간 대시보드를 이용해 프로젝트 진행 상황을 추적합니다. 어디에 어떤 일이 배정되었는지, 주요 제품의 결과가 어떤지, 프로젝트가 일정대로 진행되고 있는지를 팀원들이 눈으로 확인합니다. 그래서 어떤 일이 밀렸으며 어떻게 진행되고 있는지 확인할 수 있죠. 자세히 살펴보며 뭐가 문제인지 분석할 수 있습니다."

검토

TCS가 비대면 조정 리듬을 창조하는 데 유용하게 활용한 또 다른 방법은 프로젝트의 시작과 끝을 반추하는 것이다. 특히 팀이 해산하기 전에 마련한 '검토' 회의가 효과적이었다. 검토 회의는 팀이 프로젝트를 어떻게 진행했는지, 무엇을 배웠는지, 비슷한 프로젝트에 전수할 만한 배움이 있는지 돌아보는 기회를 제공한다. 이렇게 배운 내용은 팀원들이 접근할 수 있는 기업 프로젝트 데이터에 의해 활성화되고, 이를 통해 팀원들은 자신들의 프로젝트와 다른 팀의 프로젝트를 비교할 수 있다. 그런 다음 프로젝트 책임자들이 비대면으로 모여 공동 대처해야 할 중요한 사안은 없는지 파악한다. 예를 들어 프로젝트 피드백에 비추어 새로운 역량을 개발할 필요는 없는지, 프로젝트 진행 상황에서 리디자인이 필요한 측면은 없는지 파악한다.

TCS _생각해볼 질문

'소리'와 '침묵'이라는 개념이 당신이 일하는 리듬과 통하는가? TCS의 '데일리 스탠드업'에 대해 어떻게 생각하는가? 데일리 스탠드업이 비대면 근무 팀의 연결성을 높일까? '검토'라는 아이디어도 조정 리듬을 구축할 수 있을까?

조정—월요일과 금요일은 지나고 생각하기

업무 리디자인이 시작된 2021년 여름, 직원들이 언제 사무실로 출근할지와 관련해 걱정이 많았다. 광고회사 WPP의 CEO 마크 리드Mark Read는 BBC 인터뷰에서 많은 사람이 우려하는 사항을 이렇게 이야기했다. "과거에 일하던 방식으로 절대 돌아가지 않을 것입니다. 직원들이 주 3~4일을 집에서 일하고 있으니 공간을 20퍼센트 축소해야 할지도 모르지만, 모든 직원이 월요일과 금요일에 재택근무한다면 공간을 축소하지 않을 것입니다."[33]

관건은 개인적 취향과 공정성, 공평성이지만, 이보다 더 중요한 문제가 있다. 사무실 출근일 선택을 직원들에게 일임하면 자연적으로 대부분 직원이 주 이틀은 집에서 일하고 주 사흘을 사무실에서 일하는 쪽으로 기울기 마련이라는 단순한 사실이다. 그리고 대부분이 월요일과 금요일 재택근무, 화요일부터 목요일까지 사무실 근무를 선택할 것이다.

일정을 어떻게 짜든 한 가지는 확실하다. 우리가 업무 프로세스를 자동화하던 초창기에 저지른 중대한 실수는 우선 업무 흐름을 리디자인하지 않고 그저 **기존** 업무 흐름을 자동화한 것이었다. 결과적으로 자동화 공정이 기존 공정의 결함과 특이성, 해결책을 그대로 복제하는 경우가 너무 많았다. 대면 조정에서 비대면 조정으로 전환할 때도 마찬가지다. 현재 시행하고 있는 업무방식과 추정을 단순히 복제하면 기회를 놓치게 될 것이다.

그동안 연구를 진행하며 면담한 여러 임원에게 업무 흐름 리디자인에 대한 의견을 물으니, 업무 흐름의 단순성이 중요하다는 견해가 지배적이었다. 업무 흐름과 일정이 복잡해질수록 직원들의 의욕이 떨어지기 쉽다는 것이다. 그러면서 회의와 팀 과업을 없애는 것을 업무 흐름 단순화의 주요 도구로 꼽았다. TCS의 한 임원이 이렇게 이야기했다. "전통적인 대면 회의가 필요한지 끊임없이 자문합니다. 대면 회의를 없앨 수 있을까? 대면 회의가 꼭 필요하다면 비동기식으로 회의를 열 수 없을까? 또 후속 조정 회의도 가능한 한 짧게 끝나도록 노력합니다. 바로 이런 생각이 15분 데일리 스탠드업 회의의 배경입니다."

또한 예전부터 대면 조정이 필요했던 과업을 팀 외부 인원에게 위임할 수 있을까? 직원들에게 업무시간을 통제할 자율권을 더 많이 돌려주고, 이런 과업을 비동기식으로 비대면 수행할 수 있을까? 예를 들어 프리랜서나 퇴사한 전 직원에게 맡길 수 있을까?

통찰:
텔스트라가 업무 일정 관리 기술로 조정한 방법

조정 업무 흐름을 관리하는 역할이 중요하다고 평가해 이를 관리하는 특별한 역할을 개발한 회사들이 있다. 호주 통신사 텔스트라의 인사책임자 앨릭스 배더넉Alex Badenoch과 경영진도 같은 결정을 내렸다. 앨릭스는 그 배경을 이렇게 설명한다.

1만 명 이상의 직원을 애자일 팀에서 일하도록 훈련시켰습니다. 그런 다음 3단계 관리로 넘어가, 결정적으로 인력 관리 리더와 업무 관리 리더의 역할을 분리했습니다. 업무 관리 리더는 일이 막힘없이 진행되는지 감시하죠. 예를 들어 어느 순간 프로젝트 수요가 직원들의 역량을 초과하면 업무 관리 리더는 어떤 프로젝트를 중단할지 결정해야 합니다. 저희는 스킬과 비용을 적절히 조합하려고 역동적으로 움직입니다. 그러려면 직원들을 혹사하지 않고 건강과 웰빙을 챙기는 것이 중요해요.

이런 결정을 성공으로 이끄는 비결을 묻자 앨릭스는 세 가지를 언급했다. 첫째, 일정과 자원을 관리하는 사람의 책임감과 피드백이 중요하다. 텔스트라는 수시로 측정하는 직원 참여도, 팀원들이 관리자를 추천하는 순추천지수, 팀원 근속률을 관리자가 피드백하게 했다. 둘째, 일정 관리와 자원 배치를 프로젝트의 결과뿐 아니라 역동적인 역량 계발 프로세스로 측정하는 것이 아주 중요하다. 예를 들어 프로젝트를 배정하고 일정을 관리하는 방식이 직원들의 스킬을 향상시키고 프로젝트 효율성을 높이는가? 마지막으로 앨릭스가 꼽은 세번째 비결은 자원 배분과 스킬 프로필, 업무 요구사항, 업무 계획 등 기본 메트릭스metrics를 만들어낼 수 있는 기술 인프라다.

텔스트라 _생각해볼 질문

업무 리듬과 관련해, 텔스트라의 선례를 좇아 '업무 관리 리더'라는 특별할 역할을 만들자는 논의가 필요한가? 일정 관리에 피드백하기 위해 현재 보유한 데이터는 무엇인가? 새로운 업무 방식을 설계하기에 충분한 데이터인가? 텔스트라처럼 '역동적인 역량 계발' 프로세스를 시행하고 있는가? 일정 관리가 직원들의 역량 계발을 이끄는지 더 파악할 자료가 있는가?

행동 지침 #9

동기 시간을 이용한 조정을 재상상하라

- 여러 직군 중 조정이 결정적인 요소로 작용하는 직군을 확인하라. 해당 직군에서 대면 처리가 필요한 조정 업무는 어떤 것이고 비대면으로 처리할 수 있는 조정 업무는 어떤 것인가?
- 대면 조정 업무를 더 생산적으로 이끌 방법이 있는가?
- 비대면 조정 업무를 면밀히 검토하라. 기술 발전이 어떤 영향을 미칠까? 기술 발전에 뒤처지지 않고 새로운 기술을 실험하기 위해 지금 할 수 있는 일이 더 있는가?
- 조정 리듬을 살펴보라. 연결하고 연결을 끊는 박자가 맞는가? 일

일 조정 의례나 주간 조정 의례를 조직하고 만들어내기 위해 지금 할 수 있는 일이 더 있는가?

- 장차 필요한 일정 관리 능력을 심화했는가? 미진한 사항은 없는가?

4장

모델을 만들어 테스트하기

Redesigning Work

일을 리디자인하고 사람들이 일하는 방식과 시간, 장소의 모델을 만들기 시작하면 수많은 선택과 결정에 직면하게 될 것이다. 이 점이 분명한 업무방식도 있고, 어떤 대가가 따르는지 설명하고 인정해야 하는 업무방식도 있다. 우리는 앞서 이 리디자인 프로세스의 첫 두 단계를 살펴보며 조직의 생산성을 뒷받침하는 요소, 네트워크의 형태와 지식의 흐름, 조직 내부에 있는 사람들이 어떻게 일하길 원하는지 등을 깊이 이해하고 그에 대한 통찰을 얻었다. 장소와 시간도 다시 상상했다. 사무실을 협력의 촉매로, 가정을 에너지 원천으로, 비동기 시간을 집중력을 고양하는 시간으로, 동기 시간을 조정을 창조하는 시간으로 만들려면 무엇이 필요한지 고민했다. 이제 이 모든 것을 하나로 모아 업무 리디자인 모델을 만들고 테스트할

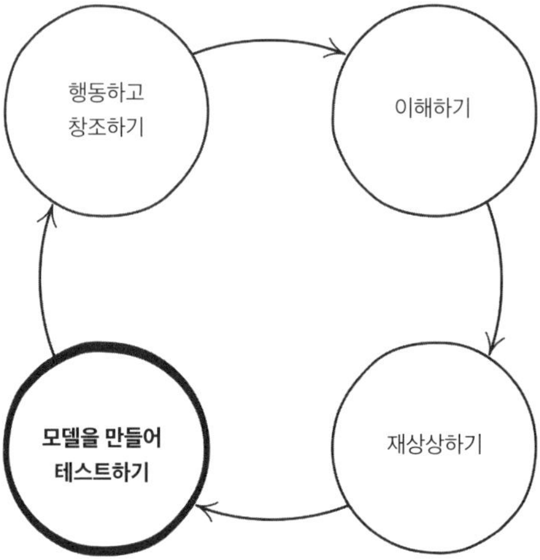

기회다. 모델을 테스트할 때는 미래에도 살아남을 모델인지, 기술 전환을 뒷받침하는 모델인지, 공정하고 공평한 모델인지, 이 세 가지 요인에 주목해야 한다.

모델을 만들어 테스트하기: 리디자인 모델이 미래에도 살아남을까?

- 틀: 다단계 삶
- 통찰: 버라이즌, 유니레버, 오픈뱅킹, 캐나다연금투자위원회
- 행동 지침 #10

모델을 만들어 테스트하기: 일 모델이 기술 전환을 뒷받침하는가?

- 틀: 기술이 직무에 미치는 영향
- 통찰: 호주 뉴사우스웨일스주 공공서비스위원회, IBM, TCS,

마이크로소프트

- 행동 지침 #11

모델을 만들어 테스트하기: 리디자인 모델이 공정하고 공평한가?

- 통찰: 브릿 인슈어런스Brit Insurance와 아터미스 커넥션

- 행동 지침 #12

모델을 만들어 테스트하기: 리디자인 모델이 미래에도 살아남을까?

지금까지 내가 지켜보거나 지원한 기업 대부분이 일을 리디자인한 주목적은 직원들의 번영이다. 그리고 미래를 위해 디자인하는 것이기 때문에 반드시 미래에도 살아남을 모델을 만들어야만 한다. 그러려면 직원과 직무와 기술이 단기적, 중기적으로 어떻게 변할지 내다보아야 한다.

리디자인 모델이 미래의 인구통계학적 변화를 고려했는가

직원들의 유형과 위치를 고려할 때 현재 벌어지고 있는 상황이 변함없이 이어질 것으로 상상하지 말라. 인구 규모와 평균 연령의 중대한 변화를 고려해야 한다. 이런 변화는 사람들이 더 오래 살고 자녀를 더 적게 낳기 때문에 발생하고 있다. 아주 단순하게 생각

하면, 사람들이 오래 살고 자녀를 적게 낳을수록 인구가 고령화하고 인구 규모가 빠르게 감소할 것이다. 반대로, 사람들이 오래 살고 자녀를 많이 낳을수록 인구는 많아지고 어려질 것이다. 일본과 중국, 나이지리아 세 나라의 2050년 인구 전망을 통해 우리가 고려해야 할 것이 무엇인지 파악하자.[1]

2050년 일본—평균 연령 53세, 인구 감소

일본에서는 현재 진행되는 인구통계학적 변화가 자주 신문 헤드라인을 장식한다. 현재 태어난 아이의 50퍼센트가 최대 107세까지 살 것으로 예상되지만, 2021년 전국 출생률은 가구당 1.34명이고, 도쿄의 출생률은 가구당 1.13명이다. 종합적으로 2020년 46세이던 일본의 평균 연령이 2050년에는 53세로 상승하고, 2004년 1억 2,800만 명이던 인구 규모는 2050년 1억 900만 명, 2100년 8,450만 명으로 감소할 것으로 예상된다.

2050년 중국—평균 연령 48세, 인구 감소

중국은 기대 수명이 증가하고 가족 규모가 줄어드는 속도가 일본보다 더 빠르다. 2020년 37세이던 평균 연령이 2050년에 48세로 상승하고, 현재 13억 6,000만 명인 인구는 2050년에 10억 명으로 감소할 것으로 예상된다.

현재는 전 세계 인구 12명 중 1명이 65세 이상이지만, 2050년에는 65세 이상 인구가 6명 중 1명으로 늘어난다. 중국은 4억 5,000만 명이 65세 이상 인구가 되고, 일본은 인구 5명 중 1명이 80세를 넘을 것이다. 미국은 베이비붐 세대가 퇴직하기 시작하는 2030년이 되면 16~24세 인구가 10퍼센트 감소할 것으로 예상된다.

이처럼 세계적으로 광범위하게 진행되는 인구통계학적 변화가 업무 리디자인에 어떤 영향을 미칠까? 분명한 것은 50세 이상에 대한 고정관념을 갖지 않도록 조심해야 한다는 것이다. 지금도 50세 이상이 인구의 상당한 부분을 차지하고 있다. 인구가 감소하는 선진국(미국, 일본 등)에서는 숙련된 인재를 차지하려는 쟁탈전이 뜨거워질 수밖에 없을 것이다. 결과적으로 권력의 균형추가 고용인에서 피고용인 쪽으로 기울고, 유연성에 대한 욕구에서 피고용인이 우위에 서게 될 것이다. 게다가 인구가 감소하는 국가는 절실하게 필요한 인재를 당연히 다른 나라에서 찾을 것이다.

그렇다면 필요한 인재를 공급하는 원천이 어디일까? 인구통계학적 변화는 노인과 인구 감소에 국한된 이야기가 아니다. 젊은이와 인구 증가도 관련되어 있다. 그리고 이 때문에 국가 간의 차이는 벌어질 수밖에 없다.

2050년 나이지리아—평균 연령 22세, 인구 급증

나이지리아의 인구통계학적 양상은 일본이나 중국과 거의 대칭된다. 평균적으로 (유아 사망률이 감소하며) 인구의 수명이 늘고 있지만, 가구당 자녀 수가 세계 대부분 국가보다 훨씬 더 많은 5명으로 가족 규모가 여전히 크게 유지되고 있기 때문이다. 1950년 겨우 3,800만 명이던 나이지리아 인구가 2021년 현재 2억 600만 명으로 추산되고, 2030년에는 2억 6,300만 명, 2050년에는 4억 100만 명으로 급증할 것으로 예상된다. 2050년에는 나이지리아가 세계에서 세 번째로 인구가 많은 나라가 될 것이다. 라고스는 2,400만 명 이상이 거주하는 도시가 되어, 세계 10대 대도시의 반열에 오를 것이다. 중요한 것은 일본과 중국의 인구 노령화에 비해, 2021년 현재 나이지리아 인구의 절반 정도가 15세 이하이고 65세 이상 인구는 3퍼센트에 불과하다는 사실이다. 나이지리아는 2050년이 되어야 평균 연령이 22세에 도달할 것이다. 업무 리디자인을 고려할 때 이 잠재적인 젊은 인재 풀에 주목해야 한다.

이런 인구통계학적 변화는 일을 리디자인하는 데 심오한 질문을 제기한다. 일본이나 중국 같은 나라에서는 60대, 70대, 80대까지 일할 수 있도록 하는 것이 중요하고, 나이지리아 같은 나라에서는 젊은이들을 교육하고 젊은이들에게 일자리를 제공하는 것이 중요하다는 의미이기 때문이다. 인재 풀의 관점에서 보면, 어떤 나라는 기술 인력 부족에 직면할 수 있지만 어떤 나라는 넓은 인재 풀을 활용할 수 있다는 뜻이다.

리디자인 모델이 60대 이후에도 번영하도록 도움을 줄까

일 모델을 디자인할 때 제기되는 대답하기 어려운 두 가지 질문이 있다. 나이 듦과 생산성에 대해 고정관념을 형성하고, 그 때문에 60세가 넘은 사람들의 기회를 박탈하고 있지 않은가? 일을 리디자인할 때 20대와 30대의 욕구와 열망에 지나치게 집중한 나머지 50세 이상을 무시하고 있지 않은가?

우리는 나이 듦을 생각할 때 흔히 급속한 신체적, 인지적 쇠퇴를 떠올린다. 하지만 앤드루 스콧이 입증한 대로, 수명 연장의 핵심은 생산적이고 건강하게 지내는 햇수가 늘어나는 것이다.[2] 죽기 전에 병을 앓는 유병 기간이 줄어들진 않지만 수명이 늘수록 삶의 전체 기간에서 유병 기간이 차지하는 비율은 줄어든다. 결국 수명이 연장되면 생산적인 햇수가 늘어나는 것이다.

그뿐만 아니라, 시간이 지나며 **결정성 지능**crystalline intelligence을 계발할 기회가 생긴다. 결정성 지능은 시간이 흐르며 축적된 통찰과 네트워크, 지식, 지혜, 전략이다. 정보처리와 기억력 이용, 연역적 추론을 포함하는 **유동성 지능**fluid intelligence과는 다르다. 인간이 지닌 서로 다른 두 정신 능력의 상대적인 힘은 평생에 걸쳐 끊임없이 변동하는 듯하다.

10대 후반에는 수를 계산하고 패턴을 파악하는 속도가 빠르고, 30대에는 단기기억력이 최고조에 이르고, 40대와 50대에는 사회적 이해도가 절정에 달한다. 하버드 의대의 로라 저민Laura Germine과 보스턴 칼리지의 조슈아 하트숀Joshua Hartshorne은 "어떤 연령이든 어떤 일은 점점 더 잘하게 되고 어떤 일은 점점 더 못하게 되며 또 어떤 일은 최고로 잘하게 되기 마련입니다. 모든 일은 고사하고 대부분의 일에 대해서도 최고로 잘하는 나이란 없을 것입니다"라고 설명한다.[3]

따라서 몇몇 회사들이 일을 디자인할 때 젊은이와 나이 든 사람을 결합해야 가장 생산적일 수 있다고 깨달은 것은 당연할지 모른다. 더 나아가 나이 든 노동자는 결정성 지능, 즉 지혜와 노하우 등을 공유하는 중요한 역할을 할 수도 있다. 앞으로 숙련된 젊은이들이 부족해질 분야에서 나이 든 사람들이 특히 중요한 역할을 하게 될 것이다.

통찰:
버라이즌이 '레거시 스킬'을 지닌 나이 든 노동자를 지원한 방법

미국 통신사 버라이즌도 기술 인력 부족 문제에 직면했다. 현장에서 활동하는 버라이즌의 기술자들은 광섬유 연결 같은 신기술은 물론 구리선 연결 같은 레거시legacy• 스킬도 지원해야 한다. 오래된 시스템은 장차 이용률이 줄어들겠지만, 완전히 사라지기까지

• 낡은 하드웨어나 소프트웨어를 통칭하는 용어.

는 상당히 긴 전환기가 있을 것이다.

버라이즌의 글로벌 학습 및 개발 담당 임원인 마이클 선더먼Michael Sunderman에게 레거시 스킬을 최대한 활용한 방법을 묻자, 레거시 스킬 전문가인 나이 든 직원들을 찾아내 연결하도록 일을 디자인했다고 설명했다. 여전히 회사에 몸담은 사람도 있었고, 퇴직한 사람도 있었다. 이런 레거시 스킬 전문가들을 모아, 현장에서 활동하는 기술자들이 낯선 구식 시스템을 다룰 때 지원하고 코칭하는 중요한 프로젝트에 투입했다.

지원은 여러 가지 형식으로 이루어졌다. 전문가가 기술자들과 현장에서 함께 일하는 경우도 있었지만, 전문가가 모든 지역에서 활동하는 엔지니어들과 직접 협력할 수는 없었기 때문에 팬데믹 이전에도 연결은 비대면으로 이루어지는 경우가 많았다. 전화 통화나 문자 같은 일반적인 비대면 소통수단으로 대부분 문제가 해결되었지만, 현장 엔지니어가 보는 것을 전문가도 들여다보아야 해결되는 상황도 있었다. 버라이즌은 이런 문제를 해결하기 위해 여러 증강현실 기술기업과 협력해, 다양한 시각 데이터로 전문가와 기술자의 대화를 대체할 수 있는 새로운 장비와 소프트웨어 도구를 개발했다. 그래서 현장 기술자 중 일부는 사무실에서 근무하는 전문가와 현장 상황을 공유하고 실시간으로 보고 들으며 분석해 해결책을 협의할 수 있도록 증강현실 고글을 착용하고 근무한다.

버라이즌 _생각해볼 질문

5년, 10년, 15년 뒤 당신 회사 노동자들의 연령 분포는 어떻게 될까? 현재 직무와 미래 직무를 고려할 때 '레거시 스킬'이 필요한 직무가 있는가? 그런 직무들이 어떤 분야에 있는지 아는가? 일 모델이 레거시 스킬을 가진 직원들에게 동기를 부여하고 그들을 회사에 남게 할까?

리디자인 모델이 미래의 중요한 다단계 삶에 대비했는가

장수는 나이 든 사람들을 위한 디자인을 만드는 문제로 그치지 않는다. 사람들이 직장생활 전반에 걸쳐 번영하기 위해 하는 선택에도 점점 더 큰 영향을 미칠 것이다.

오래 살수록 자연스럽게 직장생활의 밀물과 썰물도 변하기 때문이다. 전일제 교육과 전일제 노동, 퇴직이라는 전통적인 3단계 생애 순서가 (도표 12)처럼 다단계에 더 가깝게, 기본적으로 훨씬 더 유연하고 개인의 특성에 걸맞은 생애 순서로 바뀌고 있다.

3단계라는 제한에 얽매이지 않는 추가적인 단계가 자연스럽게 등장하고, 일의 순서가 평생에 걸쳐 더 자유롭게 흘러가는 경로를 따를 것이다. 잠재적인 경로가 아주 많다는 것, 이것이 다단계 삶의 도전이며 사실 다단계 삶의 경이로움이다. 이제 각 단계를 단일 연

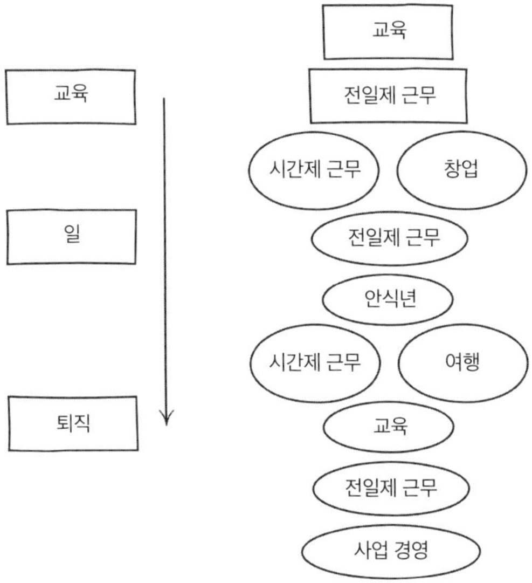

도표 12 **틀: 다단계 삶**

령 집단이 차지하는 일은 없다. 당신이 25세라면 잠시 일을 쉬고 세상 탐험을 떠날 수 있다. 하지만 45세 혹은 65세에도 그럴 수 있다. 당신이 25세라면 교육기관에 등록해 새로운 것을 배울 수 있다. 하지만 30세 혹은 50세에도 그렇게 할 수 있을 것이다.

삶의 경로가 이처럼 다단계로 더 자유로워지면 다양한 단계 사이의 전환기도 더 많아질 수밖에 없다. 전통적인 3단계 삶의 경로에는 교육과 일, 일과 퇴직 사이에 두 번의 전환기밖에 없었다. 그리고 중요한 것은 다른 사람들과 보조를 맞춰 비슷한 나이에 각각의 단계에 진입했다는 사실이다. 10대 혹은 20대 초반에 교육에서 일로 전환했고, 60대 중반에 일에서 퇴직으로 전환했다. 다른 사람들과 보조를 맞추면 주체성에 대한 자기 인식이나 자기 통찰력을 높일 이유가 거의 없다. 그저 남들이 어떻게 하는지 돌아보고 그 선례만 좇으면 되기 때문이다.

그런데 다단계 삶으로 전환하면 주체성에 대한 인식을 키울 수밖에 없다. 다단계 삶의 경로를 선택하면 일하는 삶의 다른 여러 측면에 대해 더 능숙하고 자기 주도적일 수밖에 없다. 60세를 넘어 자기 사업을 시작하거나 세계 여행을 떠나는 등 소수의 '사회적 개척자'들이나 시작할 법한 일이 더 광범위하고 평범하게 확산된다.

유능한 사람들이 대학을 갓 졸업한 때뿐 아니라, 다단계 삶을 살면서 여러 번 찾아오는 일하는 시기에 당신 회사에 입사하고 싶어 할까? 그리고 만일 유능한 사람들이 당신 회사에서 일하고 있다면, 그들에게 전일제 근무를 강요하며 유연성을 줄이고 있지 않은가? 재능이 아주 뛰어난 사람들이 자기 사업을 시작하거나 비영리단체에서 일하거나 새로운 스킬을 배우는 등 노동 활동 포트폴리오를 구축할 수 있도록 유연근무제도를 확대할 생각은 없는가?

일하는 삶이 필연적으로 3단계에서 다단계로 바뀌는 상황에서 당신의 일 모델은 사람들의 변화하는 희망과 열망을 어떻게 받아들이고 뒷받침하는가? 어떤 사람들에게는 일하는 방식에 관해 유연할 수 있는 능력이 유익하고 매력적일 수 있다. 이를 인정하는 업무방식을 어떻게 구축할 수 있는지 유니레버와 오픈뱅킹, 캐나다연금투자위원회 경영진의 사례를 자세히 살펴보자.

통찰:

유니레버가 미래에도 살아남을 '제3의 길'을 창조한 방법

유니레버의 모라그 라이너Morag Lynagh와 플래시드 조버Placid Jover는 2017년부터 유연성 문제를 파고들었다. 글로벌 미래 업무 담당 이사인 모라그와 라틴아메리카 HR을 총괄하는 부사장으로 세계적인 신고용 모델New Employment Model 의제를 이끄는 플래시드, 이 두 사람이 '제3의 길'을 창조하기로 의기투합했다. 몬테비데오에서 일하는 플래시드는 제3의 길을 창조하게 된 이유를 이렇게 설명한다. "유연하지 못한 세상에 대응해 우리는 수요가 큰 스킬에 대한 접근성을 높이고 인적 자원 조달 유연성을 확대하자는 꿈을 품었습니다. 그리고 그 꿈을 이루기 위해 직원들의 근속 기간을 늘리고자 했습니다."

생애주기 전반의 유연성

두 사람은 특히 55세 이상 노동자의 생애주기 사건에 주목했다. 모라그는 이렇게 설명했다. "55세나 60세가 되면 벤치로 물러나라고 하는 게 옳지 않다는 생각이 들었습니다. 그런 사람들의 통찰과 지혜가 정말 필요해요." 그런데 데이터를 분석한 결과, 나이 든 세대

뿐 아니라 모든 세대에게 유연성이 중요한 것으로 밝혀졌다. 사실 모라그와 플래시드는 사람들이 어떤 삶의 단계에 있든 유연성을 소중히 여길 수 있다는 사실을 깨달았다. 플래시드는 이렇게 설명했다.

> 사람들이 여러 이유에서 유연성을 소중히 여긴다는 사실을 깨달았습니다. 예를 들어 대학을 졸업한 젊은이는 회사에서 일하길 바라는 동시에 세상을 탐험할 수 있도록 소득원을 창출하려는 동기도 있을 수 있습니다. 30대가 부업으로 자기 사업체를 운영하려 할 수 있고, 우리 회사에 다니려는 사람이 더 작은 전문 조직에서 뭔가 배우고 싶어할 수도 있죠.

이런 유형의 여러 페르소나를 살피던 모라그와 플래시드는 유연성과 개인화가 다양한 욕구를 충족시키는 길임을 깨달았다.

> 관건은 새로운 유형의 고용 계약을 만드는 것이었습니다. 당시까지 존재하지 않던 '제3의 길'을 창조해야 했죠. 저희는 전일제 노동자와 계약직 노동자 혹은 제3의 기관에 소속된 파견직 노동자 사이의 여백을 채우려 했습니다. 인재 '소유'에서 인재 '접근'으로 넘어가려 했고, 새로운 고용 모델 덕분에 그렇게 할 수 있었습니다.

유워크 모델

두 사람은 새로운 고용 모델 유워크U-Work를 영국에서 시범 운영했다. 직원들이 연간 52주 근무에서 벗어나 삶의 리듬에 맞는 프로젝트를 수행할 수 있도록 더 개인화된 고용 선택지를 만들 기회를 모색했다. 유워크 모델은 직원들에게 매월 기본급과 임무 수당을 지급한다. 이 유연한 고용 모델에서 중요한 핵심은 노동자에 대한 연금 지원과 의료보험, 유니레버에서 진행 중인 온라인 학습 자료 접근 기회다.

모라그와 플래시드는 유워크가 유니레버 직원들의 삶에 어떤 영향을 미치는지 애덤과 로이, 수재나 세 직원의 사례를 들어 설명한다.

최근 유니레버에서 공급망 관련 미래 리더 프로그램을 마친 애덤은 일과 여행을 결합하길 원했다. 유워크 고용 계약을 체결한 애덤은 글로벌 아이스크림 체인인 자회사에서 6개월간 전일제로 근무하며 프로젝트 팀장을 보조하는 업무를 맡았다. 애덤의 역할은 신규 프로젝트의 타당성에 집중해 이해관계자 지도를 만드는 것이었다. 유워크 모델은 유연성을 원하는 애덤에게도 유익했고, 정규직 직원 충원이 아닌 스킬과 노하우의 신속한 지원이 필요한 팀장에게도 유익했다. 애덤은 외부 프리랜서이면서도 유니레버와 기업 문화를 잘 아는 데다 중요한 내부 네트워크를 가지고 있어서 시작부터 잘해낼 수 있었으므로 실질적인 장점이 있었다.

로이는 유니레버에서 생산 관리자로 45년 넘게 경험을 쌓았다. 로이는 아직 완전히 퇴직할 마음이 없었고, 로이의 상사도 그의 전문 지식을 잃게 될까 안타까웠다. 결국 로이는 생산팀의 성과 멘토가 되어 2개월간 1주에 이틀씩 현장에 나가 전문 지식을 전수했다.

경험 많은 변호사 수재나는 미디어법 관련 법률회사의 시간제 근무와 육아를 병행하는 포트폴리오 삶을 원했다. 수재나는 유니레버 법률팀의 여러 프로젝트에 협력하는 일과 미디어법 관련 신생 기업에 법률 자문을 제공하는 일을 결합했다. 새로운 분야(미디어법)에서 역량을 계발하는 동시에 언제든 자연스럽게 프로젝트에 착수할 수 있었다. 유니레버 법률팀장은 관련 업무를 잘 아는 믿을 만한 사람이 있어 좋았고, 수재나는 일일이 업무 견적서나 발주서를 작성할 필요가 없었다.

2021년 1/4분기에 영국과 멕시코, 아르헨티나, 필리핀에서 유워크가 본격적으로 시행되자, 아주 많은 사람들이 온갖 다양한 동기로 유워크에 참여했다. 일선 관리자들도 중요한 스킬을 보유한 인재를 아주 신속하게 구할 수 있다고 반겼다. 흥미로운 점은 유워크에 참여한 사람 중 예전의 고용 계약으로 돌아간 사람이 하나도 없다는 사실이다.

2021년 여름, 모라그와 플래시드에게 유워크 모델이 어떻게 진행되고 있으며 어떤 교훈을 얻었는지 물었다. 두 사람은 유워크에 동참하는 시장이 늘어나는 상황에서 여러 가지 중요한 깨달음을 얻었다고 대답했다. 첫째, 유워크 업무방식을 선택하는 사람은 대체로 네트워크 구축 역량이 뛰어나며, 믿을 만하다는 명성을 탄탄히 쌓은 사람이라는 사실을 알 수 있었다. 둘째, 유워크 모델이 발전함에 따라 모델을 홍보하고 관리자가 요구하는 것과 노동자가 제공할 수 있는 것을 연결하며 유워크 계약자들을 지원하는 '연락 관리자contact manager'라는 새로운 역할이 필요함을 발견했다. 셋째, 이 유연한 모델은 유워크 계약자들이 쉽게 착수할 수 있도록 일을 개별 프로젝트와 임무로 나눠 할당할 때 최고 효과를 냈다. 끝으로, 유워크가 모두에게 적합한 모델은 아닌 것으로 나타났다. 모라그와 플래시드는 전체 인력 중 2~4퍼센트 정도만 유워크 모델에 관심을 보일 것으로 추산한다. 하지만 유니레버의 전체 인력이 15만 명이니 4,000명이라고 계산해도 상당히 큰 규모다.

모라그와 플래시드는 눈을 더 크게 뜨고 또 다른 '제3의 길'을 모색하고 있다. "일단 물꼬는 텄으니 더 넓힐 수 있습니다. 학생들을 비롯해 더 많은 사람을 지원할 방법, 사람들에게 학습을 위한 유급 안식년을 지원할 방법 등을 궁리 중입니다. 지금이야말로 고용 계약을 창의적으로 리디자인할 절호의 기회죠."

유니레버 _생각해볼 질문

당신 회사 인력의 현재 그리고 미래의 인구 변동을 고려할 때 소중한 인재들이 더 많은 유연성을 원하게 될 것이라는 증거가 있는가? 당신의 일 모델은 유연성 선택지와 관련해 그런 증거를 반영한 모델인가? 이런 점을 염두에 둘 때, 유니레버의 유워크 같은 모델이 적절하지 않을까?

통찰:
오픈뱅킹이 직무공유제로 미래에 대비한 방법

'제3의 길'을 창조한 고용 계약 디자인은 유니레버의 창의적인 도전이라고 볼 수 있다. 제3의 길을 상상하는 또 다른 방법은 영구적인 역할을 유지하되 두 사람이 그 역할을 공유하며 합심해 고객과 프로젝트가 요구하는 연속성을 충족시킬 업무방식을 창조할 수 있는지 고민하는 것이다. 이런 방식의 역할 공유는 채용하기 어렵고, 연속성이 필요하며, 시간제 노동자나 유워크 노동자가 수행하도록 분리하기가 쉽지 않은 직책에 특히 효과적이다.

오픈뱅킹Open Banking의 세렐 포크스Sherelle Folkes와 니컬라 존슨 마셜Nichola Johnson-Marshall이 채택한 일자리 모델이 직무공유제job-sharing였다. 오픈뱅킹은 소프트웨어 표준과 산업 지침을 만들어 영국 소매금융업의 경쟁력과 혁신, 투명성을 이끄는 금융회사다.[4] 본래 니컬라는 대외 커뮤니케이션 업무를 담당한 시간제 계약직이었다. 그런데 업무가 확대되자 경영진은 직무공유제라는 선택지를 만들어 셰럴을 대외 커뮤니케이션 공동 책임자로 고용했다.

이 제도에 담긴 유연성이 니컬라와 셰럴 두 사람에게 중요한 영향을 미쳤다. 덕분에 니컬라는 부티크boutique● 컨설팅사를 설립했고, 셰럴은 책을 출간했다. 셰럴은 이렇게 이야기한다. "저희가 오픈뱅킹의 활기찬 커뮤니케이션팀이 될 수 있는 분명한 이유는 일과 삶이 균형을 잡고 있어서입니다. 번아웃으로 휴식기와 안식년을 갖기 위해 일을 그만두는 사람이 얼마나 많습니까?" 니컬라와 셰럴은 직무를 공유하면 한 사람의 경험과 네트워크, 사고방식이 아니라 두 사람의 관점을 적용해 문제를 해결할 수도 있음을 깨달았다. 셰럴은 직무공유제의 효과를 이렇게 평가한다.

> 서로가 서로에게 배울 수 있습니다. 니컬라가 맡겠다고 나서는 일이 꽤 많이 있고, 어떤 일은 니컬라가 더 잘 처리하죠. 그럴 때면 '아, 내가 미처 저것까지는 생각하지 못했구나'라며 배우게 됩니다. 회사로서는 재능도 두 배, 능력도 두 배, 경험도 두 배를 얻는 것이 분명합니다.

●특정 금융 상품에 대한 서비스를 제공하는 소규모 회사.

생산성에 미치는 긍정적 영향

역할을 공유하는 것이 생산성과 웰빙에 긍정적인 영향을 미친다는 증거가 늘고 있다. 직무공유제가 자리를 잡기까지 시간이 걸리긴 하지만 장기적으로 더 많은 것을 성취할 수 있다. 영국의 연구 결과에 따르면, 역할을 공유하면 전통적으로 직무를 수행할 때보다 생산성이 30퍼센트 증가하는 것으로 추정된다.[5] 30만 명이 넘는 인력 중 1,000여 명이 역할을 공유하는 영국 공무원 조직의 데이터에서도 직무공유자들의 웰빙 수준이 11퍼센트 더 높은 것으로 밝혀졌다. (시간제 노동자나 전일제 노동자, 계약직 노동자 등 그 어떤 집단보다 높았다.)[6]

생산성이 이처럼 향상되는 이유가 무엇일까? 전문가들에게 공유 일자리를 소개하는 기술 플랫폼 회사 롤셰어Roleshare의 공동 CEO인 소피 스몰우드Sophie Smallwood와 데이브 스몰우드Dave Smallwood에게 같은 질문을 던졌다. 그들은 이렇게 대답했다.

> 두 사람이 서로 다른 스킬과 네트워크를 보유하며 일을 떠나 생각할 시간을 낼 수 있다는 것 덕분에 생산성이 향상되는 게 분명합니다. 하지만 두 사람 사이에서 일어나는 학습도 생산성을 끌어올립니다. 붙박이 코치가 있는 셈이죠. 그리고 다른 사람에게 일을 넘긴다는 것을 알기 때문에 동료에게 느끼는 압박감이 건강하게 작용합니다. 육상 경기에 비유하자면, 두 계주 선수가 바통을 넘기며 최고의 시

합을 펼치려는 것과 같죠. 게다가 전일제 노동자들처럼 수요일에 생산성이 떨어지는 일도 없이 3일간 업무에 고도로 집중합니다. 직무공유제는 고용 계약 이상의 사회적 계약입니다. 바통을 떨어트려 다른 선수를 실망시키는 일은 하지 않으려고 노력합니다.

오픈뱅킹 _생각해볼 질문

현재 당신 회사에 직무공유제 사례가 있는가? 어떤 교훈을 얻었는가? 직무공유제를 더 확대하는 것이 적절할까? 사례가 없다면 시범적으로 도입하면 흥미롭지 않을까?

통찰: 캐나다연금투자위원회가 직원들을 '3개월간 어디서든 근무'하도록 한 이유

캐나다연금투자위원회의 다리오 코새럭은 내게 "투자 지평은 다음 25년간입니다"라고 설명했는데, 일을 리모델링하는 태도에 이런 장기적인 초점이 내포되어 있다. "'황금 모델'을 찾고 있습니다. 직원들을 착취하거나 번아웃에 빠트리는 곳은 되고 싶지 않습니다. 동료들이 계속 일하면서 동기를 부여받고 균형을 잃지 않길 바랍니다."

캐나다연금투자위원회는 특히 재능이 매우 뛰어나고 유연성을 중시하는 (도표 5의 오른쪽 하단에 놓인) 사람들에게 주목했다.

캐나다연금투자위원회가 '황금 모델'을 어떻게 찾아 나섰는지 자세히 살펴보자. 팬데믹 이전 캐나다연금투자위원회 경영진은 '당신은 여기 장기 근속할 것이다'라는 메시지를 전달하는 일 모델을 구축했다. 이렇게 장기간에 초점을 맞춘 것은 기금 관리 전략의 목적을 그대로 되뇐 것이다. 다리오는 이렇게 말한다. "저희가 여기 있는 것은 한 무리의 사람들을 부자로 만들기 위해서가 아닙니다. 저희는 2,000만 명이 넘는 캐나다인의 기금을 투자하며 퇴직 후 노후 보장에 힘을 보태고 있습니다."

캐나다연금투자위원회의 장기적인 인간 역량 계발과 고용은 기업 목적을 그대로 반영한다. 장기 근속을 이끌기 위해 이미 여러 가지를 실험했다. 5년 근무한 직원에게 최소 3개월간 일을 떠나 새로운 언어를 배우거나 가족과 시간을 보내거나 또 다른 열정이나 관심사를 추구할 선택지를 주는 안식년 프로그램도 그중 하나다. 최대 1년간 무급 휴가를 신청할 수도 있다. 다리오는 이런 프로그램이 중요한 역할을 했다고 설명한다.

> 저희 직원들은 정말 의욕이 넘치고 열심히 일하며 많은 시간을 일에 할애합니다. 저희는 직원들이 번아웃되고, 유일한 탈출구가 퇴직이라고 느끼길 바라지 않아요. 동료들에게 경력을 쌓는 중에 잠시 휴식을 취할 방법 혹은 노동 활동에서 벗어날 시간을 주고 싶습니다. 다방면에서 균형 잡힌 시민이 될 기회, 본인이 원한다면 세상과 관

계를 맺을 또 다른 방법을 찾을 기회를 제공하는 것이 중요합니다.

팬데믹이 창궐하며 캐나다연금투자위원회 경영진은 업무 디자인의 또 다른 여러 측면을 배우고 혁신할 기회가 생겼고, HSM 어드바이저리 컨설팅사가 힘을 보탰다. 수많은 다국적기업과 마찬가지로 캐나다연금투자위원회 직원 중 일부도 봉쇄 기간 중 직장에서 멀리 떨어진 나라에 발이 묶였다. 예를 들어 한국으로 가족을 만나러 간 한 직원은 여행 제한 때문에 돌아오지 못했다. 이런 경험에 비추어 이동지원팀은 '만일 외국 국적자가 마침 가족을 방문 중이라면 기업 규정을 준수하고 리스크 완화 조건을 지키면서 원격근무해도 괜찮지 않을까? 어떻게 하면 업무 연속성을 보장할 수 있을까?' 자문하기 시작했다. 다리오는 이렇게 회고했다. "지금 돌아보면 2020년과 2021년에 수익성이 아주 좋았습니다. 중요한 계약을 여러 건 체결했죠. 선물 매입부터 공채 매매까지 적극적으로 투자 기회를 모색한 결과, 팬데믹 기간 중 20.4퍼센트라는 역대 가장 높은 연간 펀드 수익률을 기록했습니다."

무엇이 가능했는지 알아보기 위해 다리오와 동료들은 모빌리티 전문가와 세무사, 법률 전문가 등을 포함한 교차기능 디자인팀을 구성했다. 그리고 기술 플랫폼 투자나 캐나다연금투자위원회가 맡은 여러 역할의 특징 등 팬데믹 중 회사의 성공을 결정한 여러 측면을 신속하게 검토했다.

앞서 설명한 생산성 4요소와 관련해, 캐나다연금투자위원회의 주요 직위 중 다수에서 생산성을 결정하는 요소는 집중과 조정이다. 개인적으로 숙고하고 분석해 보고서를 작성하는 단계에서는 집중이 필요하고, 아이디어를 제시하고 의견을 나누며 다른 사람과 협력하는 단계에서는 조정이 필요하다. 팬데믹 기간 중 다리오의 디자인팀은 적절한 의사소통 도구만 갖추면 이런 업무 대부분을 원격으로 처리할 수 있다는 사실을 깨달았다. 그리고 팬데믹 이전부터 직원들이 신속하고 효율적이며 안전하게 상호 연결하고 시스템에 접속하기 위해 이용하던 셰어포인트SharePoint 등 클라우드 기반 기술 플랫폼에 대규모로 투자해 원격 업무 처리 능력을 끌어올렸다. 특히 이처럼 안전한 플랫폼을 통해 원격근무자들도 업무상 매우 중요하고 대단히 민감한 자료에 접근할 수 있었다.

결국 팬데믹은 사람들이 집에서 일하게 하고 때로는 사무실에서 수천 킬로미터나 떨어져 일하게 하면서, 무엇이 가능한지 평가할 기회를 제공했다. 디자인팀이 이때 깨달은 중요한 교훈이 하나 있다. 집중이 필요한 직무는 번잡한 사무실을 벗어나야 생산성이 높아진다는 교훈이다. 다리오는 이렇게 설명한다.

> 사무실에서는 동료들이 2분마다 찾아와 "이렇게 하면 안 될까?"라거나 "그건 어떻게 생각해?"라며 묻는 통에 생산성이 떨어진다는 사실을 확인했습니다.

개인이 주의가 산만해지는 것을 최소화하는 방식으로 맞춤형 환경을 관리할 수 있다면, 멀리 떨어져 있는 것이 유리했다.

참여도와 생산성 데이터를 연구한 디자인팀은 직원들이 집중하고 기술 플랫폼을 이용해 조정할 수 있다면 장소는 중요치 않다는 사실을 깨달았다. 집에서 업무 수행이 가능하다면, 논리적으로 어디서든 일할 수 있다고 생각한 것이다. 그래서 디자인팀은 직원들에게 3개월간 어디서든 일할 기회를 주자는 아이디어를 검토하기 시작했다.

이런 일 모델은 디자인하기가 쉽지 않았다. 출입국, 법인 소득세, 개인 소득세, 보험금(예를 들어 병이 나거나 사망 사고가 발생할 경우) 등을 둘러싼 여러 가지 문제가 제기되었다. 캐나다연금투자위원회는 리스크를 유발하거나 규정 준수 문제를 일으키지 않는 모델을 어떻게 만들 것인가 하는 도전에 직면했다. 디자인팀은 가능한 고용 조건과 고용 유지에 미칠 영향, 잠재적인 대가와 관련해 경영진과 협의했다.

디자인팀은 모델을 만들며 다양한 지역의 환경을 꼼꼼히 살피고 '관할권 쌍'이 어디인지 확인했다. 예를 들어 어떤 나라의 지사에서 직원을 채용할 경우, 리스크와 복잡성을 관리해 입지 유연성을 수용할 수 있을 만큼 규정이 비교적 명확한 또 다른 관할권이 어디인지 확인했다. 이런 국가를 '1단계' 국가로 분류했고, 관할권이 다른 20여 개 나라가 포함되었다. 다음으로 '2단계' 국가를 분류했다. 노마드 비자Nomad visa를 발급해 시민권이 없는 사람도 해당 국가에서 원격근무하도록 편의를 제공하는 지역이 2단계 국가에 포함되었다.

기업 목적에 부합

캐나다연금투자위원회의 디자인팀은 유연한 업무 관행과 기업 목적의 연결이 중요하다는 것을 분명히 인식했다. 유연한 근무 관행이 실질적인 동력으로 작용한 것은 장기 투자라는 기업 목적에 부합했기 때문이다. 예를 들어 직원들의 근속 기간이 대개 몇 년밖에 되지 않는 회사에서 1년 중 3개월간 어디서든 근무하게 하면 정말 큰 혼란이 일겠지만, 직원들이 그보다 더 오래 일하게 된다면, 다리오의 말처럼 그 3개월은 "전체 경력 기간을 통틀어, 우리와 함께 일하는 삶의 아주 작은 부분"이다. 또 디자인팀은 유니레버와 마찬가지로 유연한 선택지를 시행하는 작업이 복잡할 수 있으며 전문 디자인 스킬, 즉 세금 및 기술 자문과 이동성 전문가가 필요하다는 사실을 깨달았다.

HSM 어드바이저리의 올리버 페리먼Oliver Ferriman에게 캐나다연금투자위원회 프로젝트를 진행하며 무엇을 깨달았는지 묻자, 세 가지를 거론했다.

> 첫째, '지금이 적기'라는 사실을 분명히 깨달았습니다. 유연성을 바라는 직원들의 순수한 요구는 의미심장했죠. 둘째, 문화가 핵심이며, 신뢰와 애자일 역량을 제대로 향상할 기회임을 확인했습니다.

셋째, 모두에게 책임이 있다는 것을 깨달았습니다. 분산된 책임의 중요성을 이해하고, 책임을 경영진에 돌리는 대신 회사 구성원 모두가 함께 배우고 실험한다는 신호를 주는 것이 중요했습니다. 직원들은 디자인 관련 설문조사와 워크숍을 접하며 상호 책임감을 느꼈고, 이 유연한 모델이 쌍방 합의의 결과이므로 그 운영 책임이 개인과 팀 양쪽에 있음을 아주 깊이 인식했습니다.

캐나다연금투자위원회 _생각해볼 질문

핵심 인력 중 현재 근무지가 아닌 다른 나라에 가족이나 집이 있는 사람이 얼마나 되는가? 상당히 많은가? 그렇다면 그런 직원들에게 다른 나라에서 살 기회나 안식년을 주면 동기 부여가 되지 않을까? 이를 실행하는 가장 좋은 방법을 찾을 때 누구의 참여가 필요한지, 어떤 복잡한 문제에 직면할지 고민하라.

행동 지침 #10

모델을 만들어 미래에도 살아남을 모델인지 테스트하라

- 50세 이상 인력이 증가할 것을 고려한 일 모델인가? 나이 든 노동자들의 결정성 지능이 업무 디자인에 분명히 반영되도록 했는가?

- 사람들이 다단계 삶을 살고 있다는 사실을 반영했는가? 입사 연령을 너무 엄격하게 제한했다면, 유연한 고용이 가능하도록 한층 더 프로젝트에 기반해 일을 리디자인해야 하지 않을까?
- 당신이 현재 사업을 운영하고 있으며 앞으로도 사업을 운영할 나라의 인구 통계에 무엇이 단기적, 중기적 영향을 미칠까? 인구 감소가 기술인력 부족으로 이어질 나라가 있는가? 이런 점을 업무 디자인에 반영할 가장 좋은 방법이 무엇인지, 다른 인재 풀을 더 창의적으로 고려할 필요가 없는지 숙고하라.
- 다양한 고용 모델이나 직무공유제, 안식년제, 타지역 시간제 근무 등 유연성을 지원하는 프로세스를 자세히 들여다보라. 이런 프로세스가 당신 기업의 목적, 재능 있는 인재를 고용하고 유지하기 위한 전략에 부합하는지 검토하라.

모델을 만들어 테스트하기: 일 모델이 기술 전환을 뒷받침하는가?

팬데믹의 놀라운 영향 중 하나가 디지털 스킬이 가속화하고 광범위한 신기술을 채택하는 속도가 빨라진 것이다. 인지적 작업에서 기계의 역할 증가와 자동화가 크게 가속되겠지만, 결국 기계는 알고리즘과 상관관계에 집중적으로 이용될 것이다. 기계는 어떤 일에 결정적으로 필요한 인간의 장기적인 상상력에 초점을 맞추지 못할 것이다. 그러나 2장에서 설명한 대로, 기계 이용이 아무리 제한적이어도 기술 발전은 사람들이 일에 원하는 내용에 분명히 영향을 미칠 것이다. 이처럼 자동화가 가속되는 상황에서 사람들은 일자리를 잃을까 걱정하며 자신의 직무 능력을 업스킬하거나 리스킬해야 한다는 자극을 받을 수밖에 없다.

업무 리디자인은 수많은 디지털 요소와 자동화 요소를 포함하게 마련이다. 따라서 모델을 만들어 테스트할 때 고려할 요소 중 하나가 기술 전환을 최대한 활용하는 범위다. 먼저 직무 자동화에 대한 직원 경험, 자동화 경로에 대한 설명을 검토해보자. 다음으로는 더 일반적인 모델을 통해 기계가 일에 미치는 영향을, 그리고 기계로 처리할 수 없는 스킬, 즉 공감과 판단 같은 휴먼 스킬의 계발을 들여다보자. 끝으로 스킬 계발과 전환을 지지하는 기업 계획을 자세히 알아보자.

직무 자동화에 대한 직원 경험

직원들은 대부분 자동화가 자신들의 일에 미칠 심각한 영향을 알고 있다. 실제로 영국 PwC에서 HR을 책임지고 있는 피터 브라운이 2021년 3월에 전해준 이야기에 따르면, 직원 설문조사에 응한 PwC 직원 중 40퍼센트는 자신의 직무가 5년 안에 사라질 것으로 내다보았다. 하지만 그와 동시에 40퍼센트가 지난해에 디지털 업스킬을 했다고 답했고, 80퍼센트는 새로운 세상에 적응할 수 있다고 확신했다. 이런 주체성과 기술에 통달했다는 자신감이 바로 PwC 경영진이 직원들에게 바라는 것이지만, 모든 직원이 똑같은 감정을 지닌 것은 아니다. 또 다른 설문조사에서는 자신의 직무가 사라지고 새로운 세상에 적응할 스킬도 갖추지 못할까 두려워하는 직원이 60퍼센트를 넘었다.[7]

이러한 노동자들의 개인적인 주체성과 잠재적 불안은 업무 리디자인 모델이 뿌리내리는 과정에서 결정적인 역할을 할 수 있다. 전체 직군을 통틀어 60퍼센트의 직무에서 과업의 3분의 1이 자동화될 수 있다고 추산된다. 수많은 노동자가 하는 일의 본질이 크게 바뀐다는 의미다.[8]

일을 리디자인하는 목적은 번영이고, 우리는 사람들이 새로운 세상에 적응할 수 있다는 자신감을 느낄 때, 특히 기계와 더불어 일할 수 있다는 자신감을 느낄 때 번영할 수 있음을 잘 알고 있다. 그들은 자기 일의 일부가 자동화되어도 나머지 더 복잡한 업무를 수행하도록 업스킬하거나 완전히 다른 직무를 수행하도록 리스킬할 수 있다고 믿는다. 자동화의 속도와 궤적에 불안해하는 사람들은 배우고 적응하기가 훨씬 더 어렵다.

업무 리디자인에 대해 직원들이 낙관하고 확신하려면 자신의 직무가 자동화될 경로를 잘 알아야 한다. 또 자동화 경로에서 드러날 새로운 역량을 쌓을 능력과 기회가 있다는 자신감을 가져야 한다.

이런 이유에서 경영진이 자동화 경로를 이해하고 분석한 뒤 직원들에게 전달해 그들이 행동 전략을 개발하도록 자원을 투입하는 것이다. 그 좋은 예로 호주 뉴사우스웨일스주의 사례를 살펴보자.

통찰: 뉴사우스웨일스주 공공서비스위원회가 자동화 경로를 이해한 방법

뉴사우스웨일스주 공공서비스위원회 부위원장 크리스 램Chris Lamb은 다음 10년간 직무가 어떻게 바뀔지 이해하고 직원들이 잠재적인 경로를 잘 통과하도록 지원하는 것이 위원회 활동의 주요 목적이라고 설명했다. 현재 뉴사우스웨일스주 전역에서 교통과 교육, 보건 등의 직무에 종사하는 인원은 약 40만 명이다. 공공서비스위원회가 주 전체 노동인구의 10퍼센트 정도에 일자리를 제공하는 셈이다. 지역 공동체에 그만큼 큰 영향을 미친다고 볼 수 있다.

직무가 어떻게 바뀔지 깊이 이해하기 위해 위원회는 2019년부터 전문 데이터 분석팀과 협력해 과업과 스킬 관련 데이터를 면밀하게 검토했다. 크리스는 분석팀의 검토 과정을 이렇게 설명했다.

> 현재 노동인구가 다음 10년간 어떻게 바뀔지 이해하는 것이 중요하다는 것을 알았습니다. 과업과 스킬의 수준을 살펴 어떤 직무가 자동화될지, 어떤 직무가 증강될지, 어디서 새로운 직무가 추가될지 파악하려 했습니다. 원격으로 수행할 수 있는 직무 범위도 이해하려

했고요. 우리 주정부가 관심을 쏟는 대상이 시드니나 울런공, 뉴캐슬 같은 대도시뿐만 아니라 지역 전체이기 때문입니다.

다양한 확률 분석 기법을 동원한 분석팀은 40만 개 직무 중 약 42,000개가 증강되고 15,000개가 완전 자동화되며, 숙련된 데이터 과학자를 중심으로 9,500개의 직무가 새로 탄생할 것으로 예측했다.

위원회는 검증된 미래 직무 분석 데이터를 다양한 정부 부처와 공유했다. 각 부처는 이를 기회로 삼아 자신들의 데이터를 철저히 분석하고 그 통찰을 이용해 장기적인 계획과 자원 배분을 지원했다.

새로운 업무방식 모델 제작

위원회의 향후 10년간 직무 변화 예측을 토대로 정부 부처들은 현재 노동인구 모델을 검증했다. 일부 부처는 업무 디자인과 관련해 과감한 전략을 선택하는 기회로 삼았다. 교통부 간부진은 무인 열차와 무인 트럭이 주 교통 서비스에 큰 영향을 미칠 것으로 이미 인식하고 있었다. 미래 자동화 경로 예측과 미래 스킬에 미칠 영향을 함께 고려하면서, 주의 세 가지 주요 교통체계, 즉 철도와 버스, 선박 운송에서 의미심장한 스킬 유사성을 발견했다.

이 분석적 통찰을 토대로 교통부 간부진은 미래 노동인구 모델과 업무방식 모델에 여러 가지 과감한 전략적 결정을 도입했다. 세 가지 전통적인 운송 서비스(철도, 버스, 선박)를 지속하는 대신 고객 경험과 고객 여정을 중심으로 미래 업무 구조와 스킬을 재편하기로 결정했다.

교통부 간부진은 데이터 분석에서 얻은 통찰을 기초로 여러 차례 직원 워크숍을 개최해 일이 어떻게 바뀌고 있으며 미래에 어떻게 바뀔지, 어떤 교육 프로그램으로 직원들을 안내할지 의견을 나누었다. 이런 초기 데이터 분석을 출발점으로 직원들이 업무 변화 여정을 무사히 마치도록 지원하는 각종 시범 사업이 탄생했다. 예를 들어 한 디자인팀은 교육 체험 플랫폼을 개발하는 외부 교육회사와 제휴 협약을 맺고, 가장 귀중한 미래 스킬에 관한 직무 데이터 분석을 이용해 교육 자원이 올바른 방향을 향하는지 확인했다. 크리스는 교육 플랫폼에 관해 이렇게 설명했다.

> 직원 500명을 대상으로 시범 적용했고, 뭔가 배울 때 구글을 찾는 사람이 많다는 사실을 확인했습니다. 교육 플랫폼을 구글 크롬에 기반해 제작한 덕분에 직원들을 일반적인 유튜브 자료가 아니라 우리 교육 자료로 이끌 수 있었습니다. 비슷한 교육 자료에 접근하는 더 강력한 학습 공동체를 구축한 것입니다.

디자인팀은 대단히 중요한 디지털 스킬을 향상할 여러 가지 시범 사업도 도입했다. 초기 직무 분석을 통해 디자인팀은 증강될 역할 중 디지털 역량이 필요한 역할이 많고 새로운 직무 중에도 중요한 디지털 요소를 지닌 직무가 많다는 것을 깨달았다. 그래서 이처럼 귀중하고 습득하기 어려운 디지털 스킬을 구축할 가장 좋은 방법을 모색하는 시범 사업을 도입했다.

디자인팀은 먼저 데이터 과학자를 위한 역량 틀을 개발한 뒤, 신입 직원이 입사할 때부터 출발하는 새로운 경력 경로를 만들었다. 고용 유지 전략도 면밀히 검토했다. 크리스는 "역량이 쌓이면 흔히 컨설팅사로 이직하는 데이터 과학자들을 지키는 것이 숙제"라며, "그래서 이들이 조직에 머무를 만한 좋은 이유를 강화할 수밖에 없었습니다"라고 설명했다. 크리스와 디자인팀은 두 가지 영역을 중요하게 고려했다.

> 주정부는 주에서 가장 복잡하고 가장 중대한 문제를 다루는 조직입니다. 우리는 직원들이 이런 사실을 확실히 인식하고 그 가능성에 고무되길 바랐습니다. 하지만 이게 다가 아닙니다. 목적의식과 지역사회에 봉사한다는 생각으로 정부에 들어오는 사람도 많죠. 그래서 저희는 목적의식과 공동체의식을 계속 구축할 수 있도록 노력합니다.

공동체 강화

위원회가 목적의식을 강화한 방법 중 하나가 재택근무의 잠재력을 이용해 대도시 바깥의 이웃과 지역 공동체를 강화한 것이다.

크리스의 설명을 들어보자.

> 데이터 분석 결과, 사무실 밖에서 문서로 처리할 수 있는 직무들이 확인되었습니다. 그리고 코로나에 대한 집단 경험을 통해 그것이 실제로 가능함을 알았죠. 직원들은 사고방식을 재택근무로 전환했습니다. 저희는 본청 업무를 장소에 구애받지 않고 배치하는 방식으로 접근했습니다. 그렇다고 해서 직원들이 바베이도스나 피지에 살아도 된다는 뜻은 아닙니다. 공공서비스를 제공하는 노동자는 자신이 봉사하는 공동체의 구성원이며 주에 세금을 내는 것이 중요하기 때문입니다. 저희는 재택근무를, 시드니에서 800킬로미터 이상 떨어진 배서스트나 오렌지 같은 지역 도시에도 투자한다는 사명을 지속할 기회로 삼고자 했습니다. 중요한 것은 행정직만 옮기지 않고 리더십 역할도 지역으로 이전하려 했다는 점입니다. 이것이 지역 공동체를 강화하는 진정한 기회라고 생각합니다. 지역 도시에 정부 공무원의 근거지가 생겨 인재가 모이고 지역 경제가 번성하는 것, 이를 가능하게 만드는 요소가 재택근무라고 생각합니다.

뉴사우스웨일스 공공서비스위원회 **_생각해볼 질문**

당신 회사의 핵심 직무에서 진행되는 자동화 경로에 대해 얼마나 알고 있는지 생각해보라. 뉴사우스웨일스주 공공서비스위원회처럼 자동화 경로 분석에 투자할 가치가 있지 않을까? 자동화 경로를 분석한 자료가 있다면, 그 자료에 비춰 일 모델을 테스트하고 있는가?

자동화가 직무에 미치는 영향의 틀 만들기

업무방식 리디자인 모델을 만들어 테스트하려면 크리스 램과 그 디자인팀처럼 기계가 일에 미치는 영향을 고려해야 한다. MIT 미래의 일 연구소를 공동으로 이끄는 경제학자 데이비드 오터David Autor가 개발한 (도표 13)의 도식[9]을 살펴보자.

이 도식은 2장에서 대부분 직무가 30여 가지 과업으로 구성된다고 설명한 내용처럼, 먼저 구성 **과업**의 수준에서 직무를 분석한다. 그런 다음 그 과업이 반복적인지 아니면 비반복적인지 살핀다. 대단히 **반복적인** 과업은 지침에 따라 늘 비슷한 방식으로 수행되며 매뉴얼로 쉽게 정리된다. BT 콜센터 직원들의 일이 대단히 반복적인 과업을 잘 보여주는 예다. 이런 과업은 지식 구성 측면에서 다량의 **명시적 지식**이 포함된 경우가 많다.

비반복적 과업은 훨씬 더 복잡하고 매번 달라질 수 있다. 캐나다연금투자위원회의 애널리스트 직무는 주요 투자의 예상수익 경로

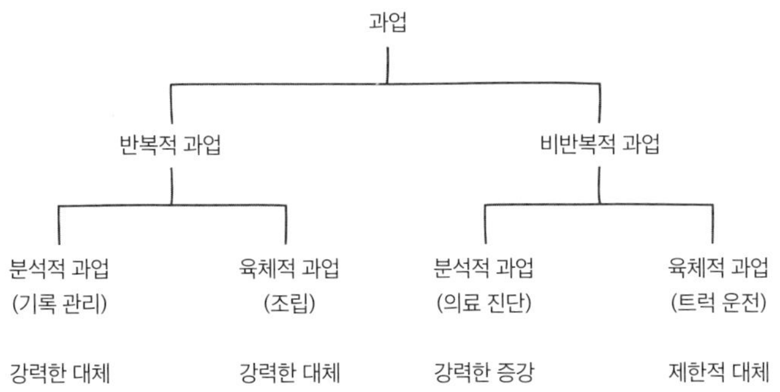

도표 13 **틀: 기계가 일에 미칠 영향 예측**

모델을 만들 때 회사마다 다른 결과가 나오므로 그에 따라 각각 별도의 판단이 필요하다는 의미에서 비반복적 업무들을 포함한다. 비반복적인 업무는 다량의 **묵시적 지식**이 관련된 경우가 많다.

앞의 도식에서 보듯, 반복적 과업과 비반복적 과업은 다시 **분석적** 과업과 **육체적** 과업으로 나뉠 수 있다. 분석적 과업은 문제 해결이나 데이터 분석 등 인지 기능을 요구하고, 육체적 과업을 수행하려면 모종의 신체 활동이 필요하다.

뉴사우스웨일스주 공공서비스위원회의 디자인팀이 자동화 경로를 예측할 때 이용한 것이 이러한 도식 모델이다. 앞의 도식에서 나타난 네 가지 가능한 결과와 자동화 예상 경로를 하나씩 자세히 살펴보자.

반복적/분석적 과업—강력한 대체

반복적 과업은 기계(AI와 로봇)가 인간을 대체할 수 있는 것이 많고, 어떤 과업은 이미 기계가 인간을 대신해 처리하고 있다. 기록 관리나 계산, 반복적인 고객서비스 같은 분석적 과업이 여기에 해당한다.

반복적/육체적 과업—강력한 대체

수확하거나 분류하거나 반복 조립하는 것처럼 육체적인 과업도 기계가 인간을 대체할 부분이 상당히 크다. 기계가 일부 육체적 과업을 수행할 수 있지만, 그래도 아직은 기계가 인간을 대체하지 못하는 것이 많다. 그 이유는 로봇이 아무리 발전해도 인간 작업자의 융통성과 손재주를 쉽게 따라잡지 못하기 때문이다. 모든 기계가 그렇듯 로봇은 데이터와 반복을 통한 학습으로 어떤 과업을 놀랄 만큼 능숙하게 처리하지만, 오직 그 과업만 처리할 수 있다. MIT가 발표한 자동화 관련 보고서에 따르면, 물건을 집는 그리퍼 로봇을 미세 조정하면 윤기가 흐르는 도넛을 흠 하나 나지 않게 집어 상자에 담을 수 있지만 그 로봇은 오직 도넛만 집을 뿐 아스파라거스 다발이나 자동차 타이어는 집어 올리지 못한다.[10]

게다가 이런 기계는 아주 비싸서 인건비 부담이 대단히 큰 나라(한국이나 일본)나 특히 복잡하고 숙련된 기술이 필요한 직무에 주로 이용된다. 이처럼 로봇은 비용과 운영에 필요한 전문 지식 때문에 보급 속도가 더딜 수밖에 없다.

비반복적/분석적 과업—강력한 증강

기계가 일에 미치는 영향과 관련해 대단히 흥미로운 분야가 비반복적인 과업이다. 왜냐하면 가설 설정이나 의료 진단, 설득, 판매 등 비반복적이고 분석적인 과업에서 인간과 기계가 **결합**해 강력한 증강을 만들어내기 때문이다. 이때 기계가 제공하는 데이터나 유추, 정보가 휴먼 스킬을 증강한다. 캐나다연금투자위원회의 직무 중 경영 사례 분석과 관련한 직무도 정교한 자동화 모델을 이용해 기본 데이터를 제공한다. 많은 직무에서 그렇듯, 이 과업들은 인간과 기계가 협력하는 활동인 셈이다. 5장에서 자세히 설명하겠지만, IBM은 시기적절하게 행동을 유도하도록 프로그램된 다양한 로봇을 디자인하고 도입해 관리자를 지원함으로써 관리자의 일을 증강하고 있다. 가령 이 기계는 관리자에게 팀원과 이야기 나눌 시간을 알려주거나 순간순간 여러 항목을 점검해 해당 과업을 처리할 가장 좋은 방법을 알려준다.

비반복적/육체적 과업—제한적 대체

청소 서비스나 트럭 운전 같은 과업도 바닥 청소 로봇이나 무인 트럭에 영향을 받을 수 있다. 하지만 이런 과업은 상대적으로 기계 대체가 제한적이다. 계단을 오르내리거나 혼잡한 도심을 빠져나가는 등 기계가 하기 힘든 활동이 많기 때문이다.

MIT 보고서에 따르면, "지금까지는 기술이 개발될 때마다 늘 어떤 직무는 대체되고, 어떤 직무는 새로 창출되고, 어떤 직무는 변화되었다. 문제는 로봇과 AI가 공장 작업장과 사무실에서 인간을 빠르게 대체하게 됨에 따라 상황이 달라질지 여부다."[11] MIT 보고서는 그에 따른 변화가 혁명보다 진화에 가까울 것이라고 결론지었다. 이런 관점이 일을 리디자인할 때 중요하다. 이 진화는 어떤 모습일까? "앞으로 20년 안에 산업화된 국가에서는 일자리가 구직자보다 많아질 것으로 예측된다." 이런 기술 인력 부족에 직면하면 업무 리디자인 모델이 물거품이 되기 쉽다. 업무방식은 그 일을 수행할 의욕과 능력을 지닌 직원들이 있을 때만 리디자인될 수 있기 때문이다. 그렇다면 어떻게 할 수 있을까?

그중 하나가 뉴사우스웨일스주 디자인팀이 찾아낸 방법이다. 직원들에게 자신들의 직무가 어떻게 변할지, 어디서 새로운 직무가 출현할지에 관한 통찰을 제공함으로써 업스킬하도록 자극하는 방법이다. 중요한 것은 이런 통찰을 제공하면 직원들이 자동화될 가능성이 큰 과업 기술을 향상하는 데 자원을 투입하지 않도록 한다는 것이다.

인본주의 심리학자로서 나는 (급여의 많고 적음에 상관없이) 대부분 성인이 당면한 도전에 맞서 회복력을 기르고 미래의 충격에 대비하기 위해 스킬을 배우고 개발하려는 의욕이 넘친다고 믿는다. 방법은 현재 직무에서 업스킬하도록 시간과 자원을 투자하는 것이다. 더 좋은 방법은 가치가 더 높고 더 나은 직무에 대한 기대와 희망을 품고 리스킬하는 것이다. 노동시장 플랫폼 기업인 버닝글래스 테크놀로지스Burning Glass Technologies의 CEO 맷 시걸먼Matt Siegelman이 이런 말을 했다. "위로 올라가려는 인간의 욕망과 능력은 억누를 수 없습니다."

위로 올라가려는 인간의 욕구는 앞으로 닥쳐올 대대적인 일자리 변화에 대응하는 결정적인 요소가 될 것이다. 따라서 업무 리디자인을 추진하는 진짜 동력은 직원들이 인간으로서 타고난 욕구를 활용하도록 장려하는 교육 인프라를 창출하는 것이다. 이를 위해 일부 경영진은 기본적인 휴먼 스킬을 구축하고, 직원들이 대체로 급여 수준이 더 높고 더 좋은 일자리와 연결되는 방법을 찾도록 발전 경로를 가시화하며, 기존 직원뿐 아니라 더 넓은 공급망과 지역사회에도 스킬계발 기회를 제공하려고 투자함으로써 이동성을 지원한다.

기본적인 휴먼 스킬 구축의 문제

미래를 내다볼 때 가장 높은 가치를 인정받을 휴먼 스킬이 무엇일까? 지금 당장은 말할 것도 없고 가까운 미래에도 기계는 인간의 기분을 파악하거나 주변 상황을 감지하거나 인간과 신뢰 관계를 발전시키는 데 대체로 서투를 것이다. 따라서 세계경제포럼이 일자리의 미래에 관한 보고서에 밝힌 대로, 공감이나 상황 감지, 협업, 창의적 사고 같은 기본적인 휴먼 스킬이 대단히 중요해질 것이다.[12]

기본적인 휴먼 스킬에 초점을 맞춘 분명한 사례가 시중 은행 지점이다. 자동인출기로 현금을 지급하고 계좌 거래내역을 온라인으로 제공하는 등의 자동화로 시간을 번 은행 직원들이 스킬을 향상하고 더 적극적인 홍보대사가 되어 고객에게 또 다른 상품을 추천하고 교차 판매cross-selling●했다. 이런 '인간적인' 업무에 필요한 것이 바로 공감과 경청, 판단처럼 수준 높은 대인관계 스킬이다.

하지만 기술 향상이라는 측면에서 볼 때, 기본적인 휴먼 스킬은 계발하기가 절대 쉽지 않다. 분석과 의사결정, 분석적 판단 같은 인지 스킬을 계발하는 방법은 이해되고 있지만, 역설적이게도 기본적인 휴먼 스킬의 기원에 대해서는 알려진 내용이 매우 적기 때문이다. 현재 인간이 학습하고 수행하는 맥락은 대부분 인지 스킬에 치우친 것이 사실이다. 10년 넘게 이 문제에 천착한 내가 보기에는 세 가지 장애물이 기본적인 휴먼 스킬의 계발을 가로막고 있는 것 같다. 극복해야 할 세 장애물은 학교 교육 과정, 가정에서 기술을 이용하는 방법, 직장에서 받는 스트레스다.[13] 교육 과정이나 집 안 환경에 대해서는 우리가 할 수 있는 일이 별로 없겠지만, 직장 스트레스는 다르다.

●금융회사들이 자체 개발 상품뿐 아니라 다른 금융회사가 개발한 상품까지 판매하는 방식.

교육 과정

대부분 학교는 산업혁명 이후 규정된 기본교육 이념을 반영하며 공장과 흡사하다. 1900년대 초에는 교육의 목적이 분명했다. 주로 수공업과 농업에 종사하던 사람들을 공장에서, 그 이후에는 사무실에서 일하도록 준비시키는 것이 교육 목적이었다. 현재 기본적인 휴먼 스킬을 가르치는 학교도 일부 있지만, 대체로 아이들을 (공장에서 생산직으로 일할 때처럼) 한 번에 몇 시간 동안 한자리에 있게 하고, 암기 학습에 몰두하고, 규칙을 따르도록 훈련하는 전통을 고수하고 있다. 안타깝게도 이런 스킬은 기계가 대단히 능숙하게 수행할 수 있는 것들이다.

이런 교육 환경에서는 공감이나 창의력, 인간의 감정을 정확히 해석하는 능력이 자랄 여지가 거의 없다. 기본적인 휴먼 스킬을 중심으로 삼으려는 새로운 교육기관이 많지만, 교육 체계 재편은 업무 리디자인이라는 의제에는 당연히 포함되지 않을 것이다. 하지만 젊은이들이 미래의 성공에 결정적인 정교한 휴먼 스킬을 갖추지 못한 채 조직에 합류하기 쉬우므로 핵심적인 휴먼 스킬과 관련해 구체적인 업스킬이 필요할 수 있음을 유념해야 한다.

가정에서 기술을 이용하는 방법

공감이나 상황 감지 같은 기본적인 휴먼 스킬의 계발을 가로막는 문제 중 하나로 소셜미디어와 기술 포화의 부정적 영향이 지목되기도 한다. MIT 사회학자 셰리 터클Sherry Turkle의 주장처럼, 팬데믹 기간에 기술이 넘쳐나기 훨씬 전부터 이미 인간과 기술이 상호작용하는 방법이 기본적인 휴먼 스킬의 계발에 영향을 미친다는 증거가 쌓이고 있었다.[14] 셰리 터클은 성인과 아동이 온라인게임이나 소셜미디어에 오랜 시간을 쏟으면 기본적인 대면 휴먼 스킬이 위축되기 시작한다고 주장한다. 소셜미디어로 짧게 주고받는 상호작용은 사회적 스킬 계발에 도움이 되지 않는다는 것이다. 부분적 이유는 인간이 공감하고 협업해 계발한 진화적 장점은 개인의 미묘한 학습과 피드백으로 보강되어야 해서다. 예를 들어 아이가 아마존Amazon의 가상 비서인 알렉사와 대화하는 모습과 할아버지와 대화하는 모습을 비교해보자. 알렉사와 상호작용할 때 아이는 기계에 명령하려는 유혹에 빠져서 무례하게 굴기 쉽다. 그래도 알렉사는 한결같이 점잖게 대꾸할 뿐이다. 만일 아이가 알렉사에게 하던 것처럼 할아버지와 상호작용하면 무례한 행동이라고 야단맞을 것이다.

직장 스트레스

기본적인 휴먼 스킬의 계발을 가로막는 또 하나가 업무 디자인이다. 대부분 성인이 일하면서 아주 많은 것을 배우기 때문에 직장에서 기본적인 휴먼 스킬도 배운다고 생각하기 쉽다. 하지만 공감이나 창의력 같은 스킬을 계발하거나 활용하는지 그렇지 않은지는 인간의 감정에 대단히 민감하게 반응한다. 예를 들어 부당한 대접을 받는다고 느끼는 등 압박감이 생기면 (뇌에서 감정을 조절하는 변연계에 포함된) 해마가 상황의 맥락을 파악하거나 공감하며 경청하는 기능이 크게 저하된다. 말하자면 뇌가 경청과 공감 같은 스킬의 학습이나 수행을 차단하는 것이다.

그래서 일을 리디자인할 때 스트레스에 정말 주의해야 한다. 만일 리디자인으로 의도치 않게 직장 내 스트레스 수준이 높아지면 기본적인 휴먼 스킬의 계발과 활용을 방해하는 장애물이 설치되는 셈이다. 바로 이런 이유에서 유연한 업무 관행과 협업 문화, 공정한 프로세스가 기본적인 휴먼 스킬의 계발과 활용을 촉진한다는 사실을 이해하는 것이 중요하다.

휴먼 스킬을 계발하는 새로운 방법

공감 등 기본적인 휴먼 스킬은 수많은 직무에서 중요하게 작용하지만, 계발하기는 지극히 어렵다. 리더들의 기본적인 휴먼 스킬을 연구한 기술 학습 그룹 머전Mursion의 CEO 마크 앳킨슨Mark Atkinson은 이렇게 설명한다.

> 휴먼 스킬이라는 측면에서 훌륭한 리더가 되는 방법은 거창하지 않습니다. 동료와 고객에게서 최대치를 만들어내는 겁니다. 이런 일을 잘하는 리더, 정말 적극적으로 경청하는 리더가 집단 환경의 정서적 긴장을 완화하고, 동의를 구하기 위해 양보하고, 집단 내부의 다양

성을 관리할 수 있습니다. 생각이 정말 깊을 수도 있는, 더없이 내성적인 사람들을 끌어내는 일도 잘하죠. 이런 사람들의 독특한 재능을 알아보고, 이들을 위한 자리를 만들어내야 합니다.

문제는 인지적 스킬이나 기능적 스킬과 달리 기본적인 휴먼 스킬은 규칙에 입각한 방식으로 학습할 수 없으며 반복과 연습이 필요하다는 것이다. 하지만 성공의 지표는 더 명확하다. 마크는 "음성 패턴의 감성 분석을 이용한 연구로 누가 사회적으로 더 영향력이 있는지 예측"할 수 있다고 설명한다. 응급실에서 이루어지는 의사소통 패턴의 감성 분석 사례를 예로 들어보자. 의료진이 거들먹거리거나 무례한 정도, 의료진이 고개를 끄덕이고 시선을 맞추는 패턴과 그들 사이의 동시성, 즉 '서로 어울려 춤추는지' 아니면 '싸우는지'를 분석한 결과, '춤추는' 의료진이 더 나은 결정을 내리고 더 잘 협력하고 성공의 지표가 더 높았다.

이런 스킬을 계발하는 가장 좋은 방법은 무엇일까? 마크는 이렇게 설명한다.

직무와 관련해 업무 환경에 적합한 사회적 스킬을 구축하려면 실제 직무와 최대한 비슷한 상황에서 많은 연습 기회가 주어지는 몰입형 학습 경험이 필요합니다. 이런 스킬 계발은 기본적으로 시행착오 과정입니다. 특정한 방식으로 행동한 뒤 미묘한 사회적 신호로 피드백을 받고 다시 시도하는 것이죠. 연습이 습관의 근육을 만듭니다.

학습 전문가들은 학습 기술을 활용해 휴먼 스킬의 향상을 확장할 새로운 방법을 찾고 있다. 이런 훈련 프로그램은 교실에서 진행되는 값비싼 코칭에 의존하지 않고, 가상현실 및 AI와 교관을 결합해 활용한다. 까다로운 고객이나 직원의 말을 경청하고 상호작용할 기회를 제공하는 프로그램을 예로 들어보자. 전형적인 역할 훈련 프로그램이지만, 이 프로그램에서는 가상현실의 아바타가 까다로운 고객이나 직원 역할을 맡는다. 학습 디자인팀은 스트레스가 심한 업무 환경을 그럴듯하게 재현해 훈련자의 뇌가 가상현실을 실제 현실로 믿게끔 했다. 훈련자는 까다로운 고객과 상호작용하며 다양한 맥락에서 훈련하고, AI 아바타와 대화를 나누며 시행착오 과정을 거친다. 시간이 흐르며 훈련 과정에 관한 객관적 피드백과 주관적 피드백을 받는 훈련자는 기본적인 휴먼 스킬에 결정적인, 대화를 능숙하게 나눌 방법을 터득한다. 이 프로그램을 중요하게 활용한 기업이 미국에 본사를 둔 호텔 베스트웨스턴 인터내셔널Best Western International이다. 호텔은 35,000명이 넘는 직원에게 이런 훈련 프로그램을 적용해 고객에게 공감을 표현하고 고객의 문제를 즉시 해결하도록 업스킬했다.

통찰:

IBM이 발전 경로를 가시화한 방법

일을 리디자인해 기술 전환을 뒷받침하고 이 기술 전환에 대한 노동자의 감정을 이해하려면 자동화 경로를 예측하고 직원들의 업스킬과 리스킬을 지원하는 것이 중요하다. 직원들을 번영으로 이끄는 또 하나의 방법은 직무 유형을 이용하는 것이다. 업무 리디자인과 관련해 중요한 통찰은 실무 경험이 현재 직무에 필요한 스킬뿐 아니라 미래 직무에 필요한 스킬도 계발하도록 지원할 수 있다는 것이다.

하지만 직무마다 스킬 계발 가능성이 다르다. 어떤 직무는 에스컬레이터와 같아서 직무 경험자를 위로 이동시키는 반면, 어떤 직무는 어디로도 가지 못하는 막다른 골목과 같다. 경영진과 노동자가 마주한 도전은 막다른 골목과 에스컬레이터를 구분하는 것이다.[15]

에스컬레이터 직무

전문적인 직무에서는 대체로 상승 이동 경로가 아주 뚜렷하게 보이지만, 반숙련 직무와 저숙련 직무에서는 늘 그러지는 못한다. 이런 직무에서는 눈에 보이는 에스컬레이터가 특히 중요하다. 이해를 돕기 위해 미국 노동자 10만 명의 직업 이력을 추적한 연구 자료를 살펴보면,[16] 조사 대상 노동자의 절반이 임금이 더 높은 일자리로 상승한 고무적인 결과가 확인된다. 고객서비스와 상품 판매, 광고 판매, 컴퓨터 지원 전문가, 간호사 등 다양한 일자리가 노동자들에게 임금 상승으로 가는 길을 열어준 에스컬레이터 직무에 포함되었다.

이런 에스컬레이터 직무에서 나타나는 공통점이 경청과 소통, 공감, 판단, 의사결정 같은 기본적인 휴먼 스킬을 계발할 기회를 창출했다는 것이다. 이런 휴먼 스킬은 아주 다양한 직무에서 중요하지만, 특히 기능적 스킬의 가치를 드러내는 데 핵심 역할을 한다. 사실 인간은 기본적인 휴먼 스킬이 없으면 기능적 스킬을 완전히 발휘하지 못한다. 그리고 이 기본적인 휴먼 스킬이 중요한 이유 중 하나는 흔히 유통기한이 짧은 기능적 스킬과 달리 일하는 평생 그 가치를 인정받는다는 것이다.

기업은 이처럼 에스컬레이터 역할을 하고 길을 열어주는 직무를 확인해 활용할 수 있다. 챗봇 마이카MYCA(My Career Advisor의 머리글자를 따 붙인 이름)를 개발해 이용 중인 IBM이 좋은 예다. 마이카는 (IBM의 HR 시스템이나 사내 채용 공고, 외부 노동시장 데이터 등을 포함해) 다양한 내외부 데이터를 실시간으로 활용해 직원들과 현재 및 미래의 스킬 계발에 관해 대화를 나눈다. 자연어 기술을 이용해 노동자의 현재 스킬 프로필을 설명하고 길을 열어줄 직무가 무엇인지 보여주며 스킬 격차를 해소할 방법을 강조한다.

IBM _생각해볼 질문

당신 기업의 여러 직무를 생각해보자. '에스컬레이터' 직무는 무엇인가? 관리자와 노동자들이 에스컬레이터 직무를 알고 있는가? 아니라면, 에스컬레이터 직무를 확인해 알리는 것이 유익하지 않을까?

통찰:

TCS가 직원들의 스킬과 네트워크를 드러낸 방법

일을 리디자인해 노동자가 번영하길 바란다면 분명한 발전 경로와 노동자들이 스킬을 드러내고 자신이 배운 것을 남에게 입증할 방법을 만들어야 한다. 지금까지는 일반적으로 대학 졸업장이 배움을 입증하는 '신호 장치'였지만, 이제는 기업이 노동자의 배움이 쉽게 드러나도록 업무방식을 디자인하고 있다.

TCS는 기본적인 휴먼 스킬과 기술적 스킬을 파악하고 조정하는 데 집중한다. 람쿠마르 찬드라세카란은 "크놈Knome이라는 내부 플랫폼을 통해 회사 전체적으로 50만 명에 이르는 직원이 자신의 스킬 계발을 추적하고 온라인 교육으로 스킬을 향상하고 확대하며 스킬 배지를 획득해 명성을 쌓도록 지원하고 있다"고 설명한다. 특정 스킬을 계발한 직원은 자신의 능력을 다른 사람들에게 알리도록 프로필에 '배지'를 달 수 있다. 기업 입장에서는 이런 자격증들을 조회해 기업 전체의 스킬 계발 정도와 깊이를 평가하는 자료로 활용할 수 있다.

다른 사람과 협업하고 협력하는 스킬이 TCS의 많은 역할에서 중요한 생산성 요소다. 이런 스킬을 장려하고 지원하기 위해 TCS는 중요한 스킬에 배지를 다는 방안을 고안했다. 일반적으로 내부 협업 도구로 인정받지 못하는 이메일 사용을 추적하는 대신, 회사 협업 플랫폼인 크놈 안에서 이루어지는 연결을 평가했다. 플랫폼 내부에서 이루어지는 연결은 흔히 100자 미만인 마이크로블로그일 수도 있고("이 문제를 연구 중인데 이것이 해결책이라는 것을 알았다"), 관점이나 설명을 더 실질적으로 기술하는 최대 2,000자의 긴 블로그 게시글일 수도 있다("지금 클라우드 컴퓨팅 프로젝트를 연구 중인데, 내가 얻은 다섯 가지 교훈은…"). 후자의 블로그 포스트는 깊이 있고 대단히 전문적인 내용이 많다.

플랫폼 내부에서 이루어지는 연결은 협업을 평가해 배지를 줄 때도 중요하다. 연결은 그 **거리**에 따라, 즉 접근한 사람과 접근된 사람의 거리에 따라 측정했다. 기능이나 업무나 지역이 같은 사람들의 (단거리) 연결인가, 아니면 기능이나 업무나 지역이 다른 사람들의 (장거리) 연결인가? 이 연결은 또 **활기**, 즉 사람들이 어떤 직원의 블로그나 마이크로블로그와 얼마나 자주 상호작용하느냐에 따라서도 평가했다.

관심사가 비슷한 사람들의 네트워크가 중요한 협업 요소로 보이며, 이런 네트워크가 **권역**sphere이고 직원들이 참여하는 관심 공동체다. 요리나 요가, 사진 등 개인적 열정과 연관된 권역도 있고, 특히 인기 있는 클라우드 컴퓨팅이나 데이터 분석 등 일을 주제로 한 권역도 있다. 권역은 교류와 학습의 장소다. 예를 들어 클라우드 컴퓨팅 관련 자격을 취득하려는 사람은 전문 클라우드 컴퓨팅 권역에 합류해 구성원들에게 물으면 된다. "어디서부터 시작하면 좋을까요?" "어떤 자격증이 가장 도움이 되나요?" "새로운 분야를 배우려면 시간을 얼마나 투자해야 할까요?"

네트워크의 거리와 활기를 측정해 분석한 데이터는 개인과 집단이 모두 활용할 수 있다. 개인은 네트워크가 실시간으로 어떻게 작동하고 있는지 들여다보며 누구에게 조언을 주고 누구에게서 조언을 얻고 있는지 중요한 피드백을 받을 수 있다. 이 데이터에 기초해 각자 자신의 네트워크를 넓힐지 줄일지 결정할 수 있다. 예를 들어 네트워크의 동질성(자신과 비슷한 사람들에게 습관적으로 접근한다는 의미)을 어느 정도까지 유지할지, 네트워크의 다양성을 확대할지 아니면 축소할지 결정할 수 있다.

팀도 팀원들의 데이터를 집계해 네트워크를 감지하고 지식이 어디로 흘러가는지 파악할 수 있다. 그리고 (도표 4)와 같은 네트워크를 구축할 수 있다. 실제로 TCS는 이렇게 집계된 데이터를 활용해 교차기능 연결과 교차사업cross-business 연결을 고무할 최선의 기업

정책을 수립했다.

TCS _생각해볼 질문

TCS의 경험에서 우리가 심사숙고할 세 가지 질문이 제기된다. 당신 기업의 직원들이 스킬 계발에 대해 소통하는 방법은 무엇인가? TCS처럼 직원들이 쉽게 참여할 수 있는 학습 공동체를 만들 방법이 있는가? TCS가 연결 정도를 측정하고 알린 방법은 어떤가? 이 방법을 배우면 당신 회사에 도움이 되지 않을까?

통찰:
마이크로소프트가 지역 공동체와 접촉해 스킬을 계발한 방법

리디자인 모델이 기술 전환을 뒷받침할지 테스트하는 마지막 방법은 중요한 기술적 스킬을 회사 **안**에서 얼마나 계발할 수 있는지뿐만 아니라 회사 **밖**에서도 스킬을 계발할 수 있는지 살피는 것이다.

일 모델을 리디자인할 때는 잠재적인 인재 시장을 폭넓게 고려해야 한다. 당신 회사나 기존 직원들에게만 초점을 맞추고 편협하게 접근하는 실수를 저지르지 말아야 한다. 인구통계학적 변동을 살펴볼 때 이야기한 대로, 앞으로 많은 선진국은 노동시장에서 재능 있고 고급 스킬을 갖춘 인력을 구하기가 어려워질 수밖에 없으므로 **미**

래의 직원을 공급하는 경로가 기존 직원 못지않게 중요해질 것이다.

나는 기업들이 HR 계획을 확대함으로써 세상에 긍정적인 역할을 할 수 있다고 생각한다.[17] 기업의 사회적 책임이라는 의제와 더 긴밀히 부합하도록 일을 리디자인할 기회가 있다. 이 세상에는 임금이 더 높고 이동성이 더 크고 더 나은 일자리가 필요한 사람이 무수히 많다. 세계적 규모의 이 절박한 요구를 충족하려면 모든 기업이 자신의 경계와 기존 직원을 넘어 더 넓은 공동체를 바라보는 역할을 할 수 있다. 그리고 해야 한다. 이것이 내가 세계경제포럼의 '일과 임금, 일자리 창출의 새로운 의제에 관한 미래 위원회' 공동 의장으로서 핵심 의제로 다룬 주제다.[18] 2021년 초에 발표한 보고서에서 우리 위원회는 기업에는 기존 직원을 넘어 글로벌 스킬 체계 구축에 참여하는 중요하고 원대한 역할이 있다고 주장했다.

지역 공동체에서 디지털 스킬 구축

2020년 마이크로소프트 경영진은 스킬을 계발하기 위해 지역 공동체와 접촉하기로 결정했다. 당시 마이크로소프트는 클라우드 서비스 공급을 시급히 확장한다는 중대한 사업 목표를 설정한 상태였다. 이 목표를 달성하려면 더블린처럼 인구가 많은 수도부터 디모인이나 아이오와 같은 (인구가 20만 명을 살짝 넘는) 중소도시와 버지니아주 보이드턴 같은 (인구가 400여 명에 불과한) 외곽 도시까지 많은 곳에 데이터센터를 구축해야 했다. 이러한 신규 확장 지역에서 중요한 직무 스킬은 특히 시스템 운영과 문제 해결을 책임지는 데이터센터 관리였다.

이 스킬은 노동시장에서 구하기 어려운 것이다. 하물며 외진 곳의 지역 주민 중에서 이런 인력을 구할 가능성은 아주 낮다. 어떤 지역은 기존 마이크로소프트 직원들이 배치되길 꺼렸고, 그런 지역에 배치된 직원들은 근속률이 형편없이 떨어졌다. 마이크로소프트는 직무 담당자에 대한 관점을 확장하고 지역에서 새로운 인재 풀 창출을 도움으로써 문제를 해결했다. 4곳에서 출발한 인재 양성 계획이 2021년에는 아일랜드 같은 외국을 포함해 11곳으로 확대되었다.

마이크로소프트에서 미국 공공정책을 담당하는 상무이사 포샤 우Portia Wu는 다양한 이해당사자를 하나로 모은 것이 HR 계획의 핵심이라고 설명한다. 예를 들어 보이드턴과 디모인에서는 그 지역 대학과 협력해 마이크로소프트 데이터센터 아카데미DCA를 신설했다. 그리고 지역 대학들이 마이크로소프트 시설이나 디지털 수요가 비슷한 다른 기업에서 일할 수 있도록 학생들을 훈련했다. 아카데미별로 15~20명의 학생에게 교육 프로그램을 진행해, 2021년까지 졸업생이 200명을 넘는다. 졸업생 중 일부는 마이크로소프트에 입사했고, 일부는 관련 회사에서 스킬을 발휘하며 지역 전체적인 기술 환경 확장에 이바지했다.

글로벌 스킬 계획 출범

스킬 계발에 대한 관점을 확대하며 추진력을 얻은 마이크로소프트 경영진은 2020년 초 글로벌 스킬 계획을 출범했다. 먼저 전 세계 각지의 디지털 기술을 보여주는 '디지털 스킬 자산 지도'를 만들었다. 이 작업을 통해 디지털 스킬 수준이 낮은 지역은 광대역 인터넷 연결도 열악하고 기본적인 디지털 역량도 제한일 수밖에 없다는 사실을 확인했다.

경영진은 디지털 스킬 자산 지도에 기초해 전 세계 2,500만 명에게 디지털 스킬을 보급하겠다는 목표를 세웠다. 마이크로소프트의 내부 자원을 동원하는 한편 새로운 협력 관계도 구축하며 목표를 추진했다. 내부적으로는 링크드인의 채용 공고 데이터와 깃허브GitHub에 등록된 수많은 개발자의 스킬 프로필을 연결해 실시간으로 데이터를 확인할 수 있게 했다. 이렇게 집계된 데이터를 활용해 마이크로소프트는 수요가 많은 직무를 상세히 기술한 내비게이션 시스템을 만들었다. 이 시스템 덕분에 구직자들이 미래 가치가 큰 직무를 깊이 이해하고 업스킬하려는 실질적인 동기를 얻었다.

구직자들이 에스컬레이터를 타고 더 나은 일자리를 얻도록 돕기 위해 마이크로소프트는 다양한 회사와 협력해 구직자들이 학습 모듈에 무료로 접근하게 하고, 적은 비용으로 자격증을 취득하도록 지원하고, 무료 구직 도구를 제공했다. 더 나아가 노동자의 업스킬을 돕는 비영리 기관에 지원할 현금 2,000만 달러도 마련했다.

마이크로소프트 _생각해볼 질문

앞을 내다볼 때 당신 회사가 단기적·중기적·장기적으로 가장 구하기 어려울 것 같은 스킬이 무엇인가? 마이크로소프트의 지역 공동체 계획을 생각해보자. 당신 회사가 미래 직원들의 스킬 계발을 지원하기 위해 현재 추진 중인 지역 공동체 기반 계획이 있는가? 일을 리디자인하는 지금이 기업의 사회적 책임과 더 긴밀히 부합하도록 일 모델을 조정할 적기가 아닐까?

행동 지침 #11

모델을 만들어 기술 전환을 뒷받침하는 모델인지 테스트하라

- 도표 13의 도식을 다시 살펴보자. 당신 회사 핵심 직군의 예상 자동화 경로를 알고 있는가? 직원들에게 이에 관한 통찰이 있는가?
- 업무 리디자인은 기본적인 휴먼 스킬의 발전을 얼마나 고려했는가? 기본적인 휴먼 스킬의 계발을 위해 기술적 스킬을 창의적으로 도입할 기회가 있는가?
- 에스컬레이터 직무가 어디에 있는지 알고 있는가? 에스컬레이터 직무가 이동성을 창출한다고 확신하는가?
- 일 모델에 직원들이 스킬과 학습에 대해 소통할 기회가 내포되어

있는가?

- 일을 리디자인해 더 넓은 공동체의 스킬을 더 창의적으로 활용할 수 있을까? 지역 공동체의 역량을 지렛대 삼아 미래 인재 풀을 확대할 방법이 있는가?

모델을 만들어 테스트하기: 리디자인 모델이 공정하고 공평한가?

리디자인한 일 모델이 공정하고 공평한가? 직원들의 신뢰를 얻고 유지할 모델인가, 아니면 직원들의 신뢰를 떨어뜨릴 모델인가?

물론 일을 리디자인할 때 일부러 신뢰를 떨어뜨리거나 불공정한 관행을 만들려고 하는 경영진은 없겠지만, 의도치 않은 결과가 빚어질 수도 있다.

지금 기업들은 예측하지 못한 사건들로 상당히 혼란스럽고 모호한 시기를 겪고 있다. 이처럼 힘든 시기를 헤쳐갈 때 꼭 필요한 자산이 직원들의 신뢰다. 직원 신뢰도가 높은 조직이 더 유연하고 애자일한 조직이며, 이런 조직에서 일하는 직원들은 스트레스 정도가 현저히 낮고 더 정력적이고 생산적이며 몰입도와 만족도는 더 높고 번아웃에 시달릴 가능성은 적다.[19] 특히 중요한 '심리적 안정'이라는 혜택을 누릴 가능성이 크다. 이런 조직의 구성원들은 자신의 솔직한 감정을 털어놓고 남과 다른 생각이나 의견을 제시해도 동료들이 당황하거나 비웃거나 배척하지 않으리라 확신할 수 있다. '거리낌 없이 말해도 된다'는 느낌이 더 커지는 것이다.

관건은 공정하고 공평한 일 모델을 만드는 것이다.

리디자인 혜택이 모두에게 돌아가도록 하라

많은 기업이 '해동' 상태에 돌입한 팬데믹 초기를 돌아보면, 직원들의 개별적인 욕구를 경청하자는 이야기가 많았고, 업무 관행의 변화 가능성에 대한 기대도 있었다. 경영진은 재택근무를 늘리거나, 방해받지 않고 집중하는 시간이 필요한 과업에 몰입할 기회를 늘리는 방식으로 일을 리디자인하려고 고민했을 것이다.

그런데 그에 따른 결과가 점점 가시화되며 또 다른 의견이 등장했다. 리디자인 모델의 여러 측면이 어떤 사람에게는 큰 도움이 되지만 또 어떤 사람에게는 도움이 되지 않을 것이라고 염려하는 목소리가 커졌다. 이익을 얻는 사람뿐 아니라 손해를 보는 사람도 생긴다는 것이다. 이윽고 의도치 않은 결과를 암시하는 첫번째 조짐들이 나타나기 시작했다.

주 양육자

기업 경영진이 재택근무로 전환하는 과정에서 가장 큰 손해를 보지 않을까 걱정한 대상이 바로 자녀를 돌보는 부모다. 앞서 설명했듯, 가정에서 가사 분담 비중이 큰 여성이 사무실 근무보다 재택근무를 선택할 가능성이 크다. 만일 (남자든 여자든) 주 양육자는 그대로 집에 남고 다른 사람들은 사무실로 복귀하면, 장기적으로 주 양육자의 승진 전망이 어두워질 것이다.

청년 노동자

일부 노동자 집단, 특히 집이라는 공간을 흔히 여러 거주자와 함께 이용하는 청년 노동자들에게는 재택근무 기회가 혜택이 아니라 불이익으로 작용할 수 있다는 인식도 커졌다. 관찰하며 배울 기회를 상실한 청년 노동자들은 경험 많은 선배와 그들의 지식과 접촉하는 중요한 연결을 잃을 위험에도 처했다.

재택근무 선택지가 없는 사람들

재택근무를 기대하기는커녕 재택근무라는 선택지가 없는, 앞으로도 절대 그 선택지를 얻지 못할 노동자가 많다. 병원에서 일하는 의사와 간호사, 지역에서 활동하는 요양보호사, 생산과 배송 및 공급망 종사자, 딜리버루나 우버Uber 같은 회사에 몸담은 수많은 플랫폼 노동자 등이다. 실제로 2021년 영국에서 (팬데믹이 한창이던 3월 21일에) 실시된 인구조사 자료에 따르면, 조사 당시 재택근무 중이라고 답변한 노동자가 46퍼센트에 불과했다. (미국도 47퍼센트 정도였다.) 집에서 일하지 못하는 사람이 여전히 많았다. 당신이 자동차 회사의 조립라인에서 일하고 있는데 관리직 동료들은 재택근무한다며 일주일에 이틀씩 사무실을 비운다고 상상해보라. 기분이 어떨까?

팬데믹 초기 일에 접근하는 새로운 방법을 실험하기 시작했을 때는 관리자가 임시방편으로 처리하도록 허용한 기업이 많았다. 일부 경영진은 관리자가 각자 팀원들과 협의해 결정하도록 일임하기도 했다. 겉으로 보면 타당한 결정이었지만, 명확한 지침이나 협업적인 의사결정 과정이 없었기에 시간이 지나며 불공평하다는 비난이 일 수밖에 없었다. 부서나 팀마다 허용되는 유연성과 자유가 제각각이었기 때문이다. 결국 부당한 대우를 받는다고 느끼는 사람이 생기기 시작했다.

힘든 결정

업무 리디자인이라는 엄청난 기회에는 상당히 큰 불공정을 조장할 위험성도 잠재되어 있다. 그 위험성을 자세히 파악하기 위해 여러 차례 워크숍과 웨비나, 면담을 진행하며 많은 경영진에게 선부른 개인적 판단이 불공평하다는 느낌을 주는 결정으로 이어질 만한 문제가 무엇인지 물었다. 다음과 같은 답변이 나왔다. "가정과 사무실의 유연성을 어떻게 관리할까?" "사무실에서 일해야 하는 사람은 누구이고 집에서 일할 사람은 누구인가?" "어린 자녀를 키우는 부모의 돌봄 책임을 인정하되 돌봄 책임이 없는 사람들에게 과도한 부담을 주지 않도록 시간 유연성 체계를 구축할 방법이 무엇일까?" "재택근무자들이 게으름을 피우지 않고 생산적으로 일한다는 것을 어떻게 확인할까? 그리고 감시 시스템을 작동하지 않아도 직원들을 신뢰할 방법이 무엇일까?" "유연하게 재택근무하는 사무직과 장소 유연성이 없는 직무의 균형을 어떻게 맞출 수 있을까?"

공정과 공평에 영향을 미치는 요인

공정성을 문제 삼을 만한 상황에 처한 노동자를 떠올려보자. 에이미와 에릭 두 사람의 예를 들어보자. 에이미는 돌봄 책임이 없는 비혼이지만 함께 근무하는 팀원 두 명은 어린 자녀를 양육하고 있으며, 에릭은 조립라인 노동자이지만 사무직 동료들과 함께 일하는 중이다.

에이미와 에릭은 자신들이 공정한 대우를 받고 있는지 아닌지를 어떻게 판단할까? 에이미는 돌봄 책임을 진 동료들의 일을 대신할 때 부당하다고 느낄 수 있고, 에릭은 사무직 동료들처럼 유연성을 누리지 못하는 것을 부당하게 여길 수 있다. 수년간 다양한 연구에서 밝혀진 내용에 따르면, 공정하다는 인식에 영향을 주는 요인은 하나가 아니다. 여러 요인이 작용한다. 당신이 구상 중인 업무 리디자인 모델이 공정한지 아닌지 검토할 때 꼼꼼히 따져볼 요인은 결과와 프로세스, 상호작용이다.

결과가 공정한가

에이미와 에릭은 일 경험을 떠올릴 때 (연구자들이 분배적 공정성이라 부르는) 결과가 공평한지 아닌지 판단할 것이다. 돌봄 책임을 진 동료 두 명이 자녀를 돌보러 일찍 퇴근한 탓에 지난주에만 세 번이나 연장근무를 했다면 에이미는 부당한 대우를 받는다고 느낄 수 있다. 동료를 대신해 기꺼이 일할 때도 있지만, 에이미는 자신이 부당한 대우를 받고 있으며 동료들이 자신의 연장근무를 당연시한다고 느낀다. 이런 일이 혹시 통상적으로 굳어지지 않을지, 프로젝트를 진행하며 결원이 생길 때마다 자신이 그 자리를 채우게 되는 것은 아닌지 의심이 들기 시작한다. 에릭은 또 다른 이유로 부당한 대우를 받는다고 느낄지 모른다. 앞서 설명한 대로 관리직 동료들이 재택근무하며 사무실을 비우는 날이면 문제가 생겨도 사무실에 확인해 신속하게 처리할 수 없다. 에릭과 조립라인 노동자들은 사무직과 비교해 자신들이 홀대받는다고 느낄지도 모른다.

절차가 공정한가

결과가 공정성에 가장 큰 영향을 미치는 요인인 것은 분명하다. 하지만 결과가 공정하다는 느낌 뒤에는 그 결과에 도달하는 프로세스에 대한 감각이 숨어 있다. 프로세스의 공정성을 판단하는 기준은 여러 가지다. 시간이 지나도 사람을 가리지 않고 일관성이 있는가? 의사결정자의 사리사욕에 치우치지 않는다고 믿을 수 있는가? 믿을 만한 정보에 기초했다는 의미에서 정확한가? 영향을 받는 모든 사람의 욕구와 가치관, 전망을 반영하는가? 우리의 도덕적·윤리적 가치관과 양립한다는 의미에서 도덕적인가?

절차적 공정성이 미치는 영향과 관련해 중요한 것은, 부당하게 대우받는다고 느껴지는 프로세스가 단 하나일지라도 그에 따른 반응은 전체 조직과 모든 프로세스를 향한다는 사실이다.

에이미의 상황을 통해 절차적 공정성을 자세히 들여다보자. 동료들이 자녀를 돌보러 일찍 퇴근하며 업무를 떠넘길 때 에이미에게 상의도 하지 않는다고 가정하자. 동료들은 에이미가 당연히 응할 것으로 생각한다. 에이미는 그런 프로세스를, 정확히 말해서 프로세스가 생략된 것을 부당하게 여길 것이다. 프로세스가 더 공정하려면 어떻게 해야 할까? 팀원들이 모두 모여 미리 논의하면 더 공정해진다. 한 팀으로서 여러 가지 가능한 경우의 수를 미리 결정하는 것이다. 돌봄 책임을 진 사람이 동료들에게 일하기 어려운 사정을 최대한 이해시키거나, 처지가 비슷한 사람들끼리 직무를 공유하거나, 주당 근무일을 줄이되 근무하는 날 더 오래 일할 수 있을 것이다. 그리고 에이미처럼 동료 대신 일한 사람은 휴가로 보상받을 수 있을 것이다.

에릭에게도 절차적인 선택지를 제공할 수 있다. 에이미와 마찬가지로 에릭도 적합한 프로세스가 없어서 부당한 대우를 받는다고 느낄 가능성이 크다. 가장 간단한 프로세스는 에릭과 조립라인 동료들에게 사무직은 장소 유연성이 있지만 조립라인 노동자는 장소 유연성이 없음을 공식적으로 인정하는 것이다. 하지만 에릭 같은 조립 라인 노동자도 유연성을 누릴 수 있지 않을까? 장소 유연성은 당연히 불가능하지만 시간 유연성이라도 말이다. 업무 리디자인을 시간 유연성에 눈을 돌릴 기회로 삼을 수도 있을 것이다. 하루 교대근무 시간을 늘려 주 5일 근무를 주 4일 근무로 줄이거나, 7일 근무 3일 휴무로 조정하는 방법을 검토할 수 있다.

상호작용이 공정하고 공평한가

공정하고 공평하다는 느낌에 영향을 주는 세번째 요인은 리더나 관리자와 상호작용하는 방식이다. 이는 조직 관행에서 드러나는 인간적인 측면으로, 관리자가 직원을 대하는 태도를 의미한다. 직원들이 정중하고 정직하며 존경 어린 대우를 받는다고 느끼는가?[20]

오하이오 주립대에서 HR과 경영을 가르치는 제럴드 그린버그 Jerald Greenberg 교수가 수행한 연구를 보면 상호작용이 얼마나 중요한지 알 수 있다.[21] 그린버그 교수는 A와 B라는 두 공장이 노동자의 임금을 삭감한 방식을 비교했다. 두 공장 부사장들의 접근법은 서로 조금 달랐다. A공장 부사장은 한 주 업무가 끝날 무렵 회의를 소집해 향후 10주간 일률적으로 임금을 15퍼센트 삭감한다는 회사 방침을 발표했다. 임금 삭감 이유를 아주 짧게 설명하고 직원들에게 감사 인사를 전한 뒤 몇 가지 질문에 답변하는 전체 과정이 겨우 15분 만에 끝났다. 같은 조건의 임금 삭감 소식을 전달하는 B공장의 부사장은 약간 다르게 처리했다. 임금 삭감의 영향을 받는 직원들에게 먼저 해고 등 여러 가지 비용 절감 선택지를 검토한 결과 임금 삭감이 가장 불쾌하지 않은 선택지로 판단되었다고 설명했다. 그런 다음 1시간 반에 걸쳐 직원들이 우려하고 궁금해하는 내용에 답하며 임금을 삭감하게 되어 유감이라는 의사를 거듭 표현했다. 상호작용의 미세한 차이가 큰 영향을 미쳤다. 그린버그 교수는 임금을 삭감 지급한 10주 동안 B공장의 직원 절도 사건 발생률이 A공장보다 거의 80퍼센트나 낮고, 퇴사율도 15배나 낮다는 사실을 확인했다.

관리자가 에이미에게 돌봄 책임을 진 동료의 일을 대신해달라는 통보를 일에 쫓기며 성가신 듯한 표정으로 지시하듯 하거나 이메일로 전달한다 치자. 그러면 에이미도 관리자가 마주 앉아 자신의 상황에 공감하고 의견을 경청한 다음 그럼에도 일을 부탁할 수밖에 없는 이유를 설명할 때보다 훨씬 더 부당한 대우를 받는다고 느끼게 될 것이다. 에릭도 마찬가지다. 공장장이 조립라인 노동자들을 찾아와 사안을 자세히 설명하고 그들이 처한 상황에 공감하며 그들의 조건이 사무직의 조건과 다르다는 사실을 인정한 뒤 경영진의 부득이한 결정을 전달한다면 에릭도 공정하게 대우받는다고 느낄 가능성이 크다.

공정하기가 그토록 어려운 이유

겉으로 보면 공정성에 영향을 미치는 세 가지 요인이 비교적 단순해 보일 것이다. 결과와 프로세스를 공정하게 하고 이와 관련해 공감하는 상호작용을 하면 된다고 말이다. 하지만 현실은 공정하기 어려울 때가 많다. 특히 팬데믹 기간에는 훨씬 더 어려웠다. 부분적인 이유는 힘든 결정을 내리는 시기에 그 결정을 공정하게 만들 자원이 부족해서였다. 이것이 '일의 미래에 관한 컨소시엄'에 참여한 경영진이 2020년 10월 여러 차례 워크숍을 열어 논의한 주제 중 하나였다. 당시는 아주 힘든 시기였고, 공정성에 영향을 미치는 세 가지 요인 모두에 상당한 부담이 작용한다는 증거도 분명했다.

결과의 공정성—일을 끝내야 한다는 압박감

팬데믹의 영향과 그 여파에 대응하기 위해 고군분투하던 관리자 중 직무를 완수하고 신속한 결정을 내려야 한다는 실질적인 압박감에 시달린 사람이 많았다. 그래서 종종 절차를 무시하고 모든 사람의 욕구를 대변하지 못했다. 대단히 불확실하고 모호한 환경에서 예측 불가능한 미래에 직면한 관리자들은 어떻게 하는 것이 최선인지 정확히 알기 어려웠다. 한편 직원들은 준비도 되어 있지 않고 불안한 느낌이었다. 일자리를 잃게 되지 않을까? 내 일의 상당 부분을 컴퓨터 프로그램이나 기계에 뺏기지 않을까? 팬데믹이 맹위를 떨치던 기간에 시행된 설문조사 결과에 따르면, 기업 직원의 83퍼센트가 실업자가 될까 두렵다고 답변했다. 그러면서 긱 이코노미gig economy•나 다가올 경기 침체, 스킬 부족, 값싼 외국 경쟁사, 저임금 이민자, 자동화, 일자리 해외 이전 등을 이유로 들었다.[22] 기업이 업무 리디자인의 다음 단계로 넘어갈 때, 분명히 숙련된 관리자가 결과의 공정성을 보장하는 데 중심적인 역할을 할 것이다. 그리고 다음 5장에서 자세히 설명하겠지만, 직무를 재구성하고 필요한 지원과 계발 기회를 확대하는 등 기업이 관리자를 도울 방법은 많다.

절차의 공정성—타인의 고통

팬데믹 기간 중 많은 노동자가 일시 해고되거나 영구 해고되었다. 남은 사람들은 '생존자의 죄책감'에 시달렸다. 통제력을 잃었다는 느낌도 들었다. 해고된 동료들의 운명은 열심히 일하고 좋은 성과를 내도 면책특권이 보장되지 않는다는 분명한 신호였다. 실제로 2002년 연구 결과에 따르면, 대량 해고에서 살아남은 노동자는 직무 만족도가 41퍼센트, 조직 몰입도가 36퍼센트, 직무 성과가 20퍼센트 감소했다.[23]

프로세스가 공정해도 사람들이 너무 불안하면 프로세스의 공정성을 인정하지 못할 때가 있다. 그래서 회사 직원 모두를 참여시켜 지금 어떤 일이 벌어지고 있으며 서로의 감정은 어떤지 대화를 나누는 것이 정말 중요하다. 그리고 다음 5장에서 설명하겠지만, 직원들이 긍정적인 마음으로 참여할 수 있는 미래를 펼치는 과정에서 큰 역할을 하는 것이 '리더의 내러티브'다.

● 계약직이나 프리랜서 등을 주로 채용하는 형태.

상호작용의 공정성—원격근무의 문제

관리자가 공감과 메시지의 진실성을 전달하기 어려운 심각한 장애가 발생할 수 있다. 특히 원격근무하는 관리자와 동료들이 그런 어려움을 겪을 가능성이 크다. 떨어져서 일하면 지원 네트워크가 축소되기 때문이다. 관리자가 즉각적인 조언이 필요한 순간 동료를 만나거나 팀원과 커피를 마시며 편하게 이야기할 기회도 줄어든다. 팬데믹 기간 중 대면 소통이 비대면 소통으로 전환하며 섬세한 대화를 나누는 데 어려움을 겪은 사람이 많다. 왜냐하면 인간은 대부분 시각적 신호를 통해 서로 자연스럽게 공감하기 때문이다. 우리는 한눈에 상대방의 감정 상태를 읽을 수 있다. 그런데 컴퓨터 모니터나 핸드폰 화면을 통해서는 상대방의 감정을 파악하기가 훨씬 더 어려워진다. 팬데믹 기간에는 시간 스트레스에 이런 불확실성과 고립까지 겹친 결과 공정한 프로세스를 만들기가 더 어려워졌다.

팬데믹 이후 대면 근무와 비대면 근무를 모두 강조하며 업무 방식을 리디자인할 때 해결해야 할 문제가 상호작용의 공정성이다. 직원들이 가상 환경에서도 서로 연결된다는 느낌이 들도록 결속하고, 공정성에 영향을 미치는 요인 하나하나에 더 신중히 접근해야 한다는 뜻이다. 경영진이 직원들을 참여시켜 불확실한 시기에 직면한 선택지와 대가가 무엇인지 대화하고 설득해도 늘 성공하는 것은 아니다.

정말 열심히 노력하는 경영진이 있다. 직원들에게 상황을 심사숙고하며 고민할 시간을 주고 때가 되면 직원들의 의견을 반영하겠다는 확신을 준다. 직원들을 더 깊이 이해하기 위해 그들이 어떤 딜레마에 직면했는지 이야기를 나누며 귀를 기울인다. 이 경영진은 모두가 배우는 일련의 실험으로, 일회성 개입이 아닌 장기적 협업의 일환으로 일을 리디자인했다.

통찰:

브릿 인슈어런스가 공정한 프로세스를 만든 방법

영국 런던에 본사를 두고 미국과 버뮤다에서 지사를 운영 중인 브릿 인슈어런스의 CEO 매슈 윌슨Matthew Wilson과 최고참여책임자chief engagement officer 로레인 데니Lorraine Denny의 핵심 신념이 바로 투명성과 참여involvement다.

'유력한 인물'을 넘어

2020년 가을, 기업의 핵심 가치를 되살리는 프로세스를 디자인하기 시작한 브릿 인슈어런스는 새로운 업무방식을 최대한 포괄적으로 디자인하고 시행하기 위해 과감한 선택을 했다. '유력한 인물usual suspects'을 프로세스에 참여시키지 않고, 영국과 미국, 버뮤다에 근무하는 안내원부터 선임 손해사정사까지 전체 직원 중 10퍼센트를 무작위로 선정해 디자인 커뮤니티를 구성했다.

2021년 봄, 대면 처리하던 기업 활동 대부분을 비대면으로 처리해야 한다는 것이 명확해지자, 기업의 핵심 가치를 되살릴 뿐 아니라 업무 리디자인에 집중할 기회가 마련되었다. 이후 6개월에 걸쳐 디자인 커뮤니티는 부서와 직급, 세대가 모두 다른 직원 6명씩 구성된 동료학습팀들로 세분되고, 이 동료학습팀들이 전사적으로 협력했다.

심오한 미래 지식 구축

디자인 프로세스의 출발점은 일이 어떻게 변화하고 있으며 다음 10년간 어떻게 변화할지 공동의 이해를 심오하게 구축하는 작업이었다. 디자인 커뮤니티는 기술이 브릿 인슈어런스의 직무에 미치는 영향과 최근의 연결 기술 발전으로 생산성 기회를 창출할 방법, 장수와 인구 증가가 바꿀 보험 상품 양상 등을 검토했다. 사회적 변화 그리고 가족 구조가 전통적인 업무방식에 어떤 부담을 주는지도 면밀히 검토했다. 또한 진단 도구를 이용해 동료학습팀원들의 업무 역량과 선호도를 분석하고 그 자료를 공유했다.

일의 미래와 자신들의 능력에 대한 심오한 지식을 갖춘 팀원들은 다른 기업들의 대응 방법을 살폈다. 그리고 눈에 띈 변화와 다른 기업들이 채택한 관행에 관해 의견을 나누며, 이런 변화와 관행이 브릿 인슈어런스가 찾는 최선의 미래 대비책에 어떤 의미를 갖는지 논의했다.

아이디어 제안

그런 다음 디자인 커뮤니티의 모든 동료학습팀이 반나절 일정의 비대면 '해커톤'을 개최해, 여러 가지 아이디어를 제시하고 그중 가장 흥미로운 아이디어 한두 개를 선정해 보고서를 작성했다. 그리고 매슈와 로레인에게 보고서를 전달했다. 이 보고서를 통해 경영진은 회사 업무 전체를 조망하고, 직원들이 진정으로 원하는 것이 무엇인지 더 잘 이해하고, 아이디어 뒤에 숨은 직원들의 열정과 에너지를 평가하게 되었다.

동료학습팀들은 사내 학습 기회를 대폭 늘리고, 커뮤니티 학습이라는 개념을 계속 이어가고, 회사 전반에 걸쳐 유대를 강화하는 교차기능 활동에 대한 지원을 늘리자는 아이디어를 제시했다. 또한 동료학습 개념을 확대해 보험 부문 안팎의 다른 기업에서 일하는 시간까지 포함하길 원했다. 다음 1년간 동료학습팀들은 집행위원회와 함께 아이디어를 실행할 방법을 모색했고, CFO 개빈 윌킨슨Gavin Wilkinson의 결정적인 지원을 확보했다. 예를 들어 다른 회사에 자원을 순환 배치할 인력이 필요하다는 아이디어를 실행하는 단계에서도 윌킨슨의 지원이 결정적이었다.

로레인은 이렇게 평가했다.

> 프로젝트는 대성공이었습니다. 짜릿할 정도였죠. 가장 유익한 점 중 하나는 아주 다양한 사람들이 참여하며 중요한 관계들이 많이 형성

된 것입니다. 모든 사람이 서로 평등했고, 모든 사람이 학습에 참여했습니다. 직원들이 평평한 운동장에서 서로 즐겁게 어울리며 관계를 구축한 것은 엄청난 이득입니다. 가상 환경이 준 이득도 있습니다. 이 프로젝트는 관계가 어떻게 더 돈독해질 수 있는지를 보여주었습니다. 다른 사람의 삶을 '들여다보고' 그 가정과 자녀, 반려동물까지 알게 되며 유대관계가 더 강해졌죠. 서로가 서로의 세상 일부를 느낀 것입니다. 그래서 얼굴을 보면 "안녕하세요. 어떻게 지내세요?"라며 상대방의 안부를 먼저 묻죠. 직원들이 서로에 대해 노동자로서만이 아니라 총체적으로 더 많이 알게 되었습니다.

'브릿 플레이북' 개발

디자인 커뮤니티는 일이 어떻게 변화할지 이해를 넓히기 위해 '브릿 플레이북'을 개발했다. 직원들에게 새롭게 협력할 방법들을 설명한 것이다. 로레인은 당시 전체적인 경험이 "실제로 모두가 할 말이 있고, 모두가 이 경험에 참여하길 원하고 즐긴다는 것을 분명히 보여주었다"고 말했다.

이듬해 디자인 커뮤니티는 회사 전체를 아우르는 강력한 네트워크를 구축했다. 디자인 작업에 관한 지식과 전문성도 크게 높아졌다. 경영진이 업무장소와 업무시간의 유연성 창출 방법 같은 문제를 논의할 때, 이미 전사적으로 메시지를 전파하고 동료들을 참여시킬 수 있는 '대변자'들이 활동 중이었다. HSM 어드바이저리의 애나 구룬Anna Gurun 박사에게 이 프로젝트를 지휘하며 어떤 교훈을 깨달았는지 묻자, 세 가지를 들었다.

> 첫째, 공동 창조 프로세스는 사람들에게 변화에 대한 책임감과 주인의식을 심어줍니다. 동료들과 함께 학습팀에 참여하면 다른 사람들이 실망하지 않도록 학습에 더 몰두하게 됩니다. 둘째, 직원들이 직접 아이디어를 내기 때문에 자신들이 브릿 인슈어런스의 프로그램에서 배우고 경험한 내용을 이용해 서로 발전시키며 정말 대담한 아이디어를 창출합니다. 셋째, 이 프로젝트는 직원들에게서 한 가지 핵심 행동을 이행하겠다는 태도와 약속을 이끌어내는 리더십의 힘을 분명히 보여줍니다. 그 결과도 알 수 없는 상태에서 말입니다. 용기와 혁신의 힘을 확실히 보여준 프로젝트입니다.

브릿 인슈어런스 _생각해볼 질문

'유력한 인물'을 배제하는 것에 대해 어떻게 생각하는가? 일을 리디자인할 때 직급과 부서를 망라해 프로젝트 업무에 참여시키는 것은 어떤가? 미래에 대비해 일을 리디자인할 생각이라면, 브릿 인슈어런스의 선례를 좇아 회사 전체 직원들이 미래의 추세를 이해해 업스킬하면 좋지 않을까? 디자인 프로세스에 적극 참여한 브릿 인슈어런스 CEO와 CFO의 역할을 생각해보자. 이들의 참여가 어떤 도움을 주었는가? 당신 회사에서도 이런 접근법이 효과가 있을까?

통찰:
아터미스 커넥션의 가상 신뢰

아터미스 커넥션은 거의 전 직원이 비대면 근무하는 전략 컨설팅사다. 회사를 설립한 CEO 크리스티 존슨은 가상 환경에서 공정성을 제공할 방법을 오랫동안 고민했다. 일을 리디자인하기로 결정한 기업이 참고할 만한 조언을 부탁하자, 크리스티는 세 가지를 제안했다.

첫째, 핵심 원칙에서 출발하라. "신뢰와 윤리를 팀의 핵심 원칙으로 확립하십시오. 그리고 신뢰는 주어지는 것이지 얻어내는 것이 아님을 분명히 해야 합니다."

둘째, 의사소통 프로세스를 의도적으로 디자인하라. 언제 연결하고 어떻게 연결하며 왜 연결하는지를 분명히 하라. "비대면 근무 팀에서 일하면 사람들이 '숨거나' 보이지 않기가 훨씬 더 쉽습니다. 그래서 가능하면 화상으로 의사소통할 일정을 정해야 합니다. 뜻밖의 발견으로 이어지는 대화도 재현하도록 노력해야 합니다. 전화를 걸어 '어떻게 지내요?' 물어보면 돼요. '직접 둘러보며 관리'하는 접근법은 사라졌으니 가상 환경에서 관리자를 지원해야 합니다." 내가 만난 여러 경영진처럼 크리스티도 관리자가 제대로 일하도록 유도하는 '넛지'를 중시한다. 예를 들어 팀장들을 위해 팀원들의 동기와 관심사를 묻는 표준 질문 목록을 만들어두는 것이다.

셋째, 팀의 일상적인 프로세스에서 공정과 신뢰를 구축하라. "팀 문제 해결 모임을 열고, 프로젝트를 종료하는 시간에 '진실하게 행동했는가?' '신뢰를 쌓았는가?' 물어야 합니다."

행동 지침 #12

모델을 만들어 공정하고 공평한 모델인지 테스트하라

- 핵심 역할들을 살펴보라. 직원 경험과 관련해 공정성과 공평성 문제가 제기될 만한 분야가 있는가?
- 리디자인된 일 모델을 살펴보라. 이 모델이 직원 경험을 어떻게 변화시킬까?
- 공정에 영향을 미치는 세 가지 요인을 자세히 살펴보라. 결과: 직원들이 결과가 공정하다고 판단할까? 절차: 디자인한 프로세스가 시간이 지나도 일관되고 한쪽으로 치우치지 않으며 정확한가? 상호작용 태도: 관리자와 팀 리더가 공정하게 상호작용하도록 행동 계획을 디자인했는가?

- 공정성과 공평성에 관한 원칙은 무엇인가? 다른 사람들과 공동 창조하는 방식으로 프로세스를 디자인했는가?

5장

행동하고 창조하기

Redesigning Work

업무 리디자인은 근본적으로 행동과 창조에 대한 것이다. 지금까지 배운 모든 내용이 이 순간을 위한 것이다. 여러분이 행동과 창조에 전념하지 않거나 직원과 관리자들이 참여해 변화를 창조하지 않으면, 지금까지 회사를 이해하고 재상상하고 새로운 디자인 모델을 만들어 테스트한 과정이 모두 무의미하다. 미래에 살아남을 만하고, 직원들을 참여시키고 고무하며, 조직을 성장과 번영으로 이끄는 새로운 업무방식을 창조하려면 적극적인 행동이 필요하다. 행동과 창조에 성공한 기업들을 살펴보면, 다중이해관계자multistakeholder 접근법을 수용해 관리자와 직원, 리더를 참여시키는 모습이 보인다.

이 단계에 성공적으로 진입한 조직은 모두 좋은 관리자의 중추적인 역할에 주목했다. 핵심적인 관리 스킬은 팀원들이 언제 어디

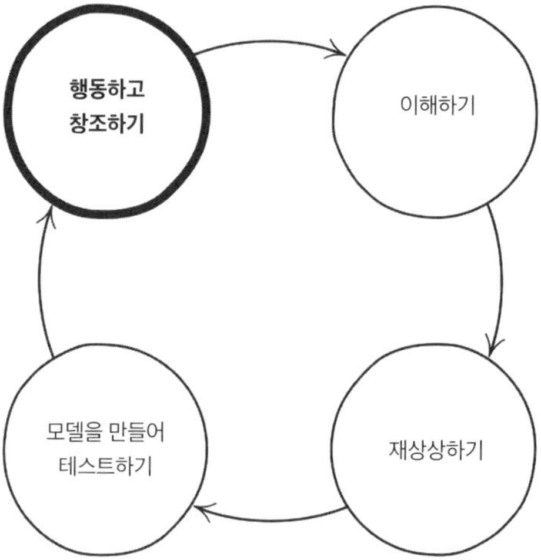

서 일할지 일정을 세워 관리하는 스킬과 팀원들의 성과와 경력을 관리하는 스킬을 포함한다. 호주 통신사 텔스트라의 경영진에게 배운 바에 따르면, 관리자를 지원하는 한 가지 방법은 관리자가 이러한 서로 다른 활동에 더 많은 시간을 할애하도록 관리자 역할을 근본적으로 리디자인하는 것이다. 그리고 스탠다드차타드 은행Standard Chartered Bank 사례에서 알 수 있듯, 관리자 지원은 관리자를 발전시키기 위한 상당한 투자도 의미한다.

행동과 창조에 성공한 기업들은 또한 업무 리디자인을 위계적인 톱다운 프로세스로 보지 않고 공동 창조 프로세스로 받아들였다. 브릿 인슈어런스 경영진이 그랬듯, 직원들을 토론에 참여시키고 그들의 통찰과 에너지를 이용해 기업 네트워크를 가속화했다. HSM

어드바이저리가 기본적인 컨설팅 도구로 활용하는 것이 직원들을 참여시키라는 조언이다. 스웨덴 기술기업 에릭슨이 일을 리디자인하는 에너지를 창출할 중요한 기회를 잡은 것도 직원 참여 덕분이다.

이런 공동 창조의 필요성과 조화를 이루는 것이 있다. 직원들이 불확실한 미래를 고민할 때 리더의 이야기가 의미를 부여하고 집중시킬 수 있다는 인정이다. 업무 리디자인 4단계를 마무리하면서는 소프트웨어사 세이지Sage가 전체 디자인 프로세스를 어떻게 이행하고 무엇을 배웠는지 살펴볼 것이다.

행동하고 창조하기: 좋은 관리자의 중추적 역할

- 통찰: 텔스트라
- 통찰: 스탠다드차타드 은행
- 행동 지침 #13

행동하고 창조하기: 공동 창조의 힘

- 통찰: 에릭슨
- 행동 지침 #14

행동하고 창조하기: 리더의 이야기

- 행동 지침 #15

행동하고 창조하기: 업무 리디자인 4단계

- 통찰: 세이지
- 행동 지침: #16

행동하고 창조하기:
좋은 관리자의 중추적 역할

좋은 관리자는 사람과 일을 잇는 실이다. 지금까지 소개한 기업들의 여러 사례를 돌아보면, 항상 분명히 드러나지는 않아도 결정적인 역할을 하는 인물이 관리자다. 업무 흐름을 관리하고, 팀의 업무장소와 일정을 검토하고, 집중이 필요한 일을 할 시간을 만들어주는 사람이 관리자다. 업무 일정이 팀원들의 요구에 부합하는지, 동료들이 수행하는 업무가 새로운 스킬 계발을 자극하는지 이미 익혀둔 스킬만 답습하게 하는지 검토하는 사람이 관리자다. 더 큰 단위 차원에서 공정성 문제를 결정하고, 직원들을 존경과 품위로 대하는 사람이 관리자다. 그리고 현재 역할에서 업스킬하도록 코칭하고 다음 역할로 옮겨갈 수 있게 리스킬을 조언하는 사람이 관리자다.

좋은 관리자가 업무 리디자인에 결정적인 인물인 것은 분명하다. 하지만 묘하게도 수년간 리더들에게 관심이 집중되어온 탓에 관리자의 역할은 의심받는 지경에 이르렀다. 그리고 흔히 관리자들이 '영구동토층'으로 불리는 것을 보면 관리자 집단이 일을 리디자인하는 데 선두에 서지 않는 것도 분명하다. 그래서 문제가 발생한다. 앞으로 관리자가 점점 더 중요해질 텐데 정작 관리자 업무에 대한 디자인과 지원은 중요성이 커지는 속도에 미치지 못했다. 이런 문제가 해결되지 않으면 관리자는 업무 리디자인에 따른 중요하고 근본적인 변화를 지원할 위치에 서지 못할 것이다. 관리자의 중추적인 역할을 인정하고 지원할 최선의 방법이 무엇인지 자세히 살펴보자.

관리자 업무—파편화와 과부하 이야기

다이앤 거슨Diane Gherson은 2013~2020년 IBM에서 최고인사책임자로 근무하며 CEO 지니 로메티Ginni Rometty를 보좌했다. 나는 다이앤과 함께 2021년 3월 말 HSM 어드바이저리 웨비나에서 관리자와 그 역할에 관한 문제를 탐구하며, 전 세계 60여 개 기업에서 참석한 임원들에게 두 가지 질문을 던졌다. "관리자로서의 일상적인 경험을 어떻게 설명하겠습니까?" "코로나 이후 관리자의 역할이 어떻게 변해간다고 생각하나요?"

현재 관리 역할을 묻는 첫번째 질문에 대한 임원들의 답변은 대단히 부정적이었다. 가장 두드러진 단어가 '기진맥진'과 '좌절'이었다. 팬데믹이 닥치고 1년이 지나자 관리자들은 지치기 시작했다. 관리자들의 피로는 새삼스러운 일이 아니다. 이미 1940년에 관리자가 방해받지 않는 시간이 23분에 불과하다는 연구 보고가 있었고, 1965년에도 스웨덴 연구팀이 관리자의 역할이 대단히 파편화되었다고 발표했다. 1973년에는 헨리 민츠버그Henry Mintzberg가 관리자의 일상적인 경험은 가차 없이 빠른 진행, 수없이 많은 방해물, 행동 중심이라는 유명한 연구 결과를 발표했다.[1]

관리자 역할의 파편화와 과부하는 프로세스 리엔지니어링

process re-engineering[●]으로 시작된 일련의 프로세스와 기술 혁신에서 비롯된 결과이기도 하다. 그 후 AI와 자동화가 반복적인 관리 업무를 수행함으로써 관리자의 역할이 증강되어 더 디지털화하고 통제 범위가 넓어졌다. 그리고 (TCS의 크놈 플랫폼 같은) 내부 디지털 플랫폼이 개발되어 리더가 직원들과 직접 상호작용하자 관리자들이 잠재적으로 소외되었다. 뒤이어 일부 기업들이 애자일 업무방식을 도입하며 온전한 팀의 개념이 유동적인 프로젝트로 분해되었다. 그러면서 관리자와 팀원의 일상적인 상호작용이 더욱 줄어들었다.

이 모든 프로세스와 기술 변화의 결과로 관리자의 책임과 부담은 증가하고 지원은 축소되었다. 일을 리디자인할 방법을 고민하는 지금이 관리자 역할의 재창조도 고민할 적기다.

좋은 관리자가 하는 일

특히 팬데믹 기간 중 여러 가지 도전에 직면했음에도, 굴하지 않고 훌륭하게 일을 처리한 관리자가 많다. "코로나 이후 관리자의 역할이 어떻게 변해간다고 생각하나요?"라는 두번째 질문에 대해 웨비나 참가자 80퍼센트 이상이 긍정적으로 답변했다. 임원들의 답변에서 두드러진 세 단어가 '코칭' '웰빙' '소통'이었다.

팬데믹 기간 중 좋은 관리자는 코칭하고 소통했다. 마이크로소

● 기업의 활동이나 업무의 전반적 흐름을 분석하고 경영 목표에 맞도록 조직과 사업을 다시 디자인하는 것.

프트가 매일 직원들을 펄스 설문조사pulse survey●해 분석한 데이터를 보면 분명히 알 수 있다. 데이터에서 일관되게 드러나는 패턴이 있다. 관리자가 팀의 우선순위를 정하고 팀 문화를 육성하며 '워라밸work-life balance'을 지원하도록 앞장설 때, 팀원들은 서로 연결되었다는 느낌과 일에 대한 긍정적인 느낌이 증가했다.[2]

TCS 디자인팀도 관리자의 상호작용과 팀의 성과를 매일 측정한 데이터를 분석해 똑같은 사실을 확인했다. 디자인팀은 관리자의 의사소통 방식을 분석했다. 관리자가 매일 혹은 매주 이메일을 발송하는가? 프로젝트 게시판과 대면 회의 중 어느 것을 선호하는가? 팀원들과 개별 면담을 진행하는가, 아니면 팀 전체 회의를 소집하는가? 그런 다음 관리자의 의사소통 방식이 팀 성과와 관계가 있는지 검토했다. 그 결과 TCS의 디지털 워크플레이스 사업부를 책임진 아쇼크 크리시Ashok Krish의 설명처럼 관리자가 팀원들과 일대일 면담을 자주 진행한 팀의 성과가 가장 높았다.

결론적으로 다이앤과 나는 좋은 관리자에게서 네 가지 중요한 사고방식의 전환을 확인했다.

첫째, 좋은 관리자는 '우리 팀은 **나**의 성공을 위해 존재한다'는 전통적인 관리자 위주의 계층적 개념에서 '나는 **팀**의 성공을 위해 존재한다'는, 한층 더 팀에 기반한 사고방식으로 전환했다. 좋은 관

● 정기적으로 시행하는 짧은 길이의 설문조사.

리자는 직원들이 의욕적으로 몰입하고 스킬을 쌓도록 지원하거나, 피드백을 주며 코칭하거나, 응원하고 포용하는 업무 환경을 조성하는 등 다양한 방법으로 팀에 기여한다.

둘째, 좋은 관리자는 자원 비축에서 자원 공유로 사고방식을 전환했다. 예를 들어 '팀원들의 다음 승진에 집중해 부서 전출을 **통제**'하는 역할에서 '팀원들이 **성장**하고 부서 전출입 기회를 포착하도록 코칭'하는 역할로 한층 더 개방적이고 공유적이며 협업적인 사고방식으로 전환했다는 의미다. 팀의 요구를 우선시하는 사고방식 전환은 팬데믹 이전부터 진행되었지만, 팬데믹의 영향으로 업무장소와 업무시간이 재구성되며 업무 일정 관련 요구가 더 복잡해지고, 더 의도적인 업무 흐름 디자인이 필요해졌다.

셋째, **구조적인** 팀에서 **유동적인** 팀으로 전환하는 회사가 증가하며 좋은 관리자는 '온전한 팀을 관리하고 통제한다'는 사고방식에서 '우리 팀은 유동적이어서, 팀원들이 다른 부서의 프로젝트에도 참여하기도 하고 다른 부서에서 인력을 빌려오기도 한다'는 사고방식으로 전환했다.

넷째, 시간과 장소의 유연성이 증가하며 좋은 관리자는 '일이 사무실 안에서 수행되도록 팀 내부에서 자원을 조달해 직무를 조직한다'는 사고방식에서 '일은 어디서든 할 수 있고, 중심은 과업과 프로젝트이며 회사 안팎에서 인재를 활용할 수 있다'는 사고방식으로 전환했다. 이런 사고방식의 전환이 팀의 성과를 관리하고 평가하는 방법에 지대한 영향을 미친다. '일과 연간 목표 설정 및 평가를 **직접 감독**하며 성과를 평가한다'는 자세에서 '일과 코칭을 계속 우선시하며 **결과**에 집중한다'는 자세로 평가 방법이 바뀌기 때문이다.

기업들이 이 네 가지 사고방식의 전환을 위해 관리자를 어떻게 지원했는지 살펴보자.

통찰:
텔스트라가 관리자의 역할을 재창조한 방법

텔스트라는 관리자의 역할 변화를 더 큰 조직 변화의 핵심으로 평가했다. 관리자의 역할 변화를 주도한 최고HR책임자 앨릭스 배더넉은 CEO 앤디 펜Andy Penn과 힘을 합쳐, 연 매출 163억 달러에 직원이 32,000명 이상인 호주 거대 통신사를 고객 중심의 더 발 빠른 기업으로 전환한다는 목표를 설정했다.

텔스트라 경영진은 IBM의 다이앤 거슨과 지니 로메티(당시 최고HR책임자CHRO와 CEO)의 선례를 좇아 프로세스 리엔지니어링과 디지털화, 애자일 업무 관행에 투자했다. 하지만 앨릭스는 관리자를 실질적으로 발전시키려면 관리자 역할 구조에 근본적인 변화가 필요하다는 사실을 깨달았다.

그리고 진정한 혁신의 순간이 다가왔다. 경영진이 조직 위계를 세 단계로 대폭 축소한 동시에 관리자의 직무를 동등하지만 서로 다른 두 역할, 즉 **업무 관리 리더**와 **인력 관리 리더**로 나눈 것이다. 이 관리자 모델은 회계부터 판매까지 (현장 운영과 콜센터를 제외한) 기업의 거의 모든 활동을 아우른다.

업무 관리 리더는 텔스트라의 경영 성과 달성에 필요한 업무와 성과 목표, 자원 계획을 규정한 뒤 애자일 프로젝트의 업무를 관리한다. 필요한 인재 조달은 인력 관리 리더가 담당한다.

인력 관리 리더는 자신이 담당한 '챕터chapter' 구성원 200여 명을 코칭하고 능력을 계발하는 일에만 집중한다. 기본 스킬이 비슷한 사람들로 구성된 챕터는 전 세계에 걸친 일종의 실무 커뮤니티이다. 앨릭스의 설명처럼 "인력 관리 리더의 역할은 일을 넘어 사람들을 알고, 그들의 직업적 열망을 이해하고, 정신의 양식을 제공하고, 생각을 자극하는 것"이다. 현재 스킬 수요와 미래 스킬 수요에 맞춰 새로운 스킬을 개발하는 한편 다른 챕터와 연결되는 경로를 제공할 보완적 스킬도 갖추도록 직원들을 지원하는 인물이 바로 인력 관리 리더다.

인력 관리 리더의 책임과 성과를 측정하는 방법은 여러 가지가 있지만, 중요한 측정 기준은 참여도engagement다. 챕터 구성원들의 참여지수와 순추천지수, 근속률을 측정하는 것이다. 다음으로 중요하게 측정하는 것이 역동적인 역량 구축 책임이다. 예를 들어 프로젝트 요건을 충족하기 위한 효율성, 능력 이하의 일을 맡은 직원의 비율 그리고 마지막으로 예산과 운영비를 평가한다.

앨릭스는 텔스트라의 선례를 좇으려는 기업들에 세 가지를 조언한다. 첫째, 이 정도로 세밀하게 책임과 성과를 측정하려면 기술 인프라를 구축해야 한다. 자원 배분과 스킬 프로필, 업무 수요, 업무 계획의 측정 등 인력 관리 리더와 업무 관리 리더의 직무 수행에 필요한 기본적인 지표를 만들어내야 한다는 뜻이다.

둘째, 관리자에게 코칭하고 지원할 여유를 마련해주려면 관리자 직무의 구조에 집중하는 것이 중요하다. 텔스트라는 관리자의 역할을 둘로 분리했지만, 기업마다 접근법이 다를 수 있다. 이것이 어떤 식으로든 대처해야 할 문제이다.

셋째, 이와 같은 구조적 변화가 생산성에 미칠 영향을 과소평가하지 말아야 한다. 앨릭스는 관리자의 역할을 리디자인하며 디지털화와 AI, 애자일 근무의 생산성 향상이 촉진되었다고 생각한다. 그리고 결정적으로 텔스트라는 전통적으로 구획된 팀의 경화증을 제거하고 적응력이 더 뛰어난 조직을 디자인한 덕분에 기술 투자를 단행할 수 있었다.

텔스트라 _생각해볼 질문

관리자 역할을 인력 관리 리더와 업무 관리 리더로 나눈 텔스트라의 선택을 어떻게 생각하는가? 당신도 이미 이런 선택을 했거나 고민 중인가? 앨릭스가 중요하게 깨달은 점 중 하나가 측정과 분석의 중요성이다. 관리자가 팀에 미치는 영향을 현재 어떻게 측정하고 있는가? 관점을 넓힐 기회가 있는가? 앨릭스의 표현처럼 '전통적으로 구획된 팀의 경화증' 때문에 막힌 기술 투자가 이루어지면 생산성이 향상될 것으로 기대되는가?

통찰:
IBM이 관리자가 처리할 자원을 늘린 방법

관리자가 업무 리디자인 프로세스에서 중추적 역할을 수행하려면 더 많은 자원을 재량껏 처리할 수 있어야 한다.

출장 경비 보고서에서 일반적이지 않은 부분을 찾아내거나 직무 요건에 맞는 지원자를 찾아내 인사이동을 지시하는 등의 많은 과업을 사람의 개입 없이 AI로 처리하면, 관리자가 경청하고 코칭하고 스킬 계발을 지원하는 등 진정 변화를 일으킬 일을 할 시간이 마련된다.

시간과 관련해 많은 관리자가 실제 직면하는 문제 중 하나가 팀원들의 임금 수준을 검토하며 나누는 대화다. 검토가 살못되면 궁극적으로 신뢰에 금이 가는 여러 가지 공정성 문제가 제기된다. 다이앤은 IBM에서 최고인사책임자로 근무하던 기간에 관리자를 지원하는 AI 기술을 크게 발전시켰다. 임금과 상여금을 공정하게 배분하기 위해 일반적으로 관리자가 수행하던 여러 힘든 작업을 AI로 처리했다. AI 알고리즘은 시장 시세와 직원 개인별 성과의 임금 격차를 계산하기 위해 다양한 출처의 실시간 데이터를 이용한다. 여기에는 노동자가 지닌 스킬의 시장가치와 경쟁사 구인 게시물을 확인해 수량화한 스킬 수요, 해당 스킬에 대한 회사 내부의 예상 수요, 조직 전체에서 유사 스킬의 자발적 감소율 등에 관한 데이터가 포함된다. 그리고 관리자가 의문을 해소하고 결정할 수 있도록 노동자의 최근 급여 인상 시기나 승진 시기, 완료한 훈련 과정 등의 정보를 '챗봇'으로 실시간 제공한다. 이런 데이터를 취합해 생성한 중요한 소통 대본을 이용해 관리자는 임금과 상여금을 지급하는 합리적 근거를 노동자와 공유하는 동시에 시장성이 더 높은 스킬을 갖추도록 노동자를 독려한다.

IBM은 또한 여러 신호를 조합해 일을 그만둘 것 같은 직원을 파악하고, 팀원들의 비협업적 행동 패턴을 찾아내고, 중요한 성과나 기여를 축하할 기념일을 알리는 등 다양한 행동 통찰과 넛지도 이용해 관리자를 지원한다.

텔스트라와 IBM의 경영진은 관리자 역할의 구조를 변경하고 AI 투자로 일부 업무를 자동화해 관리자가 노동자를 지원할 여유를 창출했다. 그리고 TCS의 아쇼크 크리시가 증언한 대로 일대일 면담이 진짜 마법이다. 관리자가 경청하고 공감하고 코칭할 때 아주 중요한 연결이 생성된다.

IBM _생각해볼 질문

관리자의 업무와 관련해, 시간 낭비에 지나지 않는 활동 중 자동화할 수 있는 활동을 찾아보라. IBM이 만들어낸 '행동 넛지'는 어떤가? 당신 회사에 적용할 수 있지 않을까?

통찰:
스탠다드차타드 은행이 관리자 스킬 향상에 투자한 방법

그런데 관리자가 업무 리디자인 프로세스에서 이토록 중요한 역할을 수행할 스킬과 능력을 갖추지 못한다면 어떻게 될까? 다른 기업과 마찬가지로 당신 회사도 리더의 역량 계발에는 많은 투자를 하고 있을 것이다. 하지만 관리자는 어떤가?

70여 국가에서 1,200개가 넘는 지사를 운영하며 소매금융사업을 펼치는 스탠다드차타드 은행은 전체 이익의 90퍼센트 이상을 아시아와 아프리카, 중동에서 벌어들인다. 스탠다드차타드 은행 경영진은 관리자의 업스킬이 대단히 중요하다는 사실을 잘 알고 있다.

HR을 총괄하는 타누지 카필라슈라미Tanuj Kapilashrami는 이렇게 설명한다.

이제껏 우리가 추구하는 가치, 그리고 리더십 행동에서 이 가치의 의미에 공을 많이 들였습니다. 2년에 걸쳐 최고 리더 1,000명에 집중했습니다. 리더 역량을 계발하는 데 수백만 달러를 투입했지만, 관리자 역할을 맡은 사람들을 지원할 필요성을 깨달았습니다. 흔히 관리자를 기업의 영구동토층이라고 부르며 변화가 부족하다고 비난하지만, 저희는 자문했습니다. 관리자들이 정말 영구동토층일까, 아니면 아주 큰 기회일까 하고 말입니다. 그리고 관리자에게 제대로 투자한 적도 없고 데이터라는 렌즈를 통해 관리자의 역할을 들여다본 적도 없다는 사실을 깨달았죠. 저희는 다양한 리더십 도구에 대한 접근권을 민주화하고자 했습니다.

관리자 14,000여 명을 지원할 최선의 방법을 찾기 위해 창의적인 사고가 필요했다. 경영진은 관리자의 호칭부터 피플 리더People Leader로 변경했다. 타누지는 이렇게 설명한다.

상징적인 변화입니다. 하지만 관리자들을 하나의 커뮤니티로 묶기 시작했으므로 상징적인 변화 이상입니다. 관리자의 역할을 더 명확히 하고, 인증 프로세스를 신설해 그 중요성을 분명히 밝혔습니다. 이제 하나의 커뮤니티가 되었죠. 오늘 아침에도 CEO 빌 윈터스Bill Winters가 피플 리더들과 통화했습니다. 도전의 질이 높아서, 진정한 배움의 기회가 됩니다. 우리에게 피플 리더는 코치이며 역량 소집자, 문화 전달자입니다.

그러고 나서 스탠다드차타드 은행 경영진은 여러 가지 방법을 모색해 실험했다.

넛지

스탠다드차타드 은행 경영진은 실험을 통해 다양한 관리 활동에 대한 데이터를 구축하는 자체 진단법을 개발한 뒤 성과를 둘러싼 넛지를 만들어냈다. 타누지는 다음 사례를 통해 넛지를 설명했다.

> 지난 한 주의 채용 데이터를 살펴보니 관리자가 총 열 번의 채용 기회에서 다양성을 갖춘 지원자를 한 명도 뽑지 않은 팀이 있었습니다. 그 데이터를 전체 커뮤니티에 알릴 겸 "팀의 다양성을 증가시키려면 어떤 지원이 필요합니까?"라고 공지했습니다. 그리고 결정적으로 '중요한 순간'에 일련의 넛지를 작동시키기 시작했습니다. 예를 들어 다양성을 갖춘 인재 채용을 담당하는 관리자에게 중대한 결정 요소가 무엇이며 그런 요소들에 대해 어떻게 생각해야 할지 보여주었습니다. 이런 넛지가 중요한데, 이 순간을 실패가 아니라 학습할 기회로 여기기 때문입니다.

코칭에 집중

스탠다드차타드 은행 경영진은 코칭 범위 확대도 실험했다. 이 은행은 수십 년 전부터 전통적으로 리더급 간부만 코칭하고 리더를 코치로 훈련한다. 이것이 이 조직 특유의 '시그니처' 중 하나다.

문제는 수백 명에게 효과적인 방법이 수천 명에게는 효과를 발휘하지 못한다는 것이다. 그래서 경영진은 피플 리더들을 다른 사람들의 코치로 양성하는 방안을 실험했다. 타누지는 이렇게 설명한다.

> 코치로 훈련받길 원하는 피플 리더들에게 공식적인 인증을 제공하고 수수료 절반을 지원합니다. 조건은 이후 5명을 코칭하는 것입니다. 미래를 내다보며 많은 직원이 피드백 제공과 코칭의 중요성을 깨달았고, 이 귀중한 능력을 업스킬하길 원합니다.

맨 처음 500명으로 출발한 인증 과정이 세 차례 진행되며 지원자가 수천 명으로 늘더니 계속해서 지원자가 모집 인원을 초과하고 있다. 타누지는 "반가운 일"이라고 설명한다. "궁극적으로 코칭 문화가 회사에 깊이 뿌리내리길 바라기 때문입니다. 이런 업스킬 과정을 통해 피플 리더들은 시간이 갈수록 점점 더 가치가 커질 스킬에 지금 투자한다는 의미에서 '얻은 것을 전파pay it forward'하게 됩니다." 은행도 이런 업스킬 과정을 통해 리더급 간부를 확대한다는 의제를 추진하는 셈이다. 이렇게 양성된 코치들이 대표적으로 아프리카 20개 나라에서 코칭 그룹을 구성해 지역 인재들에게 귀중한 미래 스킬을 구축할 기회를 제공하고 있다.

스탠다드차타드 은행 _생각해볼 질문

당신 회사 관리자들의 강점과 발전 욕구를 분석한 데이터가 얼마나 되는가? 일을 리디자인할 때 업스킬 기회 제공을 신중히 검토할 필요가 있다. 코칭 스킬에 집중한 스탠다드차타드 은행의 계획은 어떤가? 당신 회사에도 영향을 미칠 만한 계획이 아닐까?

행동 지침 #13

좋은 관리자의 역할을 활용해 행동하고 창조하라

- 관리자에 관한 이야기를 생각해보자. 관리자를 '영구동토층'으로 생각한다면, 관리자의 공헌을 재평가하고 호칭을 바꾸고 강력한 관리자 커뮤니티를 만들 때가 아닐까?
- 관리자 역할의 구조를 살펴보자. 업무 일정 위주의 과업과 사람에게 집중하는 과업으로 구분하는 것이 합당할까?
- 관리자를 지원할 디지털 의제를 제기할 필요가 있는가? AI 관련 데이터 수집과 실험은 충분한가? 관리자를 지원할 넛지를 고민한 적이 있는가?
- 공감과 코칭 등 관리자의 필수 요소를 업스킬하기 위해 투입하는 자원은 충분한가?

행동하고 창조하기: 공동 창조의 힘

일을 리디자인하면 기본적으로 모든 직원이 영향을 받을 것이다. 리디자인은 사람들이 더 생산적으로 일할 기회를 잡도록 실질적인 이익을 주어야 한다. 하지만 앞서 설명한 대로 헤쳐나가야 할 장애물들이 있다. 누구는 대면으로 누구는 비대면으로 근무한다면 팀의 협력은 어떻게 될까? 갈등이 있을 때 비대면 회의는 어떻게 작용할까? 혁신 동력이 떨어져 업무 구조를 완전히 바꿔야 한다면 어떻게 될까? 업무 일정을 잘 짜려면 노련하고 공감력이 뛰어난 일선 관리자의 역할이 중요하다는 것은 의심의 여지가 없다.

하지만 리디자인한 일을 일상적인 행동으로 옮기려면 그 과정에서 불가피하게 발생하는 문제에 열린 자세를 유지하는 직원들의 역량과 호의에 기댈 수밖에 없다. 동료들이 미래를 긍정적으로 느끼며 그 과정에 호의적이라고 어떻게 확신할 수 있을까?

직원과 변화의 본질

변화를 관리하는 고전적인 접근법은 '톱다운' 경로를 따르는 것이다. 고위급 임원이 '주 3일 사무실 출근' 같은 목표와 방향을 결정해 직원들에게 하달하는 것이다. 이런 접근법의 장점은 명확성, (메시지가 하나뿐이라는) 목적의 통일성, (하나가 다수에게 전달하는)

소통의 속도다. 얼핏 보기에는 통일성과 속도가 분명히 유리하게 작용할 것으로 기대되지만, 실제로는 기대에 부응하지 못하는 경우가 많다. 그 이유 중 일부는 직원들이 경영진의 메시지를 반드시 신뢰하는 것은 아니어서이다. 경영진의 메시지를 들었다고 해서 그 메시지에 따라 행동하는 것은 아니라는 의미다. 설령 행동한다 해도 수동적인 저항이 크게 일 수 있다.

왜 그럴까? 대답하기 쉽지 않다. 직원마다 혹은 회사마다 이유가 다르다. 물론 경영진의 포괄적인 메시지를 일상적인 행동으로 옮기는 방법을 몰라서 그럴 수도 있다. 내일은 오늘과 달리 정확히 뭘 하라는 말인가? 역량의 문제일 수도 있다. 메시지를 이해한다 해도, 그대로 실천할 스킬이나 역량이 없다고 생각하는 것이다. 하이브리드 근무를 예로 들면, 하이브리드 근무 개념에 맞춰 채용된 직원이 복잡한 업무 일정을 짜는 일이나 비대면 팀 회의를 감당하지 못할 수 있다.

이 모든 문제의 저변에는 변화에 직면할 때 기본적으로 드는 의문이 있다. 내게 어떤 이득이 있지? 내 업무 능력이 향상되거나 일을 더 잘하게 될까? 급여 인상에 도움이 될까? 나에 대한 사람들의 관심이 증가할까? 재미있게 즐길 수 있는 여유가 늘어날까? 본질적으로 동기 부여에 관한 의문들이다. 이런 의문들에 대해 "그렇다"라고 답하는 사람은 새로운 행동을 취할 가능성이 크다. 미래가 더 나아질 것으로 믿기 때문에 미래로 나아간다고 볼 수 있다. 미래를 긍정적으로 느끼고 새로운 도전에 나설 자신의 능력을 긍정하기 때문에 참여하는 것이다.

'불타는 플랫폼' 방식을 이용한 변화 경로는 어떨까? 노동자들에게 "회사가 도산 직전이니 이렇게 해야 해" 혹은 "이렇게 해. 안 그러면 해고야"라고 말하면 더 간단하지 않을까? 런던경영대학원에서 나와 함께 일하는 콘스탄티노스 마르키데스Constantinos Markides가 CEO들에게 다음과 같은 질문을 던진 적이 있다. "'절박감을 조성하려면 직원들에게 회사가 당장이라도 혼란에 빠질 위협과 심각한 위험에 직면해 있다고 인식시켜야 한다'는 말이 맞는다고 생각합니까?" CEO 74퍼센트가 그렇다고 대답했다. 하지만 콘스탄티노스는 이 말이 틀렸다고 본다.[3] 더 '영구적인 절박감'을 조성하려면 리더가 변화의 필요성을 긍정적이고 개인적인 것으로 만들고, 직원들이 필연적인 변화에 감정적으로 헌신하도록 고무해야 한다고 조언한다.[4] 경영전략가 존 헤이글John Hagel도 콘스탄티노스의 의견에 동의하며, 코로나19 대유행이나 온난화로 인한 기후 비상사태는 진정한 위기라고 주장한다.[5] 그러나 리더는 현재의 변동성으로 인한 난관과 장애물을 인식하면서도 긍정적인 새 목표로 가는 길을 가리킬 수 있다. 존 헤이글이 《파이낸셜 타임스*Financial Times*》 기고가 앤드루 힐Andrew Hill에게 이야기한 대로다. "'가진 것을 그저 지키려고만 하는' CEO가 너무 많습니다. 점점 더 압력이 증가하는 세상입니다. 하지만 기회도 점점 더 확대됩니다."[6]

콘스탄티노스나 존 헤이글과 마찬가지로 나도 변화와 관련해 불타는 플랫폼 사고방식을 지지하지 않는다. 왜냐하면 심리학자로서 나는 변화가 우리에게 어떤 일, 아마도 소중히 여겼을 일을 중단하고, 낯선 일, 아마도 지금 당장은 확신하지 못하는 일을 시작하도록 요구할 수밖에 없다는 것을 알기 때문이다. 성인이 뭔가를 배우기가 그토록 어려운 것도 바로 이 때문이다. 학습은 레퍼토리에 뭔가를 그저 추가하는 것이 아니라, '탈학습unlearning', 즉 배운 것을 버리는 것이 거의 불가피하다. 탈학습하려면 먼저 자신과 자신의 상황에 대해 좋은 감정을 느껴야 한다. 일을 리디자인하는 과정에서 당신이 마주한 변화가 불타는 플랫폼이라고 가정하자. 당신이 변하지 않으면 일자리를 잃을 위험에 빠진다면 어떤 기분이 들까? 이런 위협에 직면하면 그 즉시 당신의 뇌는 '투쟁 혹은 도피' 반응 상태로 진입한다. 불안감이 커지며 맞서 싸우거나 달아날 준비를 한다. 이런 상태에서는 배울 수 없을 것이다. 기본적으로 학습이 변화의 핵심이다.

얼핏 생각하면 톱다운 접근법이 최선으로 보이고 불타는 플랫폼이 나름 매력적으로 보이겠지만, 이 두 가지 접근법은 업무 리디자인이 요구하는 방식으로 사람들을 참여시킬 수 없다. 다른 접근법이 필요하다. 그렇다고 '바텀업bottom-up' 접근법을 택하면 회사 직원 전체가 원하는 것을 직접 결정하는데, 그런 태도가 조직에 스며들면 무정부 상태를 초래하기 십상이다. 그러나 중도가 있다. 경영진의 견해와 전략을 받아들이는 동시에 전체 조직의 아이디어와 통찰,

에너지를 혼합하는 접근법이다. 이것이 공동 창조의 경로다. 문제는 일을 리디자인하는 대부분 과정이 그렇듯 공동 창조도 고도의 계획과 디자인적 사고가 필요하다는 것이다.

더 넓은 관점의 힘

앞서 설명한 대로 브릿 인슈어런스의 경영진은 다양한 동료학습팀을 이용해 업무방식을 공동 창조했다. 공동 창조를 대면 활동이 아닌 비대면 활동으로 생각한 발상의 전환은 협업 기술 덕분에 가능했다. 이런 협업 기술을 이용해 훨씬 더 많은 직원들을 새로운 업무방식을 공동 창조하는 과정에 합류시킬 수 있을까?

나는 이 의문에 10년 넘게 천착했다. 출발점은 HSM 어드바이저리의 '일의 미래에 관한 컨소시엄'에 참여한 기업의 경영진을 한자리에 모으는 실험이었다. 우선 런던, 도쿄, 시드니, 뉴욕 등에서 매년 대면 행사를 개최해 기업 경영진들을 연결했다. 그 대면 행사가 흐지부지 끝난 것은 아니지만, 증강하고 싶었다. 그래서 공동 창조를 뒷받침할 협업 플랫폼을 디자인해 테스트하는 프로세스에 돌입했다. 그 과정에서 내게 영감을 준 인물이 독일인 동료 교수 프랑크 필러Frank Piller와 카트린 뫼슬라인Kathrin Moeslein이다. 당시 두 사람은 헨리 체스브러Henry Chesbrough가 이끄는 MIT 연구팀과 협업해 지멘스Siemens와 폭스바겐Volkswagen 등 여러 기업의 '열린 혁신'을 선도했다.[7] 이 두 사람에게서 플랫폼 기술도 중요하지만 대화 흐름과 촉진 프로세스에서 진정한 부가가치가 나온다는 교훈을 얻었다.

이 교훈을 가슴에 새기고 우리는 공동 창조를 추구하는 기업을 뒷받침한다는 목표로 협업 플랫폼을 구축하기 시작했다. HSM 어드바이저리의 동료 해리엇 몰리뉴Harriet Molyneaux는 특히 협업 플랫폼에서 가치에 관한 대화가 확장되는 방식에 큰 관심을 보였다. 이때 깨달은 교훈들이 현재 우리가 직원들과 함께 새로운 업무방식을 공동 창조하는 기업을 지원하기 위해 조언하는 활동의 토대가 되었다.

통찰:

에릭슨이 뜻깊은 대화를 나눈 방법

에릭슨의 변화 프로세스에서 핵심은 직원들을 동반한 것이다. 스웨덴 스톡홀름에 본사를 둔 에릭슨은 5G와 사물인터넷Iot 분야에서 전문성을 인정받는 다국적 기술기업이다. 2017년 신임 CEO 뵈리에 에크홀름Börje Ekholm과 경영진은 어려운 사업 환경에서 직면한 도전과 회사의 저조한 실적에 대한 해결책을 모색했다. 인재책임자 겸 부사장인 셀리나 밀스탐Selina Millstam은 이렇게 설명했다. "저희는 공동 창조 방식을 확대하기로 결정했습니다. 집단 지성을 이용하고, 실용적인 관점에서 어디가 일이 잘 돌아가고 잘 돌아가지 않는지 보려 했습니다." 그 출발점은 까다로운 질문을 놓고 뜻깊은 대화를 나누는 것이었다. 셀리나의 팀은 100명씩 진행하는 3일짜리 프로그램을 신속하게 도입했다. "직원 주도적인 프로그램이었습니다.

저희는 위계를 허물고 직원들이 직급에 상관없이 서로 배우도록 독려하고 싶었습니다. 실험이나 마찬가지여서, 성공하리라는 보장은 없었지만요."

이 최초의 개입이 이후 몇 년 동안 다양한 업무를 연결하고 정보와 아이디어의 민주화를 이끄는 데 크게 기여했다. 그 뒤 에릭슨 경영진은 새로운 업무방식을 자세히 검토하며 새롭게 업무를 배정할 때 반드시 기업 문화와 가치관에 뿌리를 두어야 한다는 원칙에 합의했다. 그리고 '거리낌 없이 말할 수 있는 환경'과 '공감' '협력과 협업'을 기업 문화의 중요한 측면으로 꼽았다.

모두에게 열린 대화

2019년 에릭슨이 모든 직원에게 업무방식에 관한 대화의 문을 활짝 열었다. 셀리나는 이런 결정을 내리게 된 경위를 다음과 같이 설명한다.

> 모두를 초대한 것은 큰 도약이고, 진정한 포용의 몸짓이었습니다. 목소리를 내게 하고, 모든 계획을 민주화한 거죠. 우리 가치관의 의미를 펼치고 행동을 살피려 했습니다. 대화를 모두가 이해하게 하고 싶었습니다. 포용되지 않는다고 느끼는 직원들이 대부분이지만, 우리는 어떻게 협력하는지, 프로세스가 어떤지 이야기하도록 모두를 초대했죠. 바로 이것, 귀 기울여 듣고 기여하는 것에는 기본적으로

인간적인 뭔가가 있습니다.

맨 처음으로 리더와 관리자 3,750명이 75시간에 걸쳐 회사의 미래와 가치관에 관해 대화를 나누었다. 2020년, 새로운 업무 배정과 새로운 업무방식이 에릭슨의 문화에 미칠 잠재적인 영향까지 논의하도록 대화 범위를 확대한다는 계획이 수립되었다. 전 세계 95,000명 직원 모두가 순간순간 공정하게 진행되는 대화에 참여하도록 초대되었다. 팬데믹이 유행하고 두 달이 지난 4월 28일에는 17,000명 이상의 직원이 비대면 대화에 참여했다. 팬데믹 기간 중 일하며 겪는 (사회적 접촉 부족 같은) 고충과 (집중력 제고에 따른 생산성 향상 같은) 이점 등 에릭슨이 대화의 실마리를 풀기 위해 마련한 주제가 28,000개를 넘었다.

이를 통해 에릭슨은 운명 공동체라는 인식을 공유하게 되었다. 셀리나의 설명처럼 “경영진의 모든 임원과 상당히 많은 간부가 대화에 참여했다.” 이는 관리 업무를 담당하는 직원이 CEO와 실시간 자유롭게 대화하고, 인도의 소프트웨어 개발자가 독일의 고객관리 담당자와 장시간 대화할 수 있음을 의미했다. 셀리나는 “매 순간 사람들이 이야기한 내용에 귀를 기울이고 깊이 생각하는 모습에서 생동감과 진정성이 묻어났습니다”라고 설명한다.

나는 셀리나와 함께 공동 창조 프로세스가 어떻게 업무 리디자인을 뒷받침하고 기업 가치관에 부합하도록 조율했는지 살펴보았다. 셀리나는 공동 창조 프로세스가 직원들의 '주변 인식'을 끌어올렸다고 생각한다. 아주 가깝지 않은 사람들의 이야기에도 귀를 기울이도록 독려했다는 것이다. 이것이 내집단과 외집단의 부조화를 해결한 열쇠였다. 다른 사람들의 이야기를 경청함으로써 그들이 상황을 이해하고 공감할 수 있는 기회가 확대된 것이다.

공동 창조 프로세스의 중요한 특징은 플랫폼에서 훨씬 더 폭넓은 대화를 나누도록 사람들을 참여시키고 응원한 촉진자facilitator들의 역할이다. 촉진자들은 "이것에 대해 좀 더 말씀해주시겠어요?" 혹은 "흥미롭군요. 이것으로 효과를 본 사례가 있나요?"라고 물으며 사람들에게 거리낌 없이 말할 수 있다는 확신을 주었다. 허심탄회하게 이야기할 용기를 준 것이다. 촉진자들은 "다른 나라 다른 부서에도 이런 이야기를 하는 사람이 있는데, 연결해드릴게요"라며 대화의 맥락이 비슷한 사람들의 새로운 만남도 주선했다.

이 공동 창조 프로세스가 에릭슨 직원들의 업무 리디자인에 대한 사고에 큰 영향을 미쳤다. 직원들을 직접 대화에 참여시킴으로써 참여한 모든 사람이 다른 사람의 느낌, 자신이 직면한 선택지와 선택의 대가, 자신의 경험에 부합하는 정도를 더 잘 이해하게 되었다. 셀리나는 "직원들이 이야기를 나누고 귀를 기울이며 서로 공감"하게 되었다면서 "프로세스 관점에서 보면, 회사 전체적으로 진행되는 많은 실험과 해결책을 백일하에 드러냈습니다"라고 평가한다. 이를 통해 셀리나는 여러 가지 실험에 대한 의견을 조사해 실험에 정말 관심 깊은 지지자가 누구인지 확인한 뒤 아이디어 추진에 헌신적인 사람들을 규합할 기회를 마련했다.

대화의 문을 연 에릭슨의 교훈

HSM 어드바이저리 컨설팅사는 이제껏 공동 창조 프로세스를 통해 일을 리디자인하는 많은 기업을 지원하며 협업 프로세스를 이용했다. 그레이엄 옥슬리Graham Oxley와 해리엇 몰리뉴는 그 과정에서 다음과 같은 네 가지 교훈을 깨달았다고 설명한다.

> 첫째, 리더의 지원이 중요하다는 것을 배웠습니다. 리더에게는 공동 창조 프로세스의 목표를 샅샅이 살필 기회가 필요합니다. 그래서 우리는 리더들이 해결하고자 하는 여러 가지 문제와 관심 있는 넓은 분야를 더 깊이 이해하도록 임원 워크숍을 연이어 개최했습니다. 그 효과로 경영진이 헌신하고 결과에 적극적으로 참여했습니다.
>
> 둘째, 수십만 명에 이르는 사람을 플랫폼에 불러들이려면 소통과 참여를 이끄는 상당한 노력이 필요하다는 것을 배웠습니다. 그래서 사람들을 대화에 참여하도록 유도하는 다양한 방법을 고안했습니다. 특히 3일간 온라인으로 진행하는 협업 대화 프로그램에서, 훈련받은 촉진자들이 아주 중요한 역할을 했습니다. 경영진이 관심 있는 온갖 주제를 다루도록 대화를 이끌 뿐 아니라 새로운 아이디어와 통찰을 끌어내는 역할을 도맡았습니다.

셋째, 대화의 맥락을 분석할 때, 정성적 데이터를 분석하는 최고의 방법은 인간과 기계의 증강이라는 것을 깨달았습니다. AI 프로그램이 감성 분석을 담당하고 사람들의 네트워크 연결(누가 누구에게 답변하는지 등)을 분석하지만, '데이터를 보는 사람의 눈'이 중요하다는 것을 깨달았습니다. 통찰의 실마리를 찾고 중요한 주제를 끄집어내고 이것이 문화나 가치관에 부합하는지 살피는 것은 숙련된 인간의 과업입니다.

넷째, 모든 공동 창조 프로세스에서 경영진이 적극적으로 노동자의 통찰과 의견을 구할 때 중요한 것은 들은 내용에 따라 행동하는 것입니다. 그래서 우리는 3일간 온라인 대화 프로그램이 끝나면 주제에 특별히 관심을 보인 '지지자'들을 규합해 아이디어를 추진했습니다.

에릭슨 _생각해볼 질문

에릭슨이 일을 리디자인한 과정을 생각해보자. 당신 조직은 관점을 확대하고 전체 구성원을 한자리에 모아 리디자인을 논의할 방법이 있는가? 에릭슨처럼 온라인 플랫폼을 이용한 경험이 있는가? 그런 경험이 없다면, 에릭슨의 대규모 대화 프로그램에서 당신 회사에 도입할 만한 배울 점은 없는가?

행동 지침 #14

공동 창조의 힘을 활용해 행동하고 창조하라

- 당신이 이제껏 변화의 프로세스를 이끈 방법을 생각해보라. 그 장점은 무엇이고 단점은 무엇인가?
- 당신 조직의 공동 창조 프로세스를 살펴보라. 어떻게 작동하고 있는가?
- 업무 리디자인 모델의 한 가지 측면에 대해 실험적으로 공동 창조 프로세스를 시행해보자. 이 경험에서 무엇을 배웠는가?

행동하고 창조하기:
리더의 내러티브

리더는 다른 사람들과 협력해 리디자인의 틀을 설정하는 목표와 원칙을 개발하고, 직원들이 새로운 아이디어를 자유롭게 시도하고 실패해도 괜찮다고 믿게끔 실험 정신을 불러일으키며 자극하고, 일이 이루어지는 방식에 결정적인 행동을 몸소 보여주는 롤모델이 됨으로써 업무 리디자인을 지원하는 데 핵심적인 역할을 할 수 있다.

이처럼 여러 가지 중요한 역할이 있지만, 일을 리디자인할 때 내가 가장 흥미롭게 생각하는 리더의 역할은 내러티브를 구사하는 것이다. 여기서 내러티브는 리더가 사용하는 단어, 리더가 하는 말, 리더가 다른 사람의 머릿속에 떠오르게 하는 장면 등 미래에 대한 리더들의 묘사를 의미한다. 내가 보기에는 기업이 '해동' 시기에 접어들어 아주 많은 기회가 열리고 상황이 어떻게 전개될지 불안할 때 중추적인 역할을 하는 것이 이런 내러티브다.

부분적인 이유는 기업이 믿을 수 없을 만큼 복잡한 사회적 구조여서이다. 일상적인 일의 리듬을 확립하는 관행과 프로세스로 틀이 짜이고, 보이지 않는 네트워크로 연결되어 있는데 그 네트워크로 지식이 흐르고, 서로 좋아하거나 신뢰할 수도 있고 그렇지 않을 수도 있는 사람들이 집단을 이루고 있다.

만일 당신이 리더라면 이런 시스템을 머릿속에 '담아'두었다가 자기 자신과 다른 사람들에게 묘사해야 한다. 동시에 회사 밖으로 눈을 돌려 경쟁사의 행동, 동업자와 이해관계자, 금융시장의 반응, 고객과 압력단체의 발언 등도 살필 필요가 있다. 강력한 힘과 역학에 참여할 수밖에 없을 것이다. 리더가 되는 것은 힘든 일이다. 최고의 리더는 진정성 있게 행동하며, 스트레스와 긴장 상태에서도 삶을 이루는 일상적인 판단을 내릴 때 가치관을 지킬 수 있어야 한다. 특히 다른 사람들에게 공감할 줄도 알아야 한다. 다른 사람들의 고민에 귀를 기울이고, 그들의 어려움을 이해해야 한다. 업무 리디자인이 어떻게 행동에 옮겨지고 어떻게 창조되는지에 결정적인 역할을 하는 것이 리더의 내러티브다.

내러티브의 본질

기업에는 이야기와 내러티브가 무성하다. 홈페이지에 게시된 기업 연혁과 직원들이 나누는 대화나 소문 등 곳곳에 스며든 이런 이야기와 내러티브가 기업 정체성의 구성 요소다. 직원들은 이 정보를 이용해 자신들의 경험을 이해하고 조직 구성원이 된다는 것에 대한 관점을 형성한다.

이런 이야기가 특히 사람들이 불안해하고 두려워하는 변화와 유동성의 '해동' 시기에 중요한 역할을 한다. 앞으로 어찌 될지 미래에 관한 이야기를 들으면 시간과 인과관계를 이해하는 데 도움이 된다. 그리고 이런 이야기는 집단 경험이기 때문에 집단이 경험의 틀을 짜고 집단 정체성을 구축해 공고히 다지는 데 도움이 된다.

이야기가 인간에 미치는 영향은 신경과학자들의 많은 연구를 통해 밝혀졌다.[8] 신경과학자들이 확인한 결과에 따르면, 내러티브와 이야기가 말하는 사람과 듣는 사람의 연결을 구축한다. 그리고 이야기를 들을 때 뇌의 패턴을 조사하니, 좌측두엽, 즉 뇌에서 감정과 기억, 언어를 관장하는 부위의 활동과 연결이 증가하는 것으로 밝혀졌다. 흥미롭게도 이런 신경 변화는 실험이 끝난 후에도 며칠간 지속되었다. (이야기와 내러티브가 아닌) 데이터와 사실에 대해 들으면 동일한 신경 경로가 활성화되지 않는다.

일을 리디자인하는 것은 내러티브도 다시 짜는 것이다. 수십 년째 리더십을 연구 중인 펜실베이니아대 와튼스쿨의 스튜어트 프리드먼Stewart Friedman 교수[9]의 견해는 분명하다. 훌륭한 리더는 다른 사람들이 리더가 신경 쓰는 것이 무엇인지 안다는 의미에서 '현실적'이라는 것이다. 프리드먼 교수는 리더를 코칭할 때 자신이 누구이고 어디로 가고 있는지 영감을 주도록 이야기하는 법을 배우라고 조언한다. "우리가 우리의 이야기를 알면 우리 자신을 아는 것입니다." 프리드먼 교수가 생각하는 가장 강력한 내러티브는 성취 가능한 미래를 설득력 있게 전하는 이야기다. 이런 내러티브는 다른 사람들의 마음을 사로잡고 구체적으로 떠올릴 수 있는 이미지를 이용한다. 사람들이 미래의 자신을 상상하게 하는 것이다. 그리고 그 모습은 성취할 수 있다. 비록 미래에 있지만, 손이 닿지 않을 만큼 동떨어진 것이 아니기 때문이다.

프리드먼 교수는 팬데믹이 내러티브의 기회를 훨씬 더 확장했다고 생각한다.

> 우리는 모두 역사와 미래에 관한 이야기를 지어냅니다. 리더는 자신이 어디에서 왔는지를 말할 때, 발전 맥락에서 자신을 보여주죠. 그런데 사람들이 듣고자 하는 것은 리더의 업무상 역할을 넘어 삶에 관한 이야기입니다. 팬데믹 기간 중 일을 넘어 삶의 요구와 기쁨을 나눈 리더가 많았습니다. 리더가 부모 혹은 친구로서의 역할을 공유할 때 직원들도 기꺼이 자신들의 이야기를 공유하려는 마음을 품습니다.

팬데믹 기간 중 프리드먼 교수는 훌륭한 리더들이 "요즘 기분이 어때요?"처럼 간단한 질문부터 던지는 모습을 목격했다며 이렇게 말한다. "이런 질문이 사람들에게 표현할 기회를 줍니다. 감사부터 슬픔까지. 이런 사소한 것이 관계의 본질을 변화시키고, 도구적인 대화를 인간성을 공유하는 대화로 바꿉니다."

또한 그는 리더가 새로운 것을 시도하고 배우고 조정하는 실험을 지원하고 그 실험에 직접 참여하는 진정한 기회도 보았다. "언어의 힘은 사람들이 타고난 두려움과 불안을 극복하게 만듭니다. 사람들이 더 열린 마음으로 다른 미래를 상상할 수 있도록 만듭니다. 이때 중요한 것이 워라밸보다는 상호 이익에 관한 지속적이고 창조적인 협상일 것입니다." 이 때문에 리더가 미래에 대해 말하는 방법과 행동으로 롤모델을 보여주는 방법이 업무 리디자인에 결정적인 역할을 하게 될 것이다.

리더의 말

나는 런던경영대학원에서 '일의 미래'라는 선택 과목을 개설해 학생들을 지도하며 운 좋게 앤 케언스Ann Cairns와 머빈 데이비스Mervyn Davies라는 훌륭한 리더에게 4년 넘게 도움을 받았다. 두 사람은 강의 시간을 기회로 삼아 자신들의 리더십 여정과 평생에 걸친 리더십 변화, 향후 예상되는 리더십 변화에 대한 폭넓은 견해를 놓고 MBA 학생들과 토론했다. 자신들의 내러티브도 들려주었다.

마스터카드Mastercard 부회장인 앤 케언스는 영국 산업혁신부의 수석 비상임이사와 전 세계 기업의 이사회에서 여성의 대표성을 제고하기 위해 활동하는 '30퍼센트 그룹'의 회장도 겸하고 있다. 석유 시추장비 기사로 출발해, 시티은행Citibank 투자은행가investment banker로서 2008년 파산한 리먼브라더스Lehman Brothers 재건에 기여하고, 현재 마스터카드의 경영진이 되기까지, 앤 케언스가 경험한 여정을 따라가보자. 런던경영대학원의 MBA 학생들이 존경하는 케언스는 강의를 듣는 모든 학생에게 중요한 롤모델이다. 2021년 5월 26일 케언스가 학생들과 대화를 나누며 중요한 말을 했다.

> 제가 생각하기에 리더십은 결국 가치로 귀결됩니다. 제가 결정하고 사람들이 반응하는 진실의 순간이 많습니다. 그 순간 그들은 '이 사람이 괜찮은 사람인가?' 자문하며 저를 평가합니다. 저는 저 자신과 사람들에게 솔직하려 하는데, 까다로운 질문을 하려면 용기와 끈기가 필요합니다.
>
> 리더로서 저는 지나친 안정감을 원하지 않습니다. 저 자신은 물론 다른 사람들에게 정력적으로 주도권을 잡으라고 권하고 싶습니다. 절대 변화를 두려워하지 않는 것이 중요하죠.
>
> 내가 입사하던 당시 작은 기업이던 마스터카드는 빠르게 성장했습니다. 하지만 중요한 것은 위계가 슬그머니 끼어들지 못하도록 조직을 최대한 평평하게 유지하는 것입니다. 연결이 중요하고, 리더로서

저는 접근하기 쉬운 사람이 되고 싶습니다. 동료들이 이해할 수 있는 '보통 사람'이길 원합니다. 동료들의 상황에 공감하는 사람이 되려 합니다.

머빈 데이비스는 스탠다드차타드 은행의 CEO를 거쳐 회장을 역임했다. 그 뒤 영국 통상부 장관직에 올랐고 현재 상원 의원이다. 기업가로 많은 사업체를 설립하고 여러 금융기관과 문화기관의 회장직도 겸하고 있다. 2021년 5월 19일 그의 내러티브이다.

지금은 국제 긴장과 팬데믹의 영향, 통화 정책, 인플레이션, 기후 변화, 불평등 증가 등으로 심각한 시기입니다. 지금은 소비자 행동주의 시대입니다. 변화 속도가 비범하죠.

저는 리더로서 ESG(환경environmental, 사회social, 지배구조governance) 목표와 법인세, 그리고 우리가 제공하는 것에 대한 안목을 지녀야만 합니다. 저를 판단하는 기준은 주당순이익 같은 재정목표입니다. 하지만 이뿐만이 아닙니다. 기업의 목적이 무엇인가, 좋은 기업인가도 판단 기준이 됩니다. 예를 들어 최저임금이나 플라스틱 사용을 둘러싼 어려운 결정에 대한 안목도 지녀야 한다는 뜻입니다. 저는 경제적 성공으로 사업을 판단하는 것을 넘어 더 넓게 생각하려 합니다. GDP를 넘어 생각하고자 합니다.

중요한 것은 제가 변화를 대하는 태도입니다. 저는 워라밸, 진로 선택, 휴일, 가족과 시간을 보내는 방법 등을 개인적으로 판단해 결정해야 합니다.

앤 케언스와 머빈 데이비스 두 리더는 자신들의 리더십 여정과 자신들이 믿는 것, 그리고 그것을 내러티브로 전달하는 방법을 우리에게 들려준다. 리더마다 당연히 관점과 여정이 다를 것이다. 내가 여러분에게 보여주고 싶은 것은 리더들이 많은 것을 마음에 품고 있으며 고려할 요소가 많다는 것이다.

최고의 리더가 이야기를 내러티브로 전달하는 방법

리더건 아니면 나처럼 관찰자건, 우리가 직면한 도전 중 하나는 조직에서 기계에 휩쓸리기 쉽다는 문제 같다. 다시 말해 관행과 프로세스 혹은 '애자일', 보상 절차, 새로 개발된 챗봇, AI 시스템 말이다. 기계가 중요하지 않다는 의미가 아니다. 중요하다. 하지만 기계는 사람들에게 동기를 부여하지 못한다. 데이터에 관해 말하는 것은 우리 뇌에서 감정을 관장하는 부분을 활성화하지 못한다. 데이터는 기계 내부로 들어가는 재료다. 우리 인간을 자극하는 것은 이보다 더 큰 재료다. 이야기, 가급적이면 사람에 관한 이야기다. 2장에서 내가 '페르소나'를 이용해 '업무 리디자인이 삶의 이 순간 이 상황에서 이 사람에게 어떤 의미일까?'라는 의문에 답하도록 틀을 만들라고 제안한 것이 바로 이 때문이다.

리더들이 현재 상황을 이해하고 미래에 관한 내러티브를 만들어내려고 애쓰면서, 언론은 내러티브로 가득하게 되었다. “모든 사람이 다시 주 5일 사무실에 출근하길 바랍니다”라는 어느 CEO의 말을 예로 들어보자. 리더가 미래에 관해 말하자마자 사람들은 그게 자신에게 무엇을 의미하는지 상상하기 시작한다. 듣는 사람들은 자신의 미래와 자기가 속한 집단의 미래를 이해하려고 노력한다. 사람들이 이 CEO의 내러티브를 생각하며 어떤 의미를 찾아낼까? 이 내러티브가 사람들에게 말하는 것은 무엇일까?

그것은 기본적으로 사무실과 가정, 둘 중 하나를 선택하라는 양자택일 메시지다. 결국 이렇게 될 것이라는 완결성이 담긴 메시지다. 중요한 점은 이것이 듣는 사람에게 암묵적으로 톱다운 접근법을 전달하는 메시지라는 사실이다. 심리학적으로 말하면, 부모 자식 관계 느낌이다. 부모인 리더가 자녀인 노동자의 욕구를 '가장 잘 안다'는 식이다. 사람들은 이런 메시지에 어떻게 반응할까? 내가 짐작하기로는 메시지를 받아들이는 사람도 있고 거부하는 사람도 있을 것이다. 그렇다면 어떤 내러티브로 이런 메시지를 대체해야 할까? 지금처럼 모든 것이 불확실한 시대에는 간단히 대답할 수 있는 질문이 아니다. 하지만 몇 가지 아이디어는 떠올릴 수 있다.

양자택일 문제와 관련해서는 리더가 시야를 넓혀서 지금이 기존의 여러 전제를 재고할 수 있는 비상한 전환기임을 알리면 된다. 장소에 관한 전제와 시간에 관한 전제를 재고할 때임을, 창의적으로 상상력을 발휘하고 대담해져야 할 때임을 인정하는 것이다.

메시지의 완결성과 관련해서는 리더가 이 '해동'의 시기를 여러 가지 원형prototype을 만들어 실험할 시기, 여러 가지 선택지를 모델로 만들어 테스트할 기회로 인정하면 된다. 또한 기업의 목적과 가치관을 말하고, 이 가치관으로 행동을 지킬 '가드레일'을 만들어낼 방법을 말할 때임을 인정하면 된다.

하향식 접근법과 관련해서는 리더가 대화의 폭을 넓히는 데 전념하고, 혼자 목소리를 내는 대신 스스로 대화의 일부가 되는 공동 창조로 전환할 기회로 삼으면 된다. 자신이 모든 답을 아는 것은 아님을 인정하고, 다른 사람들도 기여하도록 요청하면 된다.

리더의 내러티브는 일상적인 행동이 뒷받침되지 않으면 공허한 미사여구로 그치게 된다. 마스터카드의 앤 케언스가 말한 '진실의 순간'이 바로 이를 인정한 것이다. 다른 사람들이 엄청난 관심을 가지고 리더를 지켜본다는 보편적 사실을 언급한 것이다. 리더의 말과 내러티브는 실제 행동으로 끊임없이 그 신뢰성을 검증받는다. 현실이 말한 것과 일치하는가? 더욱이 지켜보는 것으로 끝나지 않는다. 행동하기도 한다. 리더의 일상적인 행동은 모방 과정을 거쳐 다른 사람들의 행동에 암묵적인 영향을 준다. 모방은 인간이 학습하는 방법이다. 힘 있는 사람일수록 다른 사람이 그를 모방할 가능성도 커진다.

일을 리디자인하는 데 중요한 차이를 이끌 만한 리더십 행동과 실천은 무엇일까? 내가 보기에는 유연성과 자율성, 공동 창조, 혁신적이고 실험적인 자세와 관련한 리더의 행동이 핵심일 듯하다.

이제껏 많은 기업의 리디자인 원칙이 시간과 장소의 유연성과 자율성을 창조하려는 시도였다. 그 장점은 분명하다. 노동자는 스트레스가 감소하고 더 적극적으로 일에 참여하며 퇴사율도 낮아진다.

이런 리디자인 원칙이 미사여구에 그치는지 아니면 현실적인지 파악하기 위해 직원들은 리더의 일상적인 행동을 살핀다. '진실의 순간'에 주목하는 것이다. 앞서 살펴본 머빈 데이비스처럼, 리더가 가족에 대해 말하고, 워라밸에 대한 생각을 말하는가? 자신이 도전에 직면하고 있음을 인정하는가? 그리고 그 도전에 어떻게 접근하는지 설명하는가?

톱다운과 공동 창조에 대한 리더의 행동과 선호는 아주 분명하게 드러난다. 리더가 다른 사람들의 말을 들으려고 노력하는가? 누구에게 귀를 기울이는가? 예를 들어 머빈 데이비스는 스탠다드차타드 은행에서 경영진으로 있던 당시 수많은 직원에게 문자 메시지를 보내는 것으로 유명했다. 데이비스는 이렇게 설명한다.

> 뭄바이 사무실의 안내원부터 홍콩의 외환 딜러에 이르기까지 모든 직원의 이야기를 듣고 싶었습니다. 여기저기 돌아다니며 사람들과 대화를 나누고 싶었습니다. 그래서 많은 직원에게 "어떻게 지내나요?" 하고 간단한 문자 메시지를 보냈습니다. 안부를 확인한 것입니다. 직원들에게 무슨 일이 벌어지고 있는지 궁금했습니다.

물론 오늘날에는 줌이나 각종 협업 플랫폼을 이용해 동시에 수십만 명과 연락할 수 있다. 앞서 설명한 대로 에릭슨이 3일간 공정하게 진행한 대화에 경영진이 참여하며 어떤 영향을 미쳤는지 셀리나 밀스탐에게 물었다.

> 커뮤니티 전체가 참여해 72시간 온라인으로 대화를 나누는 동안, CEO 뵈리에 에크홀름을 비롯한 경영진의 참여가 대화에 엄청난 자극과 활기를 주었습니다. 고위급 리더와 즉흥적으로 '날것의' 대화를 나누는 일이 흔치 않았기에 직원들은 다양한 문제를 거론했습니다. 이 만남에서 CEO는 매 순간 사무실이나 홍보팀의 도움도 받지 않고 반응했죠. 믿을 수 없을 만큼 진정성이 담긴 만남이었습니다.

끝으로, 리더가 혁신의 미사여구를 넘어 실제로 시도하고 실험하는가? 리더는 다른 사람들이 실패할 때 어떻게 하는가?

리더들을 연구한 스튜어트 프리드먼은 혁신적이고 창의적으로 행동하는 리더의 역량을 아주 중요하게 평가한다. 프리드먼은 리더라면 실험을 디자인하고 어떤 실험이 효과가 있는지 알아낼 준비가 되어 있어야 한다고 생각한다.

행동 지침 #15

리더의 내러티브를 이용해 행동하고 창조하라

- 현재 리더의 내러티브는 무엇인가? 어떤 메시지를 전달하는가?
- 업무 리디자인의 핵심을 생각해보자. 가장 중요한 측면은 무엇인가?
- 리더가 자신의 관심사와 가치관을 반영하는 동시에 이런 중요한 측면들과 연결해 어떤 이야기를 할 수 있을까?

행동하고 창조하기:
업무 리디자인 4단계

기업을 리디자인하는 작업이 벅차 보일 수 있다. 내가 HSM 어드바이저리 컨설팅사와 함께 다양한 기업의 리디자인을 돕는 과정에서 깨달은 것이 있다. 일을 리디자인하는 4단계가 모두 중요한 경험이지만, 그 결과, 즉 시그니처는 기업마다 독특하다는 사실이다.

이제 당신의 임무는 당신의 시그니처를 창조하는 것이다. 그러려면 모든 틀과 통찰, 생각을 하나로 모아야 한다. 총체적인 활동 사이클을 이해하기 쉽도록 한 기업 경영진의 활동을 소개하려 한다. 나는 우리 컨설팅사와 함께 회계 소프트웨어 공급사인 세이지의 경영진에게 업무를 리디자인하는 가장 좋은 방법과 4단계를 출발하는 방법을 조언해왔다. 이제부터 세이지가 각각의 단계에 어떻게 접근하고 어떤 교훈을 배웠는지 살펴보자.

우선, 맥락이다. 팬데믹이 유행할 당시 세이지 경영진은 이미 사업을 전환하고 있었다. 1981년 급여 회계와 인적 자원 관리 프로세스 전산화 기업으로 설립된 세이지는 중소기업 사무업무 디지털 전환 시장에서 글로벌 선두업체로 발전했다. 2021년 13,000여 명의 직원이 유럽과 아메리카, 아프리카, 호주 대륙의 20개 나라에서 200만 개가 넘는 고객사를 확보할 만큼 비약적으로 성장했다.

2018년 말 CEO 스티브 헤어Steve Hare를 필두로 세이지 경영진

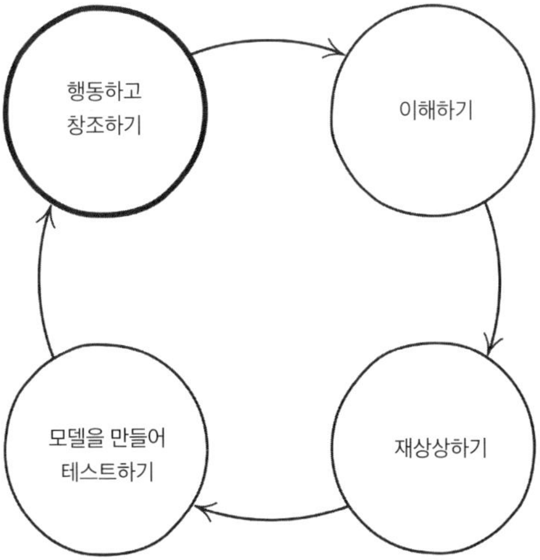

은 전통적인 설치형 소프트웨어에서 클라우드 기반 서비스형 소프트웨어로 사업 모델을 전환하며 기술과 고객 여정을 강조하기 시작했다. 이 전략적 전환이 사내 역량의 가치에 지대한 영향을 미쳤다. 전통적인 사업 모델에서는 고객과 밀접한 관계를 구축할 때 영업 인력과 영업 지원팀의 역할이 중요했다. 정기적으로 전화 통화를 하거나 현장 출장으로 직접 만나는 등 고객이 재구매하도록 긴밀히 협력했다. 하지만 서비스형 소프트웨어 사업 모델에서는 디지털 스킬이 중요하다. 사업의 중심이 판매 주기에서 고객 생애주기로 넘어가며 디지털 마케팅 같은 역할이 중요해졌다. 이런 변화에 따라 세이지 경영진은 고객 여정을 재규정하고, 새로운 고객 경험을 전달하고 더 잘 수행하도록 업무 흐름을 재배치하기 시작했다.

팬데믹은 세이지의 전략적 전환을 가속하는 한편, 찾기 어렵고 귀중한 디지털 스킬을 갖춘 인력을 유인하도록 업무방식을 디자인할 기회도 제공했다. 팬데믹이 유행하고 몇 달이 지났을 무렵이었다. 세이지에서 '직장의 미래' 프로그램을 이끈 이퍼 피츠모리스Aoife Fitzmaurice가 이런 말을 했다.

> 위기관리였습니다. 13,000여 명의 동료를 완전히 비대면 근무로 돌린 채 세계 20개국에서 서비스를 유지해야 했으니까요. 하지만 그것은 실질적인 증거였습니다. 저희는 비대면 근무로도 회사를 효과적으로 운영할 수 있음을 깨달았습니다. 팬데믹이라는 넛지가 없었다

면 이런 일이 가능하리란 생각도 하지 못했을 것입니다. 경험이 증거였습니다.

세이지 경영진은 이를 팬데믹의 교훈을 깊이 되새기고 회사가 바라는 사람들의 '모습'을 심사숙고하는 기회로 삼았다. 세이지의 비즈니스 미션은 '모든 사람이 번영의 기회를 잡을 수 있도록 생각하고 일하는 방식을 변화시킴으로써 장벽을 허무는 것'이다. 팬데믹 집단 경험은 세이지 경영진에게 '장벽 허물기'라는 미션을 소비자들은 물론 직원들도 함께 생각해볼 기회를 주었다.

1단계: 이해하기

세이지에게 주어진 기회는 회사의 상징이 되도록 사내 인재와 잠재적인 신입 사원의 관심을 끌 만한 직원 제안을 마련하는 방식으로 일을 바꾸는 것이었다. 그것을 목표로 이퍼와 동료들이 소집한 디자인팀은 2020년 3월부터 업무 리디자인 계획을 알린 뒤 직원들의 욕구와 열망을 더 깊이 이해하기 위해 비대면 워크숍을 연이어 개최했다. 이것은 중요한 첫걸음이었다. 이퍼는 이렇게 설명한다.

변화가 필요하다는 근거를 마련할 때 데이터 중심 접근법을 취하고자 했습니다. 그래서 내부 데이터에서 출발했죠. 성과 데이터, 직원 순추천지수를 포함해 직원들에 대한 풍부한 통찰을 제공하는 분기별 '펄스' 설문조사와 '상시 청취' 설문조사 등 다양한 출처의 데이터를 살펴보았습니다. 재택근무자 10퍼센트와 사무실 근무자의 팬데믹 이전 데이터를 비교해보니 몇 가지 경향이 확인되었습니다. 예를 들어 어떤 경우에는 재택근무자의 직원 순추천지수가 더 높게 나타났습니다. 저희는 더 유연하게 일할 때 동료들이 생산성이 증가한다고 느끼는 것을 경험했습니다. 또한 직원들이 서로에게 보인 호의와 공감도 이런 업무방식이 장기적으로 성공하는 데 큰 몫을 했습니다.

세이지 디자인팀은 이 기본 데이터를 보완하기 위해 산업 동향 특히, 기술 분야의 동향을 검토했다. 이 분석 자료 덕분에 변화의 근거가 강화되었다.

디자인팀은 데이터에 기반한 변화의 근거를 CEO 스티브 헤어와 최고인사책임자 어맨다 커스딘Amanda Cusdin 등 경영진이 검토하고 고려하도록 했다. 문제를 기술하고 가설을 세운 뒤 경영진에게 '우리가 어떤 모습이길 바라는가?' '이것이 우리의 목적과 어떻게 연결되는가?'라는 질문을 던졌다.

2단계: 재상상하기

그런 다음 디자인팀은 재상상하기 시작했다. 설문조사 결과가 증명하듯, 팬데믹을 경험하며 직원들의 기대치가 높아진 것은 틀림없었다. 그리고 직원들은 일을 리디자인하는 데 자신들의 목소리가 반영되길 원했다.

이런 관점을 확대하기 위해 디자인팀은 회사 전반에 걸쳐 200명의 직원과 함께 공동 창조에 돌입했다. 먼저 경영진의 경험을 반영해 '미래 전망'에 집중했다. 산업에 영향을 미칠 동향을 공유하고 다른 회사는 어떻게 하는지 살펴보았다.

다음으로 이 미래 전망을 활용해 디자인 회의를 연이어 개최했다. 직원들에게 미래의 일을 재상상하라고 요청하며 공동 창조 프로세스를 지속한 것이다. 개인적 경계를 유지하려면 일을 어떻게 리디자인할 수 있는지, 공정성을 담보하면서 일을 디자인하려면 무엇이 필요한지, 재택근무/사무실 근무를 위해 실행 가능한 선택지는 무엇인지 등 여러 가지 주제를 탐구했다. 이를 바탕으로 더 폭넓게 논의하고 테스트할 최초의 유연근무 모델을 완성했다.

이퍼는 디자인 회의를 이렇게 회상한다.

> 사람들이 장소의 유연성 문제를 제대로 이해했습니다. 재택근무와 사무실 근무, 연결과 협업에 미치는 영향 등을 파악했어요. 그리고 회사를 전체적으로 살펴보니, 시간과 관련한 유연성이 일관성 없이 적용될 때가 많다는 것이 분명히 드러났습니다. 일관성이 없으면 직원들이 불공평하다고 느낄 수 있습니다.

디자인팀은 이런 사실에 유념해 다른 회사들이 어떻게 시간 유연성에 일관성 있고 공정하게 접근하는지 탐구했다.

경영진 지원 확보

두 차례 디자인 회의에서 경영진에게 최초의 모델을 제시했다. 경영진이 시간과 장소에 관한 생각을 반박하고 검증하는 힘겨운 시간이었다. 하지만 돌아보면, 이 회의 시간이 경영진의 지원을 확보하고 선택 방식을 구체화할 원칙의 '한계선'을 다듬는 데 도움이 되었다.

뒤이어 (내부 소통, 고객과 동료 경험, 기술 확보와 인재 영입 등 여러 부문의 인력이 참여한) 교차기능팀 '미래 실무단'이 직원 여정에 미칠 영향을 지도로 그리기 시작했다. 특히 기술과 프로세스 개선으로 새로운 업무방식을 강화할 방법을 이해하는 데 초점을 맞추었다.

네 가지 원칙 합의

이 새로운 모델에서 선택을 하는 데 일관성 있게 접근하기 위해 합의된 네 가지 원칙이 있다. 고객 중심, 공정과 신뢰, 인적 연결, 실험이다. 모델의 변하지 않는 측면들을 강화하기 위해 각각의 원칙에 대해 협상 불가능한 '한계선'도 확립되었다.

첫번째 원칙은, 일 모델은 **고객 중심** 성과를 유지하거나 향상해야 한다는 것이다. 따라서 결정적인 한계선은 리디자인이 결과에 집중하고 변화하는 고객 욕구를 충족하도록 적응해야 한다는 것이다.

두번째 원칙은 **공정과 신뢰**인데, 협상 불가능한 한계선은 유연근무가 보상이 아니라 직원들에 대한 신뢰에 뿌리를 두며, 그 대가로 모두가 타협하고 책임을 진다는 것이다.

업무 리디자인이 **인적 연결**을 약화하지 않고 더 강화해야 한다는 것이 세번째 원칙이다. 업무 흐름을 변화시키려면 의도적이고 목적에 충실한 의사소통 패턴이 중요하다. 따라서 모든 디자인은 이전 18개월 동안 발전한 인적 연결과 포용심을 뒷받침해야 한다.

마지막으로 네번째 원칙은 새로운 업무 관행을 시행할 때 노동자들이 과감한 **실험**에 참여하고 모험을 하도록 독려해야 한다는 것이다. 이퍼는 "마지막 원칙이 정말 중요"하다고 설명한다. "잘못된 선택이 아닐까 하는 불안이 있었습니다. 그래서 직원들이 대담하게 용기를 갖도록 하는 것이 중요했습니다." 그래서 예를 들어, 팀에서 유연근무 방식을 새롭게 합의하면 그것을 시도하고 다시 검토해 조정했다. 단 한 번에 성공하는 것은 불가능하다는 인식이 커졌다.

이런 실험정신이 업무 분야마다 맞춤형 모델을 조정해야 한다는 생각에 반영되었다. 영업부에 효과적인 모델이 재무팀에 맞지 않을 수 있기 때문이다. 이렇게 **팀 합의**에 초점을 맞추자 회사 전체가 배움을 공유하는 동시에 특정한 환경에서 어떻게 일이 이루어지는지 이해할 기회가 마련되었다.

3단계: 모델을 만들어 테스트하기

원형 모델

2021년 디자인 프로세스가 구축되자 디자인팀은 네 가지 업무 패턴 혹은 업무방식의 원형 모델을 만들어 설명하기 시작했다. 즉 재택근무자와 유연근무자, 현장 근무자, 사무실 근무자다.

재택근무자는 완전히 원격근무하며 업무상 필요한 경우에만 사무실로 출근한다. 때에 따라서는 수일간 동료들과 대면해 협업할 수도 있다. 재택근무자는 전체 직원의 10퍼센트를 차지할 것으로 예상되었다.

유연근무자는 집과 사무실 두 곳에서 일한다. 과거에 유연근무는 비공식적 합의를 통해 이루어졌지만, 이제부터는 유연근무에 관한 대화를 모든 팀으로 확대하는 것이 목표다. 유연근무자는 사무실에서 협업할 '최적' 일수를 팀원들과 협의하고 관리자의 동의를 받아 결정한다. '최적' 일수는 주 1일부터 주 5일까지 다양하게 정할 수 있다. 유연근무자는 사무실에 출근하면 팀 '빌리지village'의 업무공간을 예약할 수 있고, 대면 협업 근무일의 기본 규칙은 팀 합의로 결정한다.

나머지 두 모델 **현장 근무자**와 **사무실 근무자**는 전체 인력 중 차지하는 비중이 비교적 낮다. 현장 근무자는 고객과 대면 접촉이 필요한 역할을 맡고, 사무실 근무자는 개인별로 배정된 업무공간을 사용해 온종일 사무실에서 근무한다.

대담성

세이지 경영진은 장소의 유연성을 뛰어넘어 대담하고 실험적으로 가능성의 경계를 훨씬 더 멀리 확장하길 바랐다. 그래서 실험한 것이 **원격지 근무**work away다. 노동자들에게 최대 10주간 다른 근무지에서 일할 기회를 주는 지리적으로 유연한 선택지다. 이 선택지는 직원 중 외국에 가족이 있거나 여행을 아주 좋아하는 사람이 많다는 통찰에서 비롯된 결정이다. 이퍼는 이렇게 설명한다. “우리는 이 선택지가 인재 경쟁이 치열한 분야에서 차별점이 될 수 있음을 깨달았습니다. 우리에게 정말 필요한 인재 중 ‘디지털 노마드’에 매력을 느끼는 사람들이 있습니다. 그런 직원들에게 기회를 주고 싶었습니다.”

4단계: 행동하고 창조하기

마지막으로 세이지는 행동하고 창조했다. 디자인팀이 취한 창의적 행동 중 네 가지만 자세히 살펴보자.

관리 ‘플레이북’ 제작

일 모델이 마무리되자, 관리자들이 워크숍을 연이어 개최해 경험을 검증하고 이 과정에서 관리 ‘플레이북’을 개발했다. 4장에서 설명한 브릿 인슈어런스와 흡사한 경우다. 관료적이고 고도로 중앙집권적인 관리 방식에서 벗어나자는 염원이 담긴 플레이북은 ‘친근하고 너그럽게' 관리하며 팀 합의를 도출하고 팀을 단결시키고 성과물과 결과에 집중하는 방법을 보여주었다. 네트워크나 지식 흐름, 경계의 본질, 웰빙 유지법 등 관리에 도움이 되는 통찰도 덧붙였다.

경영진의 디자인 역량 제고

그런 다음 경영진의 참여와 지원을 대폭 확대하는 조치가 추진되었다. 새로운 업무방식이 고객 중심 원칙을 훼손하지 않고 지원할 것이라는 리더들의 믿음과 확신이 있을 때 비로소 새로운 일 모델이 성공할 수 있음을 알게 되었기 때문이다. 이를 위해 여러 가지 **화두**를 던져 리더들이 내러티브와 이야기를 공유할 기회를 마련했다. 새로운 업무방식이 직원들을 고무하는 이유나 인재 유치와 보유에 미치는 긍정적인 영향, 서비스형 소프트웨어라는 전략적 목표를 지원하는 방법, 최고의 기술기업이 하는 일 등을 화두로 제시했다. 경영진의 내러티브는 분명했다. 새로운 업무방식은 단순히 유연성에 관한 문제나 '바닥치기 경쟁'이 아니라, 성과를 끌어올리고 직원 경험을 향상하는 도구여야 한다는 것이다. 중요한 것은 리더들이 요청에 따라 움직이기보다 자발적으로 행동에 나섰다는 사실이다.

관리자들의 플레이북과 함께 리더들의 화두가 행동 지침 역할을 해서, 관리자들과 리더들에게 팀이 직면한 선택지를 이해시켰다. 특히 관리자들과 리더들이 공정하고 공평하고 유연한 근무로 방향을 잡도록 하는 동시에 사회적 연결을 강화하도록 지원했다. 한 임원은 "우리가 바란 것은 톱다운 접근법이 아니라, 팀 전체가 누리는 공정성이었다. 우리는 실험 과정이라고 보고, 새로운 업무방식을 테스트한 뒤 그 경험에서 배우고 경로를 수정했다"라고 설명한다.

팀 합의 도출

관리자들이 팀 전체가 유연하게 일하는 최선의 방법을 팀원들과 합의하기 시작하며 유연근무 모델이 시행되었다. 기본 규칙을 규정하는 팀 합의부터 도출했다. 관리자는 디자인 회의를 열어 팀원들이 사무실에서 협업할 최적의 시간과 집에서 집중해야 하는 일에 전념하거나 협업할 최적의 시간을 정하기 시작했다. 그리고 관리자들이 다른 사업부의 동료 관리자들과 의견을 나누는 과정에서 최적의 업무시간이 팀마다 다르다는 사실이 드러났다. 이렇게 관리자가 동료들과 소통하고 팀원들의 피드백을 모으면서 관리자 커뮤니티 전체가 유연성과 고객 중심 원칙에 대해 더 많이 배우게 되었다. 예를 들어 재무팀은 주 4일 사무실에서 함께 일하기로 합의했지만 이내 주 3일 사무실 근무가 최적이라는 사실을 깨달았다. 한편 전 세계에 흩어져 일하는 팀은 팀원들이 얼굴을 맞대고 한자리에 모이는 것이 늘 중요하지만 드문 일이다. 이런 팀은 팬데믹의 교훈과 향상된 디지털 역량을 토대로 일을 한층 더 의도적으로 디자인했다. 간헐적인 대면 회의와 함께 동기적인 비대면 근무 요소를 강화한 것이다.

학습과 반복

인적 연결을 강화할 업무장소 선택지에 대해서는 전반적인 합의가 도출되었지만, 세이지 경영진은 시간 유연성과 관련해서는 더 큰 디자인적 사고와 계획이 필요하다는 사실을 깨달았다. 이퍼는 "장소는 신속하게 이해했지만, 시간 유연성을 디자인하는 방법은 한결 불확실"했다고 설명한다. 시간 유연성을 더 깊이 이해하기 위해 일련의 시험 운영이 진행되었다. 업무 일정 관리 관행 및 기술을 활용해 역할마다 적절한 유연성을 객관적으로 평가하는 최선의 방법을 찾는 데 초점이 맞춰졌다. 역할과 팀에 따라 객관적인 '유연성 지수'를 평가해 시간과 장소의 유연 가능성을 알려주는 방법론도 개발되었다. 어떤 역할이 재택근무 혹은 직무공유 혹은 시간제 근무로 수행될 수 있는지 평가했다. 고위직의 직무공유를 확대하기 위한 실험도 추진되었다. 우선 고위직 직무공유를 리디자인하고 여기서 얻은 교훈을 조직 전체에 확대 적용하고자 했다.

내가 2021년 여름 세이지 디자인팀을 찾았을 때는 행동하고 창조하는 단계가 상당히 진척된 상황이었다. 하지만 이퍼는 "실험하며 배우는 중이며 이제 겨우 시작했을 뿐"이라고 평가했다. HSM 어드바이저리의 애나 구룬 박사에게 세이지 프로젝트를 진행하며 배운 교훈이 무엇인지 묻자, 세 가지를 지적했다.

첫째, (규칙이 아닌) 원칙에 접근하는 틀을 짜니 직원들에게 일하는

방법을 알려줄 때 너무 제한적이거나 경직되지 않아도 직원들이 집단 목적의식을 느꼈습니다. 둘째, 원칙과 한계선을 통해 회사가 여러 측면을 변경하거나 발전시켜도 어떤 요소는 반드시 남기겠다는 회사의 확고한 의지를 직원들이 알게 되었습니다. 셋째, 효율적인 업무에 필요한 행동을 다듬어갈 때 직원들을 참여시키는 것은 톱다운 방식으로 끌고 가지 않고 직원들이 일하는 방식에 기반한다는 뜻이었습니다.

나는 세이지 디자인팀이 과연 어떤 이익을 예상하고 이처럼 복잡한 협상과 학습 과정을 진행했는지 궁금했다. 디자인팀이 예상한 이익은 바로 세이지의 비즈니스 미션, 즉 모두가 번영하도록 장벽을 허무는 것이었다. 세이지는 장벽을 허물려면 최고의 인재를 유치하고 보유할 수 있는 포용적인 직장을 만들어야 한다는 사실을 깨달았다. 세이지 경영진은 디자인 프로세스가 장황하다는 사실을 부인하지 않지만, 이런 프로세스가 직원들이 스스로 장소와 시간을 선택해 번영하도록 일을 디자인하는 최고의 기회라고 믿고 있다.

행동 지침 #16

업무 리디자인 4단계를 이용해 행동하고 창조하라

- 4단계를 살펴보자. 당신의 여정은 지금 몇 단계인가? 한층 더 목

적에 충실하도록 재평가하거나 조정해야 할 단계는 없는가? 지금까지 어떤 순서로 단계를 밟아왔는가?

- 세이지 디자인팀이 업무 리디자인에 접근한 방법을 당신의 디자인팀 동료들과 함께 살펴보라. 마음에 가장 와닿는 측면은 무엇인가? 당신 회사와 맞지 않을 듯한 측면이 있는가? 그 이유는 무엇인가?
- 세이지 디자인팀이 직원부터 관리자, 임원, 최고경영진까지 디자인 프로세스에 참여시킨 다양한 방법을 살펴보자. 당신 회사에서도 반향을 불러일으킬 만한 측면이 있는가?
- 설계 단계마다 제시한 질문을 다시 떠올려보자. 지금 당신이 가장 우선시하는 것이 무엇인가? 고유한 시그니처 일 모델을 창조하는 데 가장 중요하게 이바지할 만한 행동이 무엇일까?

성공으로 가는 길

지금이 향후 수십 년간 목적에 부합하도록 일을 리디자인할 기회다. 집단 경험과 집단 상상, 우리 모두의 여정에서 배울 기회가 있다. 이번의 팬데믹 경험을 바탕으로, 리더들이 앞장서 긍정적인 창조에 나설 때다. 새롭게 개발된 디지털 스킬을 활용하고, 관료주의 해체를 계속 추진하고, 많은 사람을 위한 유연성을 창조할 때다. 또한 지난 10년간 논의했지만 해결하지 못한 문제, 즉 '24시간 온라인' 상태를 유지하기 힘들고, 눈에 띄지 않는 인적 네트워크와 연결이 정말 중요해진 현실을 직면할 때다.

이 책에서 나는 일을 리디자인하는 방법을 제시했다. 즉 중요한 질문을 던지고, 4단계 프로세스를 이행하고, 기업의 '시그니처' 특징을 명확히 표현하는 것이다. '모범 사례'에 주목하는 것도 상상력을 확장하는 데 도움이 되지만, 궁극적으로는 우리가 각자, 조직마다 고유한 목적과 맥락, 역량을 반영한 길을 찾아야 한다고 생각한다.

여러분이 그 길을 찾도록 돕기 위해 나는 전 세계 다양한 분야에서 활동하는 여러 조직의 통찰을 소개했다. 내 바람은 기업의 통찰을 소개할 때마다 제시한 '생각해볼 질문'을 숙고해 거기서 깨달은 교훈을 자신이 몸담은 조직과 상황에 반영하는 것이다. 여러분이 아이디어와 대화의 구조와 형태를 갖추도록 도움을 줄 다양한 틀도 제시했다.

이제 행동에 나설 때다. 당신이 해야 할 일의 목록은 다음과 같다.

교차기능 디자인팀을 구성하라

HSM 어드바이저리 컨설팅사가 일을 리디자인하는 기업에 가장 먼저 조언하는 것이 교차기능 디자인팀 구성이다. 디자인팀이 중요한 역할을 수행할 수 있도록 조직에서 기능하는 여러 역량을 대표하는 인원으로 팀을 구성하는 것이 이상적이다. 대체로 이동성과 보상, 성과 관리를 고려해 HR 담당자가 포함된다. HSBC 같은 경우에는 마케팅 담당자가 디자인팀에서 중요한 역할을 했다. 그리고 대부분 디자인팀이 기술 담당자와 비즈니스 전략 담당자를 포함한다.

이렇게 구성된 디자인팀이 4단계를 진행하면 된다.

하지만 브릿 인슈어런스의 경영진처럼 '유력한 인물'을 넘어 회사 전체 직원의 목소리를 담고 싶을 수도 있다. 브릿 인슈어런스가 디자인 프로세스에 착수하며 안내원부터 애널리스트, 관리 임원까지 회사 전체를 아울러 동료학습팀을 구성한 과정을 떠올려보자. 이처럼 폭넓은 참여가 프로젝트를 추진하는 진정한 원동력이 되었다.

이제껏 HSM 어드바이저리 컨설팅사가 조언한 많은 기업처럼 업무 리디자인에 관한 대화에 참여하는 인원의 비율을 크게 늘리고 싶을 수도 있다. 에릭슨의 디자인팀이 직원들을 어떻게 대화에 참여시키고 실제로 어떤 효과를 보았는지 자세히 살펴보라.

'업무 리디자인 플레이북'을 활용하라

디자인팀 구성이 마무리되었으면 이제 4단계 프로세스에 착수할 때다. 일을 리디자인하는 방법에 관해 모두가 공유할 내러티브를 만드는 데 도움이 될 여러 가지 틀을 숙지하도록 먼저 디자인팀원 모두에게 이 책을 읽히길 바란다. 여러 기업의 통찰과 생각해볼 질문도 숙지하는 것이 좋다. 앞으로도 더 많은 기업과 연구진이 통찰을 개발할 텐데, 나는 계속 지켜볼 것이다. 여러분도 챙겨 볼 수 있도록 내가 관찰한 내용을 www.lyndagratton.com에 게시할 생각이다.

일을 리디자인하는 여러분을 돕기 위해 '업무 리디자인 플레이북'을 만들었다. 이 책에서 시작된 여러분의 여정을 안내하고 길을 잃지 않도록 지켜줄 플레이북은 www.hsm-advisory.com/redesigning-work에서 다운로드할 수 있다. 그 밖에도 신나는 여정을 안내할 다양한 자료가 당신을 기다리고 있다.

업무 리디자인 학습 커뮤니티에 참여하라

조직 학습과 관련해 다른 회사 동료들의 통찰이 중요하다. 그것이 내가 10년도 더 전에 '일의 미래에 관한 컨소시엄'을 출범시킨 이유였다. 내 염원은 경영진과 연구진이 함께 모여 일에 영향을 미치는 요인이 무엇인지, 이런 요인에 대응하는 최선의 방법이 무엇인지 깨닫는 것이다. 우리가 모두 팬데믹의 도전과 기회에 대응하는 과정에서 내 생각의 많은 부분을 인도한 것이 바로 이 컨소시엄이다. www.hsm-advisory.com/redesigning-work에서 컨소시엄에 관해 더 자세한 내용을 확인할 수 있다.

HSM 어드바이저리 컨설팅사는 여러 기업을 지원하는 과정에서 관리자들이 일을 리디자인하도록 조직적으로 지원할 행동 기반 프로그램을 개발했다. 홈페이지에 접속하면 프로그램에 대한 자세한 정보와 운영 방식을 확인할 수 있다. 여러분도 프로그램에 가입하면 일을 리디자인하는 데 전념하는 학습 커뮤니티의 일원이 되는 것이다.

비상한 변혁의 시대다. 우리는 심각한 도전에 직면해 있다. 하지만 진정한 기회이기도 하다. 지금이 우리가 하는 일, 동료, 조직과 우리의 관계를 근본적으로 바꿀 기회다. 이 관계를 변화시킬 방법이 바로 일을 리디자인하는 것이다. 그리고 이 책에서 소개한 4단계가 당신을 변혁의 여정으로 이끄는 초대장이다. 그 길을 걷다보면 틀림없이 장애물도 만나고, 실험정신과 용기도 시험에 들 것이다. 하지만 전 세계의 많은 사람이 앞장서 토론하고 협력하고 창조하는 모습을 보면, 우리가 일의 생산성을 높일 뿐 아니라 성취감도 더 크게 느끼는 미래를 창조할 것이라고 확신한다.

감사의 말

지난 수십 년간 나는 일이 어떻게 바뀔지, 일을 어떻게 바꿀 수 있을지 논의하고 글을 쓰고 가르치는 데 몰두했다. 팬데믹의 영향으로 많은 사람이 그런 내 열정을 공유하고, 이 비상한 기회를 활용해 우리가 늘 바라던 방식으로 일을 변화시킬 최선의 방법을 모색했다.

HSM 어드바이저리 컨설팅사의 자문팀도 바로 그런 열정으로 많은 고객사를 지원해 빛나는 성과를 거두면서 일을 리디자인하는 방법에 관해 훨씬 더 많은 것을 배웠다. 자문팀을 이끄는 해리엇 몰리뉴와 이 책에 중요하게 이바지한 에마 버철, 아시아 실무를 책임진 샐리 맥너마라에게 고마움을 전한다. 이제껏 내 연구의 초석이 되어준 '일의 미래에 관한 컨소시엄'의 애나 구룬과 샘 매카시, 그레이엄 옥슬리, 올리버 페리먼에게도 지도와 조언에 감사하다는 인사를 전한다. 웨비나와 소셜미디어를 훌륭하게 관리한 샬럿 젠킨스도 정말 고맙다.

'일의 미래에 관한 컨소시엄'은 10년도 더 전에 20개 기업의 경영진이 함께 모여 일을 고민하고 의견을 나누며 출발했다. 그 이후 지금까지 90여 개 기업의 경영진이 컨소시엄에 참여했다. 참여한 모든 회원에게 심심한 감사를 전한다. 특히 이 책을 위해 인터뷰에 흔쾌히 응한 TCS의 람쿠마르 찬드라세카란과 안슈 카푸르, 후지쓰의 히라마쓰 히로키, BT의 니컬라 밀러드, 호주 뉴사우스웨일스주 공공서비스위원회의 크리스 램에게 감사한다.

일을 리디자인한다는 것은 복잡한 여정이다. 각자의 여정에서 HSM 어드바이저리와 협력한 경영진에 감사한다. 특히 캐나다연금투자위원회의 다리오 코새럭, 아룹의 제니 에머리와 조 코렌자, 세이지의 이퍼 피츠모리스, 브릿 인슈어런스의 매슈 윌슨과 로레인 데니, 에릭슨의 셀리나 밀스탐, HSBC의 리앤 커츠가 전해준 자세한 이야기와 통찰이 큰 도움이 되었다.

《100세 인생》과 《뉴 롱 라이프》를 함께 저술한 런던경영대학원의 동료 앤드루 스콧에게도 감사 인사를 전한다. 지금도 장수를 집중적으로 연구하는 앤드루는 여전히 내 지적인 삶에서 큰 비중을 차지하며 대단히 흥미로운 대화를 오랫동안 나눌 수 있는 인물이다.

팬데믹 소식을 처음으로 접한 2020년 3월 14일 나는 세계경제포럼의 '일과 임금, 일자리 창출 위원회' (비대면) 회의에 참석 중이었다. 당시 국제노동조합연맹 사무총장 섀런 버로도 나와 함께 위원회 공동의장이었다. 우리 위원회는 이후 수개월간 회의를 열어 앞으로 다가올 수많은 난제를 논의하며 의견을 나누었다. 위원회의 염원을 함께 나누며 헌신한 회원들에게 많은 것을 배웠다. 정말 고맙다.

대단히 흥미진진한 시간이었다. 많은 사람을 만나 일에 관한 생각과 경험을 들었다. 누구보다 이 책에 크게 기여한 보다폰의 앤 시햄, PwC의 피터 브라운, 유니레버의 알렉산드루 딘카와 모라그 라이너, 플래시드 조버, 텔스트라의 앨릭스 배더닉, 머전의 마크 앳킨슨, 스탠다드차타드 은행의 타누지 카필라슈라미, 버라이즌의 마이클 선더먼, 마이크로소프트의 포샤 우에게 감사 인사를 전한다.

팬데믹이 창궐하며 내 일기장에는 여러 사람을 만나 목격담이나 감정을 나누며 허심탄회하게 나눈 대화로 가득 찼다. 특히 리셋워크의 케빈 덜레이니, 《파이낸셜 타임스》의 앤드루 힐, 다이앤 거슨, 스튜어트 프리드먼, 런던경영대학원의 허미니아 이바라와 아니타 라탄 교수와 나눈 대화가 큰 도움이 되었다.

런던경영대학원에서 일의 미래라는 선택 과목을 개설한 것은 정말 짜릿한 경험이었다. 내 생각을 검증하고 일의 미래에 대한 학생들의 의견도 듣는 기회였다. 함께 공부한 학생들을 비롯해 아터미스 커넥션의 크리스티 존슨과 마스터카드의 앤 케언스, 머빈 데이비스 경 등 학생들에게 이야기를 공유해준 대단한 리더들에게 정말 고맙다는 인사를 전한다.

이 책은 《MIT 슬론 비즈니스 리뷰》에 기고한 여러 편의 글과 《하버드 비즈니스 리뷰》에 실린 하이브리드 근무 관련 논문이 씨앗이 되어 탄생했다. 이 두 학술지의 편집진이 믿을 수 없을 만큼 크게 지원한 덕분에 생각을 다듬어 원하는 결실을 맺었다. 원고를 훌륭하게 편집했을 뿐만 아니라 내가 생각을 다듬어 책을 완성하도록 도움을 준 《하버드 비즈니스 리뷰》의 토비 레스터, 《MIT 슬론 비즈니스 리뷰》의 레슬리 브로코의 노고에 깊이 감사드린다.

펭귄출판사의 편집자 리디아 야디가 업무 리디자인에 관한 책을 출간할 기회를 찾아내서 불가능할 만큼 짧은 시간에 책을 완성하도록 내게 열정을 불어넣었다. 셀리아 부주크도 한결같은 열정과 지원을 보여주었다. 이 두 사람 덕분에 책이 시의적절하고 의미 있게 출간될 수 있었다. 늘 그렇듯, 내 소중한 벗으로 저작권을 대리하는 PFD의 캐럴라인 미셸에게 머리 숙여 고마움을 표한다.

워낙 시의성 있는 주제를 다루다보니 책을 서둘러 완성하려고 모두 열심히 노력했다. 나도 오랜 시간 연구에 매달릴 수밖에 없었다. 묵묵히 응원한 남편 나이절 보드먼과 두 아들 크리스천 세어슨과 도미닉 세어슨이 정말 큰 힘이 되었다.

주

들어가는 말

1 L. Gratton and A. J. Scott, *The 100-Year Life: Living and Working in an Age of Longevity* (Bloomsbury, 2016). [한국어판: 린다 그래튼, 앤드루 스콧, 《100세 인생》, 안세민 옮김, 클, 2017]; A. J. Scott and L. Gratton, *The New Long Life: A Framework for Flourishing in a Changing World* (Bloomsbury, 2020). [한국어판: 린다 그래튼, 앤드루 스콧, 《뉴 롱 라이프》, 김원일 옮김, 클, 2021]

2 K. Lewin, *Field Theory in Social Science: Selected Theoretical Papers*, Dorwin Cartwright (ed) (Harper, 1951). [한국어판: 쿠르트 레빈, 《사회과학에서의 장이론》, 박재호 옮김, 민음사, 1987].

3 J. Rawls, *A Theory of Justice* (Harvard University Press, 1971). [한국어판: 존 롤스, 《정의론》, 황경식 옮김, 이학사, 2003].

4 US National Bureau of Economic Research, 'Away from home and back: coordinating (remote) workers in 1800 and 2020', NBER, December 2020.

5 N. Bloom, 'The productivity pitfalls of working from home in the age of Covid-19'. Interview by Adam Gorlick, *Stanford News*, 30 March 2020.

6 US National Bureau of Economic Research, 'Collaborating during Coronavirus: the impact of Covid-19 on the nature of work', NBER, July 2020.

7 A. Haldane, 'Does working from home make us more or less creative?', *Financial Times*, 26 October 2020.

8 L. Thompson, 'Virtual collaboration won't be the death of collaboration', *MIT Sloan Management Review*, 8 December 2020.

2장 이해하기

1 M. Polanyi, *The Tacit Dimension* (University of Chicago Press, 2009). [한국어판: 마이클 폴라니, 《암묵적 영역》, 김정래 옮김, 박영사, 2015]

2 M. Kilduand and W. Tsai, *Social Networks and Organizations* (Sage, 2003); R. S. Burt, 'The network structure of social capital', *Research in Organizational*

Behaviour 22 (2000): 345-423.

3 L. Gratton, *Hot Spots: Why Some Companies Buzz with Energy and Innovation-and Others Don't* (Prentice Hall, 2017). [한국어판: 린다 그래튼, 《핫스팟》, 조성숙 옮김, 21세기북스, 2008]

4 M. Granovetter, *Getting a Job: A Study of Contacts and Careers* (University of Chicago Press, 1974). [한국어판: 마크 그라노베터, 《일자리 구하기》, 유홍준, 정태인 옮김, 아카넷, 2012]

5 R. S. Burt, 'Structural holes and good ideas', *American Journal of Sociology* 110, 2 (2004): 349-399.

6 L. Gratton, 'Maslow's hierarchy of needs across three social groups', unpublished doctoral thesis, 1981.

7 L. Gratton, *The Shift: The Future of Work is Already Here* (HarperCollins, 2014). [한국어판: 린다 그래튼, 《일의 미래》, 조성숙 옮김, 생각연구소, 2012]

8 J. Petriglieri, 'Couples that work: how dual-career couples make it work', *Harvard Business Review*, September-October 2019.

9 McKinsey & Company, 'Global survey: the state of AI in 2020'; World Economic Forum, 'The future of jobs report, 2020'.

10 L. Gratton and A. J. Scott, 'The corporate implications of longer lives', *MIT Sloan Management Review*, March 2017.

11 Kauffman Index of Entrepreneurial Activity, '2018 National report on early-stage entrepreneurship'.

12 B. Groysberg, *Chasing Stars: The Myth of Talent and the Portability of Performance* (Princeton University Press, 2012).

13 McKinsey Global Institute, 'A labor market that works: connecting talent with opportunity in the digital age', June 2015.

14 Kaiser Family Foundation/*New York Times*/CBS News poll of 1,002 nonemployed US adults, December 2014.

3장 재상상하기

1 L. Gratton, and S. Ghoshal, 'Beyond best practice', *MIT Sloan Management Review*, April 2005.

2 V. Alexander, 'I've been designing offices for decades. Here's what I got wrong', *Fast Company*, July 2019.
3 E. Bernstein and B. Waber, 'The truth about open offices', *Harvard Business Review*, December 2019.
4 N. Bloom, J. Laing, J. Roberts and J. Ying, 'Does working from home work-evidence from a Chinese experiment', Stanford Business Working Paper no. 3019, March 2013.
5 T. Jones and L. Gratton, 'The third wave of virtual work', *Harvard Business Review*, January-February 2013.
6 J. Useem, 'The psychological benefits of commuting to work', *The Atlantic*, July-August 2021.
7 B. E. Ashforth, *Role Transitions in Organizational Life: An Identity-based Perspective* (Routledge, 2000).
8 B. E. Ashforth, G. E. Kreiner and M. Fugate, 'All in a day's work: boundaries and micro role transitions', *Academy of Management Review* 25 (2000): 472-91.
9 Ibid.
10 J. Cerrato and E. Cifre, 'Gender inequality in household chores and work-family conflict', *Frontiers of Psychology*, 3 August 2018. 갤럽 자료도 참조하라. 예를 들어, M. Brenan, 'Women still handle main household tasks in U.S.', *Politics*, 29 January 2020.
11 A. Rattan, 'When confronting a biased comment can increase your sense of belonging at work', *Harvard Business Review* digital article, 4 May 2018.
12 R. Putnam, *Bowling Alone: The Collapse and Revival of American Community* (Simon & Schuster, 2000). [한국어판: 로버트 D. 퍼트넘, 《나 홀로 볼링》, 정승현 옮김, 페이퍼로드, 2009]
13 D. Silver et al., 'Mastering the game of Go without human knowledge', *Nature* 550 (2017): 354-9.
14 AI가 일에 미치는 영향은 다음을 참조하라. T. Malone, 'How human-computer "superminds" are defining the future of work', *MIT Sloan Management Review*, June 2018 ; T. Malone, D. Rus and R. Laubacher, 'Artificial intelligence and the

future of work', MIT Work of the Future research brief 17, December 2020. AI가 자동화에 미치는 영향은 다음을 참조하라. Digital/McKinsey, Driving impact at scale from automation and AI', February 2019. 인과율의 기초에 관한 논의는 다음을 참조하라. J. Pearl, *Causality: Models, Reasoning and Inference* (Cambridge University Press, 2000).

15 C. Barnes and G. Spreitzer, 'Why sleep is a strategic resource', *MIT Sloan Management Review*, December 2014.

16 E. Bernstein, J. Shore and D. Lazer, 'Improving the rhythm of your collaboration', *MIT Sloan Management Review*, September 2019.

17 M. Csikszentmihalyi, *Flow: The Psychology of Optimal Experience* (Harper Perennial, 2008). [한국어판: 미하이 칙센트미하이, 《몰입》, 최인수 옮김, 한울림, 2004]

18 L. A. Perlow, 'The time famine: toward a sociology of work time', *Administrative Science Quarterly* 44, 1 (1999): 57-81.

19 Bernstein, Shore and Lazer, 'Improving the rhythm of your collaboration'.

20 A. Whillans, 'Time confetti and the broken promise of leisure', *Behavioral Scientist*, 7 October 2020.

21 A. Whillans, *Time Smart: How to Reclaim Your Time and Live a Happier Life* (Harvard Business Review Press, 2020). [한국어판: 애슐리 윌런스, 《시간을 찾아드립니다》, 안진이 옮김, 세계사, 2022]

22 Bernstein, Shore and Lazer, 'Improving the rhythm of your collaboration'.

23 Ibid.

24 L. Perlow, C. N. Hadley and E. Eun, 'Stop the meeting madness; how to free up time for meaningful work', *Harvard Business Review*, July-August 2017.

25 C. Newport, *A World Without Email: Reimagining Work in an Age of Communication Overload* (Portfolio, 2021). [한국어판: 칼 뉴포트, 《하이브 마인드: 이메일에 갇힌 세상》, 김태훈 옮김, 세종서적, 2021] 그리고 C. Newport, 'Knowledge workers are bad at working (and here's what to do about it)', Study Hacks blog post, November 2012 참조.

26 Microsoft White Paper, 'The new future of work: research from Microsoft into the pandemic's impact on work practices'.

27 T. Neeley, 'How to have a good meeting', *New York Times*, 25 June 2021.

28 C. Weaver, 'Meetings. Why? Does this conversation need to be a meeting? Does anything?', *New York Times*, 24 June 2021.

29 N. Bloom, J. Davis and Z. Zhestkova, 'COVID-19 shifted patent applications towards technologies that support working from home', Becker Friedman Institute Working Paper no. 2020-133, January 2021.

30 Samantha Schaevitz, 'Three months, 30x demand: how we scaled Google Meet during COVID-19', Google Workspace, 6 August 2020.

31 C. Baden-Fuller and S. Haeiger, 'Business models and technological innovation', *Long Range Planning* 46,6 (2013): 419-26.

32 E. Bernstein, *A Manager's Guide to the New World of Work: The Most Effective Strategies for Managing People, Teams and Organizations* (MIT Press, 2020).

33 Simon Read, 'No full-time return to the office for over a million', BBC News, 6 May 2021.

4장 모델을 만들어 테스트하기

1 A. J. Scott and L. Gratton, *The New Long Life: A Framework for Flourishing in a Changing World* (Bloomsbury, 2020). [한국어판: 린다 그래튼, 앤드루 스콧, 《뉴롱 라이프》, 김원일 옮김, 클, 2021]

2 A. J. Scott, M. Ellison and D. A. Sinclair, 'The economic value of targeting aging', *Nature Aging* 1 (2021): 616-23.

3 J. Hartshorne and L. Germine, 'When does cognitive functioning peak? The asynchronous rise and fall of cognitive abilities across the life span', *Psychological Science* 26, 4 (2015): 433-43.

4 Roleshare podcast, 'Don't choose between the best talent-get both', 15 October 2020; www.roleshare.com/toolkit/dont-choose-between-the-best-talent-get-both.

5 'The Job Share Project-job-sharing at senior levels-making it work', report by Capability Jane 2020; https://thejobshareproject.com/.

6 Civil Service people survey 2018, results by demographic group.

7 PwC, 'Hopes and fears 2021-the view of 32,500 workers'.
8 World Economic Forum, 'The future of jobs report 2020'.
9 D. Autor, 'Why are there still so many jobs?-The history and future of workplace automation', *Journal of Economic Perspectives* 29, 3 (2015): 3-30.
10 D. Autor, D. Mindell and E. Reynolds, 'The work of the future-building better jobs in an age of intelligent machines', report by MIT's task force on the future of work, November 2020.
11 Ibid.
12 World Economic Forum, 'The future of jobs report-employment, skills and workforce strategy for the Fourth Industrial Revolution', January 2016.
13 L. Gratton, 'The challenge of scaling soft skills', *MIT Sloan Management Review*, August 2018.
14 S. Turkle, *Alone Together: Why We Expect More from Technology and Less from Each Other* (Basic Books, 2017). [한국어판: 셰리 터클, 《외로워지는 사람들》, 이은주 옮김, 청림출판, 2012]
15 L. Gratton, 'An emerging landscape of skills for all', *MIT Sloan Management Review*, March 2021.
16 P. Blair et al., 'Search for STARs: work experience as a job market signal for workers without a bachelor's degree', NFER Working Paper Series 26844, and 'Reach for the STARs: the potential of America's hidden talent pool', Opportunity@Work and Accenture, March 2020.
17 L. Gratton, *The Key: How Corporations Succeed by Solving the World's Toughest Problems* (McGraw-Hill, 2014).
18 World Economic Forum Global Council on the New Agenda for Work, Wages and Job Creation, *Building Back Broader: Policy Pathways for an Economic Transformation*, White Paper, June 2021.
19 P. Zac, 'The neuroscience of trust-management behaviours that foster employee engagement', *Harvard Business Review*, January–February 2017.
20 J. Brockner, 'Why it's so hard to be fair', *Harvard Business Review*, March 2006.
21 J. Greenberg and J. Colquitt (eds), *Handbook of Organizational Justice*

(Psychology Press, 2005).
22 Edelman 2020 Trust Barometer; www.edelman.com/trust/2020-trustbarometer.
23 M. Sverke, J. Hellgren and K. Näswall (2002), 'No security: a meta-analysis and review of job insecurity and its consequences', *Journal of Occupational Health Psychology* 7 (2002): 242-64. 그리고 S. J. Sucher and S. Gupta, 'Layoffs that don't break your company: better approaches to workforce transition', *Harvard Business Review*, May-June 2018 참조.

5장 행동하고 창조하기

1 H. Mintzberg, *The Nature of Managerial Work* (Harper & Row, 1973).
2 WTI Pulse Report, 'In hybrid work, managers keep teams connected', Microsoft, 2021; www.microsoft.com/en-us/worklab/work-trend-index/managers-keep-teams-connected.
3 C. C. Markides, *Organizing for the New Normal: Preparing Your Company for the Journey of Continuous Disruption* (Kogan Page, 2021).
4 A. Hill, 'It's time to extinguish the "burning platform" for good', *Financial Times*, 27 June 2021.
5 J. Hagel, *The Journey Beyond Fear: Leverage the Three Pillars of Positivity to Build Your Success* (McGraw-Hill, 2021).
6 Ibid.
7 H. Chesbrough, 'The era of open innovation', *MIT Sloan Management Review*, April 2003.
8 P. J. Zak, 'Why your brain loves good storytelling', *Harvard Business Review*, 28 October 2014.
9 S. Friedman, *Leading the Life You Want: Integrating Work and Life* (Harvard Business Review Press, 2014).

찾아보기

일을 리디자인하라
변화의 시대에 직원의 만족과 조직의 성과를 높이는 실전 전략

1판 1쇄 펴냄 2023년 2월 1일

지은이 린다 그래튼
옮긴이 김희주

펴낸이 김경태 | **편집** 홍경화 성준근 남슬기 한홍비
디자인 육일구디자인 / 박정영 김재현 | **마케팅** 전민영 유진선 | **경영관리** 곽근호
펴낸곳 (주)출판사 클
출판등록 2012년 1월 5일 제311-2012-02호
주소 03385 서울시 은평구 연서로26길 25-6
전화 070-4176-4680 | **팩스** 02-354-4680 | **이메일** bookkl@bookkl.com

ISBN 979-11-92512-18-1 03320